古典文の表現構造

小林 正治

溪水社

はじめに

古代社会において、日常使われていることばによって成立した「文」「文章」を、普通「古文」と呼んでいる。この「文」「文章」には、それを話したり書いたりした人の個性が宿っている。その古文の持つ個性が優れたものであれば、それを聞いたり読んだりする人に常に新しい発見や感動をもたらす。そのような強烈な個性を「文学性」と呼ぶことにする。そして、そのような文学性を持つ「古文」がひとつの作品になったものを「古典」と呼び、古典を作り上げている文を「古典文」と呼ぶことにする。古典文の「文学性」を発見するためには、古典文の持ついろいろな構造の特色を体系化した「解釈文法」が必要になってくる。そのような意図をこめて、先に「発想文法」をまとめ（自費出版）、次いでそれに基づいて「古文指導から古典教育へ」（溪水社）を出版した。

そこにおいて、私のとった基本的な考え方は「発想」ということである。古典に限らず、現代語によって書かれた作品の場合でも、「読む」ということは、単に字面をなぞることではなく、ことばを通してそこに現れてくる作者の文学性に迫ることである。しかし、そこでとらえられた文学性は、必ずしも作者自身が意図したものではなく、あくまでも読者の個性によってとらえられた読者自身の文学性である。このように、作品を読んで、そこに読者自身の文学性をとらえることを「解釈」と呼ぶことにする。

そこで、「解釈」とはいかなる過程を経て行われるものであるのかを考えてみる。そのために先ず、ひとつの文章（個々の古典作品もそれぞれひとつの「文章」である）がどのように成立するのか、その過程をたどってみる。

人間がある特定の対象に接したときに、その人の現在置かれている立場やその人の人生において培われてきたその人の個性などに応じて、他の人とは違った反応を見せる。

二条の后の春宮の御息所と聞こえけるとき、正月三日、お前に召して仰せ言ある間に、日は照りながら、雪の頭に降りかかりけるを詠ませたまひける

春の日の光にあたる我なれど頭の雪となるぞわびしき　（古今集・八）

染殿の后のお前に、花がめに桜の花をささせたまへるを見て詠める

年経れば齢は老いぬしかはあれど花をし見ればもの思ひもなし　（古今集・五二）

二つの歌はともに、「春の日の光にあたる」「花を見る」というわが身の栄華を喜びながら、年老いたわが身に対する思いを詠んでいる。そういう点において、両者ともに同じ対象を題材としているということになる。ところが、それに対する反応は全く正反対である。前者はそういうわが身の老いを「わびし」ととらえ、後者は「もの思ひもなし」ととらえている。この「わびし」「もの思ひもなし」のような、対象に接したときに心の中に起こった反応の総体をことばによって表現したものを「主題」と呼ぶことにする。しかし、その主題に相当するものが心の中に起こっただけでは、それはその人の個性とはいえない。ことばとして表現されて始めて、「主題」となり、それがその人の個性と呼ばれるのである。この歌の場合、ともに「春の日の光にあたる」「花を見る」という同じような状況に置かれたのにもかかわらず、それぞれ「わびし」「もの思ひもなし」という正反対の反応を示しているのであるが、それをことばによって表現する場合に、前者は「春の日の光にあたる我なれど」という逆接的な表現によって「わびし」という主題を導き出し、後者は「花をし見れば」という順接的な表現によって「もの思ひもなし」という主題を導き出している。このように、表現の仕方はそれぞれ主題に即して当然違った形をとってくる。すなわち、主題が表現の仕方を規制するということになる。この、主題が表現を規制する働きを「発想」と呼ぶことにする。この「発想」をとらえることが「読み」であり、「解釈」である。

このように考えてくると、文学性というものは、主題が発想という働きによって表現構造として現れてくる表現過程であり、解釈とは文学性をとらえることであるから、結局のところ、解釈とは、主題が発想という働きによってどのような表現となって現れてくるかという過程をとらえることであるということになる。しかし、古典を読むという立場にある我々に与えられているものは文章・作品であって、主題ではない。したがって、解釈とはいっても、最初から「主題→（発想）→表現構造」という表現の過程をたどるわけにはいかない。与えられた文章・作品の表現構造を解きほぐすことによって主題を発見し、改めて「主題→（発想）→表現構造」という過程をとらえなおすということになる。

この「発想」をとらえる「解釈」において、本書のとった基本的方法は次の三点である。

(1) 叙述成分を、一つ一つの表現として単独にとらえるのではなく、叙述全体の有機的な関連においてとらえていく。

(2) 文・文章を、構造的にとらえるのではなく、線条的にとらえていく。

(3) 文・文章を、意味構造としてとらえるのではなく、表現構造としてとらえていく。

御寺の傍ら近き林に、ぬきいでたる筍《たかうな》、そのわたりの山に掘れる野老《ところ》などの、山里につけてはあはれなれば、奉れたまふとて、御文細やかなる端に、

（朱雀院）「春の山、霞もたどたどしけれど、心ざし深く掘り出でさせてはべる、しるしばかりになむ。

世を別れ入りなむ道は後るとも同じところを君も尋ねよ

（修行は）いと難きわざになんある。」と聞こえたまへるを、（女三の宮）涙ぐみて見たまふほどに、大臣の君渡りたまへり。

（源氏物語・横笛）

朱雀院が、光源氏に嫁した女三の宮に、山で採れた筍・野老に手紙を添えて送ったところである。「春の山、霞もたどたどしけれど、心ざし深く掘り出でさせてはべる、しるしばかりになむ」をどう解釈するか。「春の山、霞もたどたどしけれど」という逆接条件句は「心ざし深く掘り出でさせてはべる」という帰結句に係る。「心ざし深く掘り出でさせてはべる」の「深く」は、「心ざし深く」と「深く掘り出でさせ」の掛詞になっている。「はべる」は連体形であるが、そこで文として統括されるものとしてとらえることもできる。あるいはまた、「筍・野老」という体言を含んだ体言相当語としてとらえ、「掘り出でさせてはべる筍・野老を」というヲ格の関係で次の「しるしばかりになむ」の後に想定される「奉る」に係るものとしてとらえることもできる。「しるしばかりになむ」の「なむ」は係助詞であるから、その後に「奉る」という結びのことばが想定される。

(1)　このような、意味内容をとらえただけでも朱雀院の気持ちはある程度理解できる。しかし、果たしてそれだけでここに込められている朱雀院の心情を十分にとらえることができるであろうか。ここは、朱雀院が女三の宮に「細やかなる御文」を差し上げ、女三の宮も「涙ぐみて見たまふ」という場面の描写である。「世を別れ入りなむ道は後るとも同じところを君も尋ねよ（この憂き世と別れて入ってしまいたいと思う仏道修行の道に、私より後れて入っても、私と同じところ、極楽浄土をあなたもお求めなさいよ）」の歌およびその後の「（修行は）いと難きわざになんある」という発話には、朱雀院と同じ仏道に入ろうとしている女三の宮に対する父としての深いいたわりの心情がこめられている。このような状況から見て、「しるしばかりに」というのは単なる挨拶のことばであって、朱雀院の心情はむしろ「春の山、霞もたどたどしけれど、心ざし深く掘り出でさせてはべる」のほうにこそ強く表現されているのである。春の早朝、野も山も霞がこめてはっきりしない中を、心を込めて掘り出した筍・野老などを送り届ける朱雀院の女三の宮に対する愛情の深さをとらえるべきである。ひとつひとつの表現を、その表現だけをとらえても話し手の心情はとらえることができない。叙述全体の流れのひとつとしてとらえていくべきである。

(2)　また、「はべる」は連体形であるから、「しるし」という体言に係っていかなければならないとか、「しるしばかりになむ」の「なむ」は係助詞であるが、そこで終わっているのであるから、連体形の結びは省略されているとかいうとらえ方は、文の構造をとらえることによって、文意をとらえようとする方法である。しかし、実際の文・文章は線条的に展開しているのであって、最初からそのような構造的な読み方をする必要はない。やはり、冒頭から順次表現の展開に即して読み進めていくべきである。「春の山、霞もたどたどしけれど」と読み進めてくれば、その逆接条件は当然「志深く掘り出でさせてはべる」という帰結句によって受け止められ、そこで一つの叙述が終わりになるということになる。しかも、連体形の結びであるから、そこには話し手の何らかの詠嘆的心情が余情として表現されているはずである。ここでは、女三の宮に対する朱雀院の深い愛情が表現されているものとしてとらえることができる。「しるしばかりになむ」の「なむ」は係助詞であるから、その後に結びが省略されているというとらえ方ではなく、ここは、単なる挨拶程度を出ない表現であるから、「なむ」のところで軽く言いさしにした表現であるととらえるのがよい。「なむ」の言いさし表現は、感情を遠慮なく出せるごく親しい間柄で取り交わされる手紙や対話の中でのへりくだった穏やかな心情の表現であるから、ここは朱雀院の心情の表現として、そのまま言いさし表現としてとらえればよい。このように、表現の流れを線条的にとらえていくほうが、話し手の心情をより深くとらえることができる。

(3)　傍線部は、「春の山、霞もたどたどしけれど、心ざし深く、土深く掘り出でさせてはべる筍・野老をしるしばかりに奉る」という趣旨の発話である。実質的な発話内容としては、「掘り出でさせてはべる筍・野老」という体言相当語であり、「筍・野老」はヲ格として「奉る」に係るという構造になって、全体として、「春の山は、霞も立ちこめてはっきりわからないけれども、心をこめて土深く掘り取らせた筍・野老をほんの私の気持ちとして差し上げます」というような意味になる。このような実質的な発話内容の構造を「意味構造」と呼ぶことにする。しかし、そのようにとらえたのでは、どんな内容の事柄を伝えようとしているかはとらえることができるけれども、そこにこめられている話し手の奥深い心情までは十分にとらえることはできない。「春の山、霞もたどたどしけれど」の「ど」という接続助詞は、単に条件句と帰結句とが反対の意味内容を持っているということを表現するだけではなく、前件の意味する事態からは考えにくい事態を後件としてはっきりと導き出すという働きを持っている。ここでは、「春の山、霞もたどたどしけれ」という条件のもとでは、筍・野老を掘り出すことはなかなかむずかしいのであるけれども、そういう条件の中にあっても、「心ざし深く」掘り出させたという、朱雀院の女三の宮に対する愛情のほどが自然に吐露されてくるのである。「掘り出でさせてはべる」は、「春の山、霞もたどたどしけれど」という逆接条件を受ける帰結句であるから、「はべる」のところで結びとなるのが普通の構造である。「はべる」は「はべり」の連体形であるから、ここは連体形止めの詠嘆表現として、朱雀院の女三の宮に対する慈しみの心の表現としてとらえることができる。意味構造としては、「掘り出でさせてはべる筍・野老」がヲ格として「奉る」に係っていくものとしてとらえることになるが、表現の構造としてはあくまでも連体形によって文統括された構造としてとらえることになる。このように、どのような実質的な意味内容を表現しているかという意味構造に対して、どのような係り受けの構造によって展開し、完結していくかという表現の流れを「表現構造」と呼ぶことにする。表現構造をとらえることによってこそ、話し手がどのような発想において、自分の訴えようとする主題を表現したかということがとらえられるのである。

従来とかく高校の古典解釈においては、(1)において触れたように、一つ一つの表現、とりわけ一つ一つの単語を単独にとらえて解釈する傾向が強かったが、それでは十分に話し手の表現意図をとらえることができない。表現構造としてとらえていくことによって、単なる表面的な意味内容だけではなく、そこにこめられている話し手の心情にまで迫ることができるのである。

日常の会話や読み書きされる文章などの場合、話し手の発する一つ一つの発話の意味するものは、それに関わる他の人の発する発話あるいはその他のいろいろな条件に依存する度合いが大きい。そういう条件とのかかわりにおいて、一つ一つの発話を解釈するためには、その発話が一つの文としてどのような表現構造をとっているか、またその表現構造がどのような発想の表現になっているのかをとらえていく必要がある。このような解釈に必要な表現構造の類型を「構文」と呼ぶことにする。

構文というからには、それぞれ文全体の表現構造に直接関わる性格を持っていなければならない。「春の山、霞もたどたどしけれど」という逆接的な条件の表現は、「心ざし深く掘り出でさせてはべる」という、文として統括する帰結句に係るという点において、文全体の表現構造に直接関わる性格を持っているので、「逆接構文」と呼ぶことができる。「心ざし深く掘り出でさせてはべる」は連体形によって統括された文であるという点において、これも文全体の表現構造に直接関わる性格を持っているので、「連体形止め構文」と呼ぶことができる。ところが、「しるしばかりになむ」は「奉る」という文として統括する表現のない、言いさしになっているので、文としての性格を持ったものとは考えられないということになる。しかし、「しるしばかりになむ」という表現は、話し手の表現意識としては当然「奉る」という文として統括する表現を予定した表現ではあるが、そのような文として統括する表現をはっきり示した叙述よりも深い余情を表現することになる。すなわち、言いさし表現は、文として統括する表現を包含した表現なのであって、そういう点において、完全なる文としての性格を持っているということになる。したがって、言いさし表現も、文全体の表現構造に直接関わる性格を持っているので、「言いさし構文」と呼ぶことができる。なお、「文」としての性格については、序章・第三節「従属成分・統括成分の構造」において詳しく考察する。

本書は、このような古典文の解釈に必要な構文を体系化することを試みたものである。

本書における引用文は、「日本古典文学大系」「新日本古典文学大系」（岩波書店刊）による。引用に際しては、ひらがな表記の部分をできるだけ意味がとりやすいように漢字に改めた。引用文には、出典の書名だけでなく、巻名・国歌大観番号・段落番号を付記した。

目次

古典文の表現構造

序章　文を構成する成分

第一節　成分の種々相

一つの文あるいは文章が成立するためには、それを構成することばがある一定の秩序に従って結びついていなければならない。

ひさかたの月の桂も秋はなほ紅葉すればや照りまさるらむ　（古今集・一九四）

「ひさかたの」は枕詞として「月」を導き出し、「月」は「の」によって「桂」と結びつき、その結果「ひさかたの月の桂」という一つのまとまった表現が成立する。この「ひさかたの」「月の」のように、一つの表現が特定の表現に結びついていって一つのまとまった表現を成立させる作用を「係る」と呼ぶ。逆に、「月」「桂」はそれぞれ「ひさかたの」「月の」を「受ける」という。さらに、「ひさかたの」「月の」「桂」のような、それが組み立てられていって一つのまとまった表現になることばの単位を、その表現構造における「成分」と呼ぶ。

このように、一つ一つの成分が結びついて一つのまとまった表現構造となり、さらにそれが展開して文や文章になっていくのであるが、その成分の係り受けの仕方にはいろいろな形が見られる。「ひさかたの」「月の」のように体言に係る働きを持っている成分を「連体成分」、「ひさかたの月の桂も」のように「紅葉す」という用言に係る働きを持っている成分を「連用成分」、「紅葉すれば」のように接続の働きを持っている成分を「接続成分」と呼ぶ。

それに対して、「照りまさるらむ」のように受ける働きだけを持っていて、係る働きを持っていない成分を「統括成分」と呼ぶ。「紅葉すれば」は、「ば」の働きによって「照りまさるらむ」という成分に対して接続成分となっているが、「紅葉すれ」の部分だけの働きとしては「月の桂も」に対して統括成分となっている。すなわち、統括成分には、「紅葉すれ」のように、一旦は統括成分になりながら次の段階では後の成分に係っていくような場合と、「照りまさるらむ」のように、それ以上係っていく成分がなく、そこで完結する場合とがある。後者を、特に前者と区別する必要がある場合には、「文統括成分」と呼ぶことにする。このように、文統括成分で終わる構文を特に「文」と呼ぶことにする。

やよや待て山ほととぎす言伝てむわれ世の中に住みわびぬとよ　（古今集・一五二）

「やよや待て」は、「山ほととぎす」に向かって、作者が呼びかけた表現であって、「やよや待て」「山ほととぎす」両者ともに前後の成分との係り受けの関係がない。このような成分を「独立成分」と呼ぶ。

一方、「ひさかたの月の桂」という「紅葉す」に係る連用成分を、意味構造上、「紅葉す」という事態の主体を表す成分であるという点において「主語」と呼び、同じく「紅葉す」という統括成分を、意味構造上、主体の動作・状態を述べる成分という点において、「述語」と呼ぶこともある。ただし、主語・述語という呼び方は主としてその意味構造の面からの呼び方であって、連用成分・統括成分などのような表現構造の面からの呼び方とは異質な呼び方であるので、「主語」「述語」という用語は意味構造を説明する場合の便宜的な呼び方としてのみ用いることにする。

また、「月の桂」において、「月の」を受ける「桂」がどのような種類の樹木で、その形・色はどうであるか、またどういうところに生えている樹木であるかなどいろいろな属性を限定する必要がある場合もある。ここでは「月」という所に生えている「桂」であると限定されている。このような体言の持つ属性のうち、特にひとつの属性を取り上げて体言を限定する働きを、意味構造上、連体修飾、そういう働きをする成分を連体修飾語と呼ぶこともある。

同じように、

ひさかたの光のどけき春の日に静心なく花の散るらむ　（古今集・八四）

の「静心なく」は「(花の) 散る」に係る連用成分であるが、意味構造上は、「静心なく」というのは「花の散る」という状態を説明しているので、こういう連用成分の働きを「連用修飾」、そういう働きをする成分を連用修飾語と呼ぶこともある。

山桜わが見に来れば春霞峰にも尾にも立ち隠しつつ　（古今集・五一）

「峰にも」と「尾にも」ともに「立ち隠し」の連用成分となっている。このように、二つ以上の成分が対等の資格を持って並んでいる成分同士を「並立成分」と呼ぶ。両者は対等の資格で並んでいるので、意味構造上は、「尾にも峰にも」というように、成分の順序を交換することもできる。

「ひさかたの月の桂も」の歌は、「ひさかたの月の桂」というものを「も」という係助詞によって取り上げ、それが「秋はなほ紅葉すればや照りまさるらむ」という状態になっているということを詠んだものである。「秋は」の「は」も「秋」というものを取り上げて、秋には「紅葉すればや照りまさるらむ」という状態になっているということを詠んでいる。このように、その文の中心となる題材を「は」「も」などの係助詞によって特に取り上げ、それについていろいろ説明したり描写したりする場合、その取り上げられた成分を「提示語」あるいは「題目語」と呼び、それについて説明したり描写したりする成分を「叙述語」あるいは「解説語」と呼んで、文の構造を説明することがある。本書では、以下「提示語—叙述語」という呼び方にする。なお、ある事物を特に取り上げて、そこに叙述の焦点を置こうとする表現の仕方を「提示」と呼ぶことにする。ただし、提示語が意味構造上は主語になる場合が圧倒的に多いので、「主語」は意味構造上の成分、「提示語」は表現構造上の成分として区別する。「ひさかたの月の桂」は意味構造上は「紅葉すれ」「照りまさる」の主語であるが、表現構造上は「も」によってこの歌全体の提示語として取り上げられたものである。

もちろん、提示語が意味構造上も主語とは別な成分になる場合もある。

春立てど花もにほはぬ山里はもの憂かる音に鶯ぞ鳴く　（古今集・一五）

この歌の「春」は「立つ」に対する主語、「花も」「鶯ぞ」は「も」「ぞ」という係助詞によって提示されている提示語ではあるが、意味構造上はそれぞ「にほふ」「鳴く」に対する主語となっている。それに対して、「山里は」は「は」によって提示されてはいるが、意味構造上は主語ではなく、「山里においては」という意味の連用修飾語になる。

このことを帝聞こし召して、竹取が家に御使つかはさせたまふ。　（竹取物語）

「聞こし召す」「つかはさせたまふ」という行為をとったのは「帝」である。このように、ある行為・事態の主体となって、「……が（……す）」という構造をとるものを、「行為の主体」という意味で「為手《して》」と呼ぶこともある。また、「聞こし召す」という行為の対象は「このこと（を）」であり、「つかはさせたまふ」という行為を受ける相手は「竹取が家（に）」と「御使」とである。このように、「……を（……す）」あるいは「……に（……す）」という構造をとるものを「行為を受ける相手」という意味で「受手」と呼ぶことにする。為手を表現する連用成分を「主語」と呼ぶのに対して、「受手」を表現する連用成分を「対象語」と呼ぶこともある。このような用語は、学会などでもはっきり統一されていないので、本書では、少し長い言い方にはなるが、「主語」を「ガ格成分」、「対象語」を「ヲ格成分」、「ニ格成分」と呼ぶこともある。「格」とは、意味構造上、体言及び体言相当語が他の成分、主として統括成分に対してどのような関係になっているかを示す働きを言う。「格」は、「が」「を」「に」などの格助詞によって明示される場合が多い。

第二節　成分の係り受け

①　(a)名利に使はれて閑かなる暇なく一生を苦しむるこそ愚かなれ。(b)財多ければ、身を守るにまどし。(c)害をかひ、累を招く媒なり。(d)身の後には金をして北斗を支ふとも、人のためにぞわづらはるべき。(e)愚かなる人の目を喜ばしむる楽しみ、またあぢきなし。(f)大きなる車、肥えたる馬、金玉の飾りも、心あらん人は、うたて愚かなりとぞ見るべき。(g)金は山に捨て、玉は淵に投ぐべし。(h)利に惑ふはすぐれて愚かなる人なり。

（徒然草・第三八段）

(a)(d)(f)の文では、「……こそ……已然形」「……ぞ……連体形」のいわゆる「係り結びの法則」通りに、已然形・連体形で文統括されている。(b)(d)の文では、「財多ければ」「北斗を支ふとも」という接続成分が「身を守るにまどし」「人のためにぞわづらはるべき」という成分に係っていく。(c)の文では、「害をかひ」「累を招く」という並立成分が全体として連体成分となって「媒」に係っていく。(e)(f)(h)それぞれの文でも、「愚かなる人の目を喜ばしむる楽しみ」「心あらむ人は」「利に惑ふは」が連用成分となって「またあぢきなし」「うたて愚かなりとぞ見るべき」「すぐれて愚かなる人なり」という文統括成分に係っていく。(g)の文の「金は（ヲ格）山に（ニ格）捨て、玉は（ヲ格）淵に（ニ格）投ぐべし」のように、ヲ格とニ格とが続く場合には、ヲ格がニ格の前に位置するのが普通である。このように成分の係り受け、前後関係には一定の決まりが見られる。

②　尼君の昔の婿の君、今は中将にてものしたまひける、弟の禅師の君、僧都の御許にものしたまひける、山籠りしたるを訪ひに、はらからの君達常に上りけり。横川に通ふ道のたよりに寄せて、中将ここにおはしたり。先うち追ひて、あてやかなる男の入り来るを（浮舟が）見出して、忍びやかにおはせし人の御さま・気配ぞさ

やかに思ひ出でらるる。（源氏物語・手習）

「尼君の昔の婿の君、今は中将にてものしたまひける」は、ガ格となって、「弟の禅師の君、僧都の御許にものしたまひける、山籠りしたるを訪ひに」に係っていくのであるが、「弟の禅師の君、僧都の御許にものしたまひける、山籠りしたるを訪ひに」の部分は後の「はらからの君達常に上りけり」の連用成分になっていて、いつの間にか「尼君の昔の婿の君、今は中将にてものしたまひける」との関係は消えている。結果的に、「訪ひに」の主語は「婿の君」なのか、「はらからの君達」なのか不分明になる。「山籠りしたるを訪ひに」という成分が、いったんは「尼君の婿の君」を受ける統括成分になりながら、「に」という格助詞を添えることによって、「はらからの君達常に上りけり」に係る連用成分に転換したのである。このような係り受けの関係が途中で転換する例はたくさん見られる。

これについては、第二章「成分の転換構文」の項で詳しく考察する。

このように、一つの文は、①のように、成分が一定の係り受けの順序を保ちながら展開していって、最後に文統括される場合もあり、また②のように統括成分が別な成分に転換して、最後に文統括成分によって完結される場合もある。この統括成分あるいは文統括成分に係っていく成分の総体を「従属成分」と呼ぶことにする。ところで、古典文は現代人が考えるほど係り受けの関係が論理的になっていないのがむしろ普通である。

③ (a)月は隅なくさし出でて（雪と）ひとつ色に見え渡されたるに、(b)しをれたる前栽のかげ心苦しう、遣水もいといたくむせびて、池の氷もえもいはず凄きに、(c)童べ下ろして、（源氏は）雪まろばしせさせたまふ。(d)（女童の）をかしげなる姿・頭つきども月に映えて、（その中にも体の）大きやかに馴れたる、(e)さまざまの袙乱れ着、帯しどけなき宿直姿なまめいたるに、(f)こよなう余れる髪の末、白き庭にはましてもてはやしたる、(g)けざやかなり。（源氏物語・朝顔）

雪の月夜、源氏が女房や女童に雪の玉を作る遊びをさせたときの情景描写である。(a)から(g)までの七つの成分が連なって二つの文を形成している。意味構造上、(a)の最後の「見え渡されたる」の後に、(b)とのつながりの関係から「庭」を補ってとらえるのが好都合であるが、果たして作者にそのような表現意識があったかどうか。ただ単に、(a)の空の描写と(b)の庭前の描写とをつなげるために「に」という助詞を介入させただけかもしれない。(b)の最後の「凄き」の後にも、(c)とのつながりから「庭」を補うほうがわかりやすいけれども、ここも(a)空、(b)庭前の描写が(c)の人物描写の雰囲気・背景作りとして続いてきたのであるかもしれないので、「に」がむしろふさわしく、「庭」を補わないほうがよさそうである。また、意味構造上後の成分への係りかたをわかりやすくするために、(e)の最後の「なまめいたる」の後に「上」を補い、(f)の最後の「もてはやしたる」の後にも「趣は」を補ってとらえるのが便利ではあろうが、これとてもかえって原文の持つ雰囲気を減殺させてしまう恐れがある。(f)の「こよなう余れる髪の末」のところに、普通他動詞としての用法が多い「もてはやす」との係り受けを考えて、「をば」という助詞を補うこともありうるが、他動詞、自動詞の区別が果たしてそれほど厳密であったかどうかを考えると、むしろ「長くたれた髪の先が白い雪を背景に一段と映えて」と、自動詞としてとらえることも可能であろう。

このような例から見ると、古代の人々は現代人が考えるほど、係り受けの関係を厳密に論理的な関係として表現しているのではなく、多分に表現意識の流れに沿って気分的に表現するという傾向を持っていたものと考えられよう。和歌などの場合には、音数の制約もあって、論理的な関係よりも情緒的な関係を重視するので、超論理的な文脈になるのがむしろ普通である。したがって、次の例のように、係り受けをあまり厳密にとらえようとするよりも、原文の流れに即してそれぞれの表現にこめられている話し手の心情を線条的に一つ一つとらえていくほうがより原文の味わいに近づくことができるかもしれない。

④　なごの海の霞の間より眺むれば入日を洗ふ沖つ白波　（新古今集・三五）

「眺むれば」という順接確定条件の帰結句は「入日を洗ふ沖つ白波見ゆ」となるのが論理的な構文である。しかし、この歌では、音数の制約もあったのであろうが、「見ゆ」という認識よりも、作者の目に映った「入日を洗ふ沖つ白波」に対する感動に中心があるので、体言止めの詠嘆表現で文統括したのである。

⑤　見渡せば山もと霞む水無瀬川夕べは秋となに思ひけむ　（新古今集・三六）

「見渡せば」という条件句を受ける帰結句は「山もと霞む」であるはずであるが、「見渡す（ずっと、一面に見る）」という意味構造上から見て、「水無瀬川」にまで係るととらえなければならない。また上の句と下の句との関係は、意味構造上、上の句に詠まれている風景が下の句に詠まれている「夕べは秋と（秋の眺めが一番すばらしいと）なに思ひけむ」という認識を呼び起こす契機となっているのであるが、その関係をはっきりと示す表現がないけれども、その関係は、上の句と下の句とに詠まれている作者の感動・認識をとらえることによって、自然に理解できるはずである。

第三節　従属成分・統括成分の構造

日本語の文は、基本的にはどのような構造になっているのかを見てみる。

(a)大和歌は、人の心を種として万の言の葉とぞなれりける。(b)世の中にある人、事・業繁きものなれば、心に思ふことを、見るもの聞くものにつけて言ひ出だせるなり。(c)花に鳴く鶯、水に住む蛙の声を聞けば、生きとし生けるもの、いづれか歌を詠まざりける。(d)力をも入れずして、天地を動かし、目に見えぬ鬼神をもあはれと思はせ、男女の仲をも和らげ、猛き武士の心をも慰むるは歌なり。(e)この歌、天地の開け始まりける時より出で来にけり。　（古今集・仮名序）

(a)の文は、「大和歌は」という提示語だけでは、意味構造上も表現構造上も文とはならない。「人の心を種として万の言の葉とぞなれりける」という叙述語があってはじめて文として成立する。

(b)の文は、(a)の文の「大和歌は」と同じ提示語が隠れているのであるが、「世の中にある人、事・業繁きものなれば、心に思ふことを、見るもの聞くものにつけて言ひ出だせるなり」という叙述語だけでも文として成立する。

(a)の文は、「大和歌」が「は」によって提示語としてはっきりと表現されている。このように、その語の果たしている働きを示す表現がはっきりと表示されていることを、以後単なる「表示」という言い方ではなく、「標示」という言い方で説明することにする。

(c)の文は、「花に鳴く鶯、水に住む蛙の声を聞けば」という状況において、「生きとし生けるもの、いづれか歌を詠まざりける」という事態になるという構造であるが、これも「生きとし生けるものいづれか」という提示語だけでは文として成立しない。「詠まざりける」という叙述語があって始めて成立する。

(d)の文は、「力をも入れずして、天地を動かし、目に見えぬ鬼神をもあはれと思はせ、男女の仲をも和らげ、猛き武士の心をも慰むるは」という長い提示語が標示されているが、「歌なり」という叙述語がなければ文として成立しない。

(e)の文の「この歌」は、「は」という標示はないけれども、意味構造上は、「この歌は」と同じ提示語になっている。この文も、「天地の開け始まりける時より出で来にけり」という叙述語があってはじめて文として成立する。

このような「提示語—叙述語」からなる文のほかに、「主語—述語」からなる文の場合にも同じことが言える。

(f)今は昔、竹取の翁といふ者ありけり。　（竹取物語）

「竹取の翁といふ者」というガ格の連用成分だけでは文として成立しない。そのガ格成分を受ける「ありけり」という述語があってはじめてひとまとまりの内容を持った文となる。

それぞれの叙述語・述語は、長いものもあれば短いものもあるので、総称して、「述部」と呼ぶこともある。その述部がなければ文として成立しないということになる。すなわち、日本語の文の根幹は「述部」にあるということになる。

この述部の表現構造を更に細かく分析してみる。たとえば、(a)の文の述部の表現構造は、「人の心を」が「種として」の連用成分になり、「人の心を種として」全体が「万の言の葉とぞなれりける」の連用成分になる。「万の言の葉とぞなれりける」も「万の言の葉と」が「なれりける」の連用成分となる。このように、いくつもの成分が次々に次の成分に係っていき、最後には「なれりける」という成分によって文として完結されるのである。すなわち、すべての成分は、最終的には、文統括成分に吸収されて文として成立するということになる。そういう点において、文統括成分以外のすべての成分は文統括成分に従属する成分ということになる。提示語の「大和歌は」も述部に係っていくのであるから、やはり文統括成分に吸収される従属成分ということになる。

このようにとらえていくと、日本語の文は、文統括成分を根幹とする構造体であり、その他の成分は文統括成分の従属成分ということになる。

ところで、(c)の文の場合、「花に鳴く鶯、水に住む蛙の声を聞けば」は、接続成分となって、「生きとし生けるものいづれか歌を詠まざりける」という帰結句に係っていく。この接続成分の構造は、「花に鳴く鶯、水に住む蛙の声を」が連用成分となって、「聞く」という統括成分に係っていく。この接続成分だけを独立させてみると、表現構造上、従属成分と文統括成分とから成るひとつの文としてとらえることができる。すなわち、文相当の句ということになる。そこで、一応文統括成分の従属成分ではあるが、それ自体文相当句になるものも含めて、従属成分と統括成分との関係について、考察していくことにする。

その前に、従属成分と文統括成分との関係から見て、どのような構造の文があるか、分類してみる。

(1) (a)(c)(e)の文のような、「は」「も」そのはかの係助詞によって特に取り上げられた事柄（係助詞の標示がない場合も含む）について、述部において詳しく叙述する構造の文。文統括成分は、「用言」あるいは「用言＋助動詞・助詞」の構造をとる。このような文を「は―用言構文」と呼ぶことにする。

(2) (b)(d)の文のような、「は」「も」そのほかの係助詞によって取り上げられた事柄（係助詞の標示がない場合も含む）について、「……なり」と判断する構造の文。文統括成分は、「体言相当語＋なり」の構造をとる。このような文を「は―なり構文」と呼ぶことにする。

(3) (f)の文のような、ガ格の連用成分とそれを受ける文統括成分とによって、ある事柄について叙述する構造の文。文統括成分は、「用言」あるいは「用言＋助動詞・助詞」の構造をとる。このような文を「用言構文」と呼ぶことにする。

(4) そのほかに次のような構文もある。

櫻花咲きにけらしなあしひきの山の峡より見ゆる白雲　（古今集・五九）

「あしひきの山の峡より見ゆる白雲」は、「あしひきの山の峡より見ゆる」が「白雲」という体言に係る連体成分である。このように、「連体成分＋体言」という文統括成分の構造をとって、その事柄に対する話し手の感動を表現する構文がある。また

わが如く我を思はむ人もがなさてもや憂きと世をこころみむ　（古今集・七五〇）

「わが如く我を思はむ人もがな」は、「わが如く我を思はむ人」という体言に希望の意味を表す終助詞「もが

な」が添えられた構造になっている。このように、「体言＋希望の終助詞」によって文統括する構文もある。

これら二つの構文を普通「喚体句」と呼ぶが、本書では、ほかの構文との整合性を考えて、両者ともに体言を中核とする構造であるから、これを「体言構文」と呼ぶことにする。

これら四つの構文のうち、(1)(3)の型が最も多く現れる。主として、物語の叙述・描写などに現れる。(2)の型は、論理的な傾向の強い文章、あるいは物語の中でも説明的な文脈などで、ある事柄を取り上げてそれを説明する場合に多く見られる。(4)は和歌などに多く見られる。

第四節　連用成分

Ⅰ　連用成分の種々相

以上四種類の構文のうち、(4)「体言構文」以外の構文は、いずれも連用成分が文統括成分に係る構造になっている。統括成分の構造は、主に動詞を基本とする。文統括成分を含めて統括成分に係る連用成分のいろいろについて考察する。

(1)　動詞の意味する動作・状態には必ずその動作・状態の主体が存在する。その主体を表す「主語」も連用成分である。動詞によって成立する統括成分は、必ずこの連用成分をガ格として従属させる。

世になく清らなる玉の男御子さへ（ガ）生まれたまひぬ。（源氏物語・桐壺）

(2) 動詞の種類によっては、連用成分として、ガ格のほかに、ヲ格、ニ格、ヘ格などいろいろな格成分を従属させる。

都へたより（ヲ）求めて文（ヲ）やる。寺・社などに忍びて籠りたるもをかし。（徒然草・第一五段）

(1)(2)については、Ⅱ「格助詞・副助詞・係助詞の標示」において改めて考察する。

(3) 動詞の意味する動作の状態を修飾する状態副詞（「かねて」「しばし」「つと」「やがて」「やをら」など）、形容詞・形容動詞の連用形も連用成分となる。

名を聞くより、やがて面影は推し量らるる心地するを、見るときはかねて思ひつるままの顔したる人こそなけれ。（徒然草・第七一段）

山際少し明りて、紫だちたる雲の細くたなびきたる。（枕草子・第一段）

(4) 主として形容詞・形容動詞の意味する状態の程度を修飾する程度副詞（「いと」「いとど」「げに」「やうやう」など）、形容詞・形容動詞の連用形も連用成分となる。

この頃の冠は、昔よりはるかに高くなりたるなり。（徒然草・第六五段）

霜のいと白きも、またさらでもいと寒きに、火など急ぎおこして、炭もて渡るもいとつきづきし。（枕草子・第一段）

(5) 動詞に添えてある助詞・助動詞と直接関わりを持つ、いわゆる「陳述副詞」(「つゆ」「などか」「もし」「けだし」など)も連用成分となる。

殿上人のつゆ知らで寄り来て物言ふなどもあるを、「けしきな見せそ。」とて、笑はせたまふ。

(枕草子・第四九段)

陳述副詞は呼応する表現が限定されているので、呼応する表現が標示されていない場合でも、文脈から容易に想定できる。

「簀の子などは、便なうはべりなん。おしたちてあはあはしき御振舞などはよも。」などいとよく言ひなして……

(源氏物語・末摘花)

「よも」は多く打ち消し推量の助動詞「じ」と呼応する。ここも「おしたちてあはあはしき御振舞などはよもしたまはじ」という発話の言いさし表現としてとらえることができる。

(6) 連用形あるいは連用形+接続助詞「て」による並立成分は、後尾の構成要素に統合される場合がある。

① 花は盛りに、月は隈なきをのみ見るものかは。

(徒然草・第一三七段)

「花は盛りに」(「盛りに」は形容動詞「盛りなり」の連用形)が並立関係になる「月は隈なき」(「隈なき」は形容詞「隈なし」の連体形)に統合されて、「花は盛りに、月は隈なき」全体が「を」という格助詞を介して、連用成分となって、「見るものかは」という文統括成分に係っていく。したがって、「月は隈なく、花は盛りなるを」と順序を変えても意味構造上は同じである。

しかし、一見、形容詞・形容動詞の連用形が後尾の構成要素に統合される並立成分に見えても、別な働きを持った連用成分としてとらえなければならない場合もある。

②　「なほあさましく、ものはかなかりける。」と、我ながら口惜しければ、手習に、
身を投げし涙の川の早き瀬をしがらみかけてたれか止めし
思ひのほかに心憂ければ、行く末も後ろめたく、うとましきまで思ひやらる。
（源氏物語・手習）

「あさましく、ものはかなかりける」は、「あさましかりける」と「ものはかなかりける」とに展開できる並立成分ではなく、「あさましく」は「ものはかなかりける」の程度を表す修飾語で、「あきれるほどに」という意味を表す。したがって、並立成分の順序を変えて、「ものはかなく、あさましかりける」とはならない。「後ろめたく」も意味構造上後尾の「うとましきまで」の「まで」に統合されて、「うしろめたきまで」と「うとましきまで」とに展開する構文ではなく、「後ろめたく思ひやらる」と「うとましきまで思ひやらる」と展開される構文である。

この「後ろめたく思ひやらる」の形は、意味構造上は、「『後ろめたし』と思ひやらる」と同じで、改めて「連用形＋思ふ」の形をとる「心の文」として考察する。

③　孫晨は、冬の月に衾なくて、藁一束ありけるを、夕にはこれに臥し、朝には収めけり。
（徒然草・第一八段）

「夕にはこれに臥し、朝には収めけり」は並立成分になるが、時間的な先後があるから、叙述の順序を交換して、「朝にはこれを収め、夕にはこれに臥しけり」とはなりにくい。「衾なくて」は、「衾はないけれども」という意味構造となって「藁一束ありける」に係るので、これも叙述の順序を交換することはできない。

④　果ての日は、いと情けなう、互ひに言ふこともなく、われ賢げに物ひきしたため、散り散りに行きあかれぬ。
（徒然草・第三〇段）

「互ひに言ふこともなく」「われ賢げに物ひきしたため」「散り散りに行きあかれぬ」は、形の上では並立成分になっているが、順序を交換することはできない。「互ひに言ふこともなく」の状態で「われ賢げに物ひきした

ため」、そういう状態になった後で、「散り散りに行きあかれぬ」というのである。先行叙述の意味する状態の下に後の状態が発生するという叙述になるので、順序を交換するわけにはいかないのである。

③④のように、意味構造上時間的な先後関係や条件・帰結の関係によって叙述される成分を、並立成分と区別して、「列叙成分」と呼ぶ。

(7) 副助詞・係助詞のついた成分も連用成分となる。

副助詞や係助詞は連体成分にはつかない。連用成分につくのが副助詞・係助詞のもっとも基本的な用法である。

① そのわたり、ここかしこ見ありき、田舎びたる所、山里などはいと目なれぬことのみぞ多かる。

（徒然草・第一五段）

「など」「のみ」は副助詞、「は」「ぞ」は係助詞である。「田舎びたる所、山里など」の「など」は、「いと目なれぬこと多し」とされる所として、「田舎びたる所」「山里」だけではなく、それに類似する所がいくつか挙げられるということを暗示する働きを持っている助詞である。「いと目なれぬことのみ」の「のみ」は、「いと見なれぬこと」ということに限定されるということを標示する働きを持っている助詞である。どちらも、上接する表現の意味する事柄をより詳しく説明する働きを持っている。それに対して、「田舎びたる所、山里などは」の「は」は、「田舎びたる所、山里など」という場所を提示することによって、そういう場所においては、ほかの場所とは違って「いと目なれぬことのみ多し」という状態にあるということを叙述しようとしているのである。しかも、「は」によって取り上げられた題材に対する説明・描写の叙述部は、「いと目なれぬことのみぞ多かる」のように途中で切れることがなく、文統括成分まで続くのが原則である。「いと目なれぬことのみぞ」の「ぞ」もまた「いと目なれぬことのみ」ということを提示することによって、「いと目なれぬことのみ多し」という叙述全体を強調する。しかも、「ぞ」を伴った連用成分を受ける「多し」という統括成分は、「多かる」という連体形になって文統括される。このように、係助詞は、文統括成分に係る働きを持っているという点に特色がある。

② その形だになくなりぬるぞ悲しき。（徒然草・第三〇段）

「その形だに」の「だに」は副助詞、「なくなりぬるぞ」の「ぞ」は係助詞である。「その形だに」は「なくなりぬる」という統括成分に係る連用成分であるが、その統括成分がさらに「悲しき」という文統括成分に係る連用成分となっている。「ぞ」を受ける成分は連体形となって文を統括する。このように、副助詞は統括成分に係るけれども、必ずしも文統括成分に係るとは限らない。それに対して、係助詞は文統括成分に係るという働きを持っている。

この文の「その形だになくなりぬる」から副助詞「だに」を削除してみると、意味構造上、「その形ガなくなりぬる」というガ格関係が明らかになる。同じく、「なくなりぬるぞ悲しき」から係助詞「ぞ」を削除してみると、意味構造上「なくなりぬるガ悲し」というガ格関係が明らかになる。このように、副助詞・係助詞はガ・ヲ・ニなどの格関係を含んで表現される場合が多い。

Ⅱ　格助詞・副助詞・係助詞の標示

(1) ガ格をとる連用成分には、「が」「の」が標示されない場合が多い。ヲ格をとる連用成分にも「を」が標示されない場合があるが、ガ格に比べて大分少ない。そのほかのニ格・ヘ格・ト格などをとる連用成分の場合に、「に」「へ」「と」などが標示されない場合はほとんどない。

(a)昔、男（ガ）ありけり。(b)女のえ得まじかりけるを、年を経てよばひわたりけるを、からうじて盗み出でて、いと暗きに来けり。(c)芥川といふ河を率て行きければ、草の上に置きたりける露を、「かれはなにぞ。」となん男に問ひける。(d)行く先（ガ）多く、夜も更けにければ、鬼（ガ）ある所とも知らで、神さへいといみじう鳴り、雨もいたう降りければ、あばらなる蔵に女をば奥に押し入れて、男（ガ）弓籙を負ひて戸口に居り。(e)はや夜も明けなんと思ひつつゐたりけるに、鬼（ガ）はや一口に喰ひてけり。(f)「あなや。」と言ひけれど、神（ガ）鳴る騒ぎにえ聞かざりけり。(g)やうやう夜も明け行くに、見れば、率て来し女もなし。(h)足摺をして泣けどもかひなし。

（伊勢物語・第六段）

(a)の文における「男、ありけり」は、当然「男ガありけり」という意味構造になる。なぜならば、「あり」という動詞は、最低限、為手が明らかになれば成立するわけで、この文において、「男」という標示がある以上は、それが為手であり、当然「ガ」という格助詞が推定されるから、わざわざ「男が」と「が」を標示する必要はないのである。(d)の文の「男弓籙を負ひて戸口に居り」の場合も、「居り」という動詞は、誰かが、どこかに、という二つの条件で成立する。「戸口に」という場所はすでに標示されているのであるから、後は為手だけが標示されれば、「居り」という表現は成立する。したがって、ここでは、「男」が標示されているのであるから、「男」が為手であることは明らかであり、改めて「が」という格助詞を標示しなくとも、読み手は「男」をガ格としてとらえることができるのである。古代においては、(a)「男ありけり」、(d)の文の「行く先多く」、「鬼ある所とも知らで」、「男、弓籙を負ひて戸口に居り」、(e)の文の「鬼はや一口に喰ひてけり」、(f)の文の「神鳴る騒ぎに」のように、為手を表すことばに一々ガ格の助詞を標示しないのが普通であった。ヲ格、ニ格の場合には、(b)の文の「年を経て」、「暗きに」、(c)の文の「芥川といふ河を」、「草の上に置きたりける露を」、「男に問ひける」、(d)の文の「あばらなる蔵に女をば奥に押し入れて」、「弓籙を負ひて戸口に居り」、(e)の文の「一口に喰ひてけり」、(f)の文の「神鳴る騒ぎに」、(g)の文の「夜も明け行くに」、(h)の文の「足摺をして」などのように、標示されるのが普通である。

(2)　ガ格をとる連用成分に「が」「の」が標示される場合は、話し手の、その格関係をことさら強く表現しようとする何らかの表現意図がこめられることが多い。

①　「何事ぞや。童べと腹立ちたまへるか。」とて、尼君の見上げたるに、少しおぼえたるところあれば、「子なめり」と（源氏は）見たまふ。「雀の子を犬君が逃がしつる。伏せ籠の中に籠めたりつるものを。」とて、（姫は）「いと悲し」と思へり。　（源氏物語・若紫）

源氏が垣間見に美しい少女を発見した場面である。「雀の子を犬君が逃がしつる」の「が」を削除してみると、「雀の子を犬君逃がしつる」となる。これでも話し手の表現しようとしている実質的な内容は相手に伝えられる。「雀の子を犬君が逃がしつる」という発話は、祖母君の「何事ぞや。童べと腹立ちたまへるか」という問いに対する弁解である。この発話で、少女は「が」という表現をとることによって、自分が大事にかわいがっていた雀の子を「逃がす」という行為の為手がほかならぬ「犬君」であるということを強く訴えたかったのである。このように、「が」には、ガ格を標示する働きと同時に、連用成分を特に取り上げて、それを受ける統括成分との関係を聞き手に対して強く示そうとする働きも備わっているのである。

②　いづれの御時にか、女御・更衣(a)（ガ）あまたさぶらひたまひけるなかに、いとやむごとなき際にはあらぬ(b)が、すぐれて時めきたまふ(c)（ガ）ありけり。はじめより、我はと思ひ上がりたまへる御方々(d)（ガ）めざましきものに貶めそねみたまふ。　（源氏物語・桐壺）

この一文は「源氏物語」の冒頭文である。一応意味構造から見て、(a)(c)(d)はガ格となるが、「が」の標示はない。それに対して、(b)には「が」の標示が見られる。(b)の「が」については、いろいろなとらえ方があるが、ここでは、ガ格の「が」の働きを考察する例として取り上げてみたい。この「が」がなくとも、「いとやむごとなき際にはあらぬ（更衣）」が「すぐれて時めきたまふ」状態にあるという意味構造は理解できる。それなのにあえて「が」を介入させて、「いとやむごとなき際にはあらぬ（更衣）」を特に取り出したのには、どのような表現意図が見られるのであろうか。この文は、「女御・更衣あまたさぶらひたまひける」、「いとやむごとなき際にはあらぬ」、「すぐれて時めきたまふ」の三つの叙述内容が「ありけり」という述語によって統一されているわけであるが、この三つの事柄はそれぞれ対立矛盾した叙述内容になっている。この対立矛盾をとらえることが「源氏物語」の文学性をとらえる最初の重要な出発点になる。何の後見も持たない更衣が、帝の異常なまでの寵愛を受け、それがかえって他の女御・更衣たちの恨みを受ける原因になっていく。そして、そうしたつらい生活の中で、美しい男子を出産するのであるが、そのような幸福がそのまま発展するはずはない。「やむごとなき際にはあらぬ（更衣）」が「すぐれて時めきたまふ」からこそ更衣は悲劇的な最期を迎えなければならないのである。そのことをはっきりと確認しておくために、「いとやむごとなき際にはあらぬ」ということを「が」によって特に取り上げることによって、それを「すぐれて時めきたまふ」いう叙述に強く結び付けていくのである。

単に意味構造上そういう事態を叙述するだけならば、「が」は標示しなくともすむけれども、そこに登場する人物の置かれた状況、そこから生まれてくる心情などを描写しようとする場合には、それらをはっきりととらえられるような格助詞を標示する必要がある。読者としても、そのような微妙な表現意図を読み取る努力が必要になってくる。

このように、古代においては、格助詞「が」は、格意識を保持しながら、後に来る統括成分と結びつけるという働きを持っているだけではなく、「が」を標示することによって、その成分の意味する内容が話題として重要な役割を果たしているということを表現するという働きも持っていたようである。

(3) ガ格として文統括成分に直接係る連用成分には、「の」「が」は標示されない場合が多いが、「の」「が」が標示された場合には、その連用成分を受ける文統括成分は終止形をとらずに連体形をとる。

① 去年の夏鳴き古してしほととぎすそれかあらぬか声の変はらぬ　（古今集・一五九）

「声の」というガ格「の」の標示された連用成分を受ける「変はらぬ」という成分が「ぬ」という「ず」の連体形によって文統括されている。

② 心もて居るかはあやな梅の花香を求めてだに訪ふ人のなき　（後撰集・二九）

(4) ガ格を受ける統括成分がそこで文統括成分にならずに、さらに連用成分・連体成分・接続成分などの従属成分に転換していく場合には、普通そのガ格を表現する「の」「が」が標示される。

① 竹取の翁「この匠が申すことは何事ぞ。」と傾きをり。　（竹取物語）

「この匠が」は「申す」という統括成分に係り、「この匠が申す」全体が「こと」に係る連体成分になっている。

② 亡き人の御本意たがはむがあはれなること。　（源氏物語・蓬生）

この文は、「亡き人の御本意たがはむ」というガ格を受けた「あはれなり」という統括成分がさらに「こと」という体言に係る連体成分に転換しているという構造である。その際、ガ格を明らかにするために「たがはむ」に「が」という格助詞が標示されるのである。

③ 人まには参りつつ、額をつきし薬師仏の立ちたまへるを見捨てたてまつる、悲しくて、人知れず泣かれぬ。

「薬師仏の」というガ格を受ける「立ちたまへり」という統括成分がさらに「を」を介して「見捨てたてまつる」の連用成分になっている。ここも、ガ格が「の」によって標示されている。（更級日記）

④ ただ一人ゐたる所に、この猫が向かひゐたれば、かい撫でつつ……（更級日記）

「この猫が」がガ格となって「向かひゐたり」という統括成分に係り、その統括成分が「ば」を介して接続成分に転換している。そこで、「この猫が」と、「が」が標示されているのである。

(5) 格助詞に係助詞が添えられる例が多く見られる。ただし、格助詞「が」には係助詞が添えられることはない。格助詞「を」に係助詞「は」が添えられる場合には「をば」という形になる。

① 春日野は今日はな焼きそ若草の妻も籠れり我も籠れり（古今集・一七）

「妻も」「我も」はともに意味構造上はガ格となって「籠れり」に係っている。「妻」と「我」とを対比させるために「も」が添えられた関係上、音数の制約もあるが、「が」は標示されない。

② この石山に会ひたりし法師のもとより、「御祈りをなんする。」と言ひたる返事に、（作者）「今は限りに思ひ果てにたる身をば、仏もいかがしたまはん。ただ今はこの太夫を人々しくあらせたまへなどばかりを申したまへ。」と書くにぞ、なにごとにかあらん、かきくらして涙こぼるる。（蜻蛉日記・下）

「御祈りをなんする」というのは、「石山に会ひたりし法師」から、一昨年作者から頼まれていた御祈りをしていますということを知らせてきた手紙の文言である。「をなん」は、格助詞「を」に係助詞「なん」が添えられた表現である。法師としては、頼まれていた約束事を果たしているということをきちんと知らせておきたいわけで、そのために、先ず「を」によって頼まれていた「御祈り」を取り上げておいて、さらに「なんする」という係り結びの強調表現によって、お約束をちゃんと果たしているのですよという自分の誠意を示そうとしているのである。

「思ひ果てにたる身をば」の「をば」は、格助詞「を」に係助詞「は」を添えた形である。先ず「を」によって、「今は限りに思ひ果てにたる身」である私というものを取り上げ、さらに、「は」を添えることによって、普通の身であればともかくも、「今は限りに思ひ果てにたる身」であっては、衆生を救うという仏であっても、「いかがしたまはん」となるということを自分自身に納得させているのである。

「仏も」は、ガ格となって「いかがしたまはん」に係る成分である。「いかがしたまはん」という表現は、為手と受手が明らかであれば成立する。受手として「今は限りに思ひ果てにたる身」が「を」によって標示されているのであるから、為手は「仏」であることは明らかであるから、あえて「仏が」と「が」を標示する必要はない。むしろ、この文では「も」という係助詞のほうが「が」という格助詞よりも重要な働きを持っている。「も」という「……であっても」というような意味を表す係助詞を添えることによって、いかに衆生を救う仏であっても、「今は限りに思ひ果てにたる身」であっては救いようもないのであるということを強く表現しようとしているために、「が」のほうを標示することなく、「も」を標示しているのである。

「書くにぞ」は、「書く」という状態を格助詞「に」によって標示し、更にそれを強調するために「ぞ」を添えたのである。「に」という格助詞は、「が」「を」とはちがって、標示されないことはほとんどない。

格助詞「を」に係助詞「は」が添えられて「をば」となる例も多い。

③　七日になりぬ。同じ港にあり。今日は、白馬を思へどかひなし。ただ波の白きのみぞ見ゆる。かかる間に、人の家の、池と名ある所より、鯉はなくて鮒よりはじめて、川のも海のも、異物ども長櫃に担ひ続けておこせたり。若菜ぞ今日をば知らせたる。（土佐日記）

いろいろなものを贈ってくれた中に、「若菜」があった。その「若菜」を「ぞ」によって提示し、その若菜が今日が七種の節句の日であるということを知らせてくれたというのである。船の中では七種を賞味できるはずはなかったので、それを贈ってもらった喜びは大きかったであろう。先ず「を」によって、若菜が知らせてくれた対象が「今日」という日であるということを標示し、さらに若菜が知らせてくれたのはほかならぬ「今日」という日であると特定するために「は」という助詞を標示したのである。

④　十一日。暁に船を出だして、室津を追ふ。人まだ寝たれば、海のありやうも見えず。ただ月を見てぞ西東をば知りぬ。（土佐日記）

「西東をば知りぬ」は、「海のありやうも見えず」という状況の中で、わずかながらも、「ただ月を見て」現在の状況を把握できたという安心感を表現している。月を見て知りえた対象は「西東」であるということを明示するために「を」を標示し、さらにそれ以外のことは知りえなかったということを強調するために「は」という対象を特定する働きを持った助詞を添えたのである。

⑤　年返りて正月一日、院の拝礼に、殿ばら数を尽くして参りたまへり。宮もおはしますを見まゐらすれば、いと若ううつくしげにて、多くの人にすぐれたまへり。これにつけても、わが身はづかしうおぼゆ。上の御方の女房（端の方に）出でゐて物見るに、先づそれをば見で、「この人を見む。」と穴を開け騒ぐぞいと様悪しきや。（和泉式部日記）

正月一日の冷泉院の拝礼の式当日、北の方付きの女房が、参上する廷臣のほうを見ずに、式部のほうを見ようと騒いでいるところである。ここのところの叙述は、「先づそれをば見で」と「この人を見む」とが対比されている。北の方付きの女房にとっては、「殿ばら」を見物するよりも、北の方から宮を奪った女はどれほどの女なのであろうかという関心のほうが強く、女（式部）を覗き見るというのである。「それをば見で」は、女房たちの覗き見る対象が「殿ばら」ではなく式部のほうであるということをはっきり示すために、先ず「それ（殿ばらのほう）」を「を」によって取り上げ、さらに「は」によって、「殿ばら」を「この人（式部）」と対比させることによって、女房たちが見ようとしているのは、普通ならば女房たちの興味の対象となるはずの「殿ばら」ではなく「この人」であるということを特定する表現になっているのである。「この人を見む」のほうは「をば」になっていない。「この人を見む」というのは、既に「それをば見で」という表現によって、「この人」を対象としているということが既に叙述されているので、あえて「は」を添える必要を感じなかったのである。

(6)　係助詞が格助詞の働きを内包した例も多く見られる。

①　野辺近く家居しせれば鶯の鳴くなる声は朝な朝な聞く　（古今集・一六）

「鶯の鳴くなる声は朝な朝な聞く」は、意味構造上は「鶯の鳴くなる声を朝な朝な聞く」となる。その「鶯の鳴くなる声」を「は」によって提示したために、「声を」の「を」が「は」に吸収されて標示されなくなったのである。しかし、それは格関係がなくなったというのではなく、格助詞の働きが係助詞の働きに吸収されただけである。

②　み山には松の雪だに消えなくに都は野辺の若菜摘みけり　（古今集・一八）

「み山には」と「都は」とがそれぞれ「は」によって対比されている。したがって、「都は」は意味構造上「都には」となるところであるが、「み山には」と、既に二格が「に」と標示されているので、あえて「都には」と「に」を標示しなかったのである。和歌などの場合には、音数の制約もあって、格助詞の働きが係助詞の働きに吸収されて、標示されない場合が多い。

③　行き行きて駿河の国に到りぬ。宇津の山に到りて、わが入らんとする道はいと暗う細きに蔦楓は茂り、もの

心細くすずろなる目を見ることと思ふに、修行者遭ひたり。「かかる道はいかでかいまする。」と言ふを見れば、見し人なり。（伊勢物語・第九段）

「かかる道はいかでかいまする」は、「こんな道をどうして行かれるのですか」「こんな道になぜおられるのですか」と、二様にとらえることができる。この「は」は、前者ならば「を」を含んだ「は」であり、後者ならば「に」を含んだ「は」ということになる。いずれにしろ、修行者の心情としては、都の貴公子にこんな東国の山道で遭うとは思いもよらなかったことなので、その意外感の表現として「かかる道」を「は」によって特に取り上げたのである。このときの修行者の心理としては、「かかる道を」「かかる道に」というところに驚きの焦点があるのではなく、「かかる道」と都の貴公子との意外な取り合わせに驚きの焦点があったのである。

このように、格助詞によって格関係を表現するところに話し手の表現意図の中心があるのではなく、係助詞によって提示するというところに表現意図の焦点がある場合には、あえて格助詞を標示せずに係助詞のみを標示するのである。

④　いづくより来つる猫ぞと見るに、姉なる人、「あなかま。人に聞かすな。いとをかしげなる猫なり。飼はむ。」とあるに、いみじう人馴れつつ、傍らにうち伏したり。尋ぬる人やあると、これを隠して飼ふに、すべて下衆の辺りにも寄らず、つと前にのみありて、物も汚げなるは、外さまに顔を向けて食はず。（更級日記）

「汚げなるは」は、「食はず」に係る成分であるから、意味構造上は「汚げなるものをば食はず」ということになる。「食ふ」という動詞は、誰が為手となって何を対象としているかという二つの条件が整えば、過不足なく成立する表現である。ここは「猫」が為手であり、「汚げなる（食べ物）」が受手となることは明らかであるから、「食ふ」の対象を「を」という格助詞によって標示する必要はなかったのである。

Ⅲ　係助詞「は」「も」

連用成分を考察する場合に、係助詞「は」「も」の提示の働きについて考察しておく必要もある。

(1)　係助詞「は」「も」の提示の働き

係助詞「は」「も」は、その場において特に際立つ事柄、話題を提示することによって、その事柄についての解説・叙述を引き出す働きをする。しかも、「は」「も」による連用成分も、ほかの係助詞と同じように原則として文統括成分に係っていく。ただし、「も」で取り上げられた提示成分は、「は」のように文統括成分に係る働きはそれほど強くないので、従属成分の中の連用成分となる場合も多い。

①　雪のうちに春は来にけり鶯の凍れる涙今や解くらん　（古今集・四）

上の句は、「春」を「は」によって提示したものである。なぜ「春」を特に提示する必要があったのだろうか。「雪のうち」は季節としては冬である。それなのに早くも「春」の季節がやってきたので、冬とはことさら異質な「春」を「は」によって特に取り出して、「(春)来にけり」という作者の認識を感動をこめて展開することによって、春到来の喜びを歌い上げているのである。もちろん、「春は」は「来にけり」という文統括成分に係っていく。

②　ときはなる松の緑も春来れば今ひとしはの色まさりけり　（古今集・二四）

「ときはなる松の緑も」の「も」は、「ときはなる松の緑」を特に取り上げて強調している表現である。「松」は「ときはなる」という性質を持っているので、春になったからといって特に色が変わるというものではないのに、その松がほかの木々と同じように「今ひとしほの色まさる」という状態になったということに感動を覚えたために、殊更「ときはなる松の緑」を提示したのである。この「ときはなる松の緑も」も「今ひとしほの色まさりけり」という文統括成分に係っていく。

③　春立てど花もにほはぬ山里はもの憂かる音に鶯ぞ鳴く（古今集・一五）

「花も」は文統括成分「鳴く」に係るのではなく、「にほはぬ」の連用成分となり、「花もにほはぬ」全体が「山里」の連体成分になっているのである。

④　人は、かたち・ありさまのすぐれたらんこそあらまほしかるべけれ。物うち言ひたる、聞きにくからず、愛敬ありて、言葉多からぬこそ飽かず向かはまほしけれ。めでたしと見る人の、心劣りせらるる本性見えんこそ口惜しかるべけれ。品・かたちこそ生まれつきたらめ、心はなどか賢きより賢きにも移さば移らざらん。かたち・心ざまよき人も、才なくなりぬれば、品下り、顔憎さげなる人にも立ちまじりて、かけずけおさるるこそ本意なきわざなれ。（徒然草・第一段）

この文章は、第一段の冒頭文「いでや、この世に生まれては、願はしかるべきことこそ多かめれ」にある通り、人間のあり方について論じたものである。先ず第一文において、「人」を「は」によって提示し、「人」にとっては「かたち・ありさまのすぐれたらんこそあらまほしかるべけれ」と論じている。したがって、「人は」を受けている叙述は、「かたち・ありさまのすぐれたらんこそあらまほしかるべけれ」全体であるということになる。すなわち、「人は」は「あらまほしかるべけれ」という文統括成分にまで係っているということになる。この第一文の「人は」はさらに第二文の文統括成分「飽かず向かはまほしけれ」にまで係っていく。第四文の「心は」も、「心」を提示して、その「心」というものについて考えてみると、「などか賢きより賢きに移さば移らざらん」と論じている。そういう点において、「心は」は「移らざらん」という文統括成分にまで係っていくということになる。ただし、第一文の「人は」の「は」は、「人」を提示するという働きを持っているのであるが、「心は」のほうの「は」は、「心」を「品・かたち」と区別して提示しているという点においてその提示の仕方には違いがある。すなわち、「は」には提示するという働きを示す場合のほかに、ほかのものと区別してそのものを提示するという働きを示す場合もあるということになる。「賢きより賢きにも」の「も」は、「賢きより賢きに」という事態を前提として提示し、そういう前提において「などか移さば移らざらん」ということになるということを叙述している。すなわち「賢きより賢きにも」は「移らざらん」という文統括成分にまで係っていくということになる。第五文の「かたち・心ざまよき人も」の「も」も、「かたち・心ざまよき人」を提示して、そういう人の場合について考えてみても、「才なくなりぬれば、品下り、顔憎さげなる人にも立ちまじりて、かけずけおさるるこそ本意なきわざなれ」という状態になると論じている。ここもやはり、「かたち・心ざまよき人も」は「本意なきわざなれ」という文統括成分にまで係っているのである。「品下り、顔憎さげなる人にも立ちまじりて、かけずけおさるるこそ」は「本意なきわざなれ」という文統括成分に係る従属成分である。その従属成分のうち「品下り、顔憎さげなる人にも」は「立ちまじりて、かけずけおさるる」という統括成分に係る連用成分である。この例のように、「も」は、「は」に比較して文統括成分に係る働きは弱く、従属成分の中の統括成分に係る連用成分となる場合もある。

(2)　対比構文における「は」「も」の係り先

このように、「は」「も」は、原則として文統括成分にまで係っていくのであるが、次に挙げる例のように、二つの事柄が反対あるいは同じ意味内容になる構文（これを「対比構文」と呼ぶ）を形成する場合には、文統括成分にまで係っていかずに、従属成分内において統括されることもある。

① 色も香も同じ昔に咲くらめど年経る人ぞあらたまりける　(古今集・五七)

「色も香も同じ昔に咲くらめど」は「年経る人ぞあらたまりける」に係る従属成分である。「色も香も」は「咲くらめ」に係る連用成分であって、文統括成分「あらたまりける」にまで係っているのではない。

② 声はして涙は見えぬほととぎすわが衣手にひつを借らなん　(古今集・一四九)

「声はして涙は見えぬ」は、「声はして」と「涙は見えぬ」とが「は」によって対比され、「声はして涙は見えぬ」全体が「ほととぎす」に係る連体成分になっている。

③ (朝顔に対する恋しさを) わりなう思さば、さもありぬべかりし年頃はのどかに過ぐいたまひて、(朝顔が齋院となられた) 今は悔しう思ほさるべかめるも、あやしき (源氏の) 御心なりや。　(源氏物語・賢木)

「わりなう思さば、さもありぬべかりし年頃はのどかに過ぐいたまひて」と「今は悔しう思ほさるべかめる」とが「年頃は」「今は」の「は」によって対比構造になっている。「わりなう思さば、さもありぬべかりし年頃はのどかに過ぐいたまひて、今は悔しう思ほさるべかめる」全体が体言相当語になって「あやしき御心なりや」の連用成分になっている。すなわち、それぞれの「は」によって提示された成分は、「あやしき御心なりや」という文統括成分に係る従属成分内において統括されているということになる。

(3) 係助詞「は」「も」そのほかの係助詞が共存する場合

① 宿りして春の山辺に寝たる夜は夢のうちにも花ぞ散りける　(古今集・一一七)

この歌は、「宿りして春の山辺に寝たる夜、夢のうちに花散る」という叙述内容のうち、「宿りして春の山辺に寝たる夜」を「は」によって歌全体の背景として提示し、そういう前提条件の中で生じた「夢のうちに花散る」という状況のうち、「夢のうちに」を「も」によって提示し、さらに「花」を「ぞ」によって提示するという構造をとっている。「春の夜」「夢」「花」と、順次大なるものから小なるものに焦点を絞っていくことによって、夢の中にも現実と同じように「花散る」という幻想的な風情があるということを印象的に詠んでいく。このように、係助詞「は」あるいは「も」と他の係助詞とが同一文脈内に共存する場合には、全体から部分へ、大から小へと焦点を絞っていく表現となる。

② 鷺は、いと見目も見苦し。眼居などもうたてよろづになつかしからねど、「ゆるぎの森に独りは寝じ」とあらそふらんをかし。（枕草子・第四一段）

「鷺は、いと見目も見苦し」という文の構造は、「鷺」を「は」によって叙述全体の前提条件として提示し、さらに「鷺」の付随要素「見目」を「も」によって提示し、「眼居」などと並べて、「見苦し」と結論づけていくのである。

(4)「もぞ」「もこそ」の表現

詠嘆性を持った係助詞「も」に強めの働きを持った係助詞「ぞ」「こそ」が添えられて、「もぞ」「もこそ」となる構文は、意味構造上、将来悪い事態が予測されるような場面の叙述に用いられる場合が多い。つまり、「もぞ」「もこそ」は、そのような事態が起こることに対する危惧の念を表現する場合が多いということになる。しかし、「もぞ」「もこそ」それ自体が危惧の念を表現するのではなく、そういう将来悪い事態が予測されるような場面の叙述からそのような危惧の念がとらえられてくるのである。したがって、将来悪い事態が予測されないような場面の叙述の場合には、危惧の念が表現されることはない。

① 花見れば心さへにぞ移りける色には出でじ人もこそ知れ（古今集・一〇四）

「人もこそ知れ」は、将来「人知る」という事態になるということを詠嘆の気持ちで予測した表現である。

「人知る」ということはわが恋の思いが人に知られるということである。当時の人は多く恋の思いが人に知られることをはばかった。そこで、そういう事態になることに対する危惧の念を詠嘆の気持ちをこめて表現したのである。

② またの日（兼忠から）返事あり。「よろこびて」などありて、（養女の件を）いと心よう許したり。かの語らひけることの筋もぞこの文にある。かつは（娘を手放す母親の心中を）思ひやる心地もいとあはれなり。（蜻蛉日記・下）

この文章は、作者が、ある禅師を仲立ちにして源兼忠の娘を養女として所望したところが、先方から承諾の手紙が来たという事情を叙述した部分である。「かの語らひけることの筋もぞこの文にある」というのは、「禅師が仲に立って話を進めた経過までもことさら書いてある」という意味であって、決して作者の危惧の念を表現しているわけではなく、現在の事態をそのまま叙述したに過ぎないのである。

③ （帥の宮）「まめやかには夜など（私が）あなたにあらん折は用意したまへ。けしからぬものなどは覗きもぞする。……」（和泉式部日記）

「けしからぬものなどは覗きもぞする」ということになるから、「用意したまへ」というのである。やはり「けしからぬものなどは覗きもぞする」には危惧の念が表現されているととらえることができる。

④ 玉の緒よ絶えなば絶えね長らへば忍ぶることの弱りもぞする（新古今集・一〇三四）

「忍ぶることの弱りもぞする」という事態になっては困るから、「玉の緒よ絶えなば絶えね」という気持ちになったというのである。やはり危惧の念の表現としてとらえることができる。

⑤ 「門よく鎖してよ。雨もぞ降る。御車は門の下に、御供の人はそこそこに。」と言へば……（徒然草・第一〇四段）

ある貴人が女の所に訪ねていって、家の中に入ったときの供の者に指図した発話である。前後の叙述にはないけれども、今日も雨が降りそうな気配であったのかもしれない。「雨もぞ降る」は「雨降る」を「も」「ぞ」という二重の係助詞によってそういう事態になることを強く認識させることによって、そういう事態になっては困るという意識を供人たちにも持たせたものである。結果的に、「もぞ」という表現に危惧の念がこめられることになる。

Ⅳ　係り結び

春の夜の闇はあやなし梅の花色こそ見えね香やは隠るる　（古今集・四一）

この歌は、「春の夜の闇はあやなし」「梅の花」「色こそ見えね」「香やは隠るる」の四文から構成されている。「春の夜の闇はあやなし」は、「は」によって「春の夜の闇あやなし」ということを強調した文である。「春の夜の闇は」が「あやなし」という文統括成分に係っていって、「春の夜の闇」を提示して、「春の夜の闇は」が「あやなし」という文統括成分に係っていって、「あやなし」は終止形である。「色こそ見えね」は、「こそ」によって「梅の花」の属性のうち「色」を特に取り上げて、「色こそ」が「見えね」という文統括成分に係っていって、「色見えず」ということをはっきりと確認した文である。「ね」は已然形である。已然形には、元来そのことが既に実現したとして確認するという働きがある。「香やは隠るる」は、「は」によって「香」を提示し、「や」によって「香隠る」という状態になっているかどうかという疑問を「梅の花」に対して強く問いかけている。「隠るる」は連体形である。連体形で統括される場合には、詠嘆の表現となる。

このように、「は」「こそ」「や」などの係助詞によってある事柄を提示して、それを受ける文統括成分によってその提示した事柄がどのような状態にあるかということを強く叙述するという構造を「係り結び」と呼んでいる。しかも、係助詞の種類に応じて、それを受ける文統括成分が終止形・連体形・已然形など決まった活用形をとる。

係助詞「は」「も」をとる連用成分については、「は―用言構文」、「は―なり構文」の項で取り上げることにして、ここでは「ぞ」「なむ」「や」「か」「こそ」をとる連用成分について考察することにする。

(1) 係り結びの係り受け

係り結びの現象は、係り受けの関係にある成分の所に現れるのが原則である。

(a) かかることの起こりに世も乱れ悪しかりけり。

の文は、「かかることの起こりに」が「世も乱れ悪しかりけり」に係るという構造になっている。この文に「こそ」という係助詞を介入させると、

(b) かかることの起こりにこそ世も乱れ悪しかりけれ

という表現になる。(b)の「……こそ……已然形」は(a)の係り受けの関係を乱さない形で成立する。

したがって、次のような例の場合にも、この原則に従ってとらえることができる。

① ここかしこ数多かかづらひたまふをぞ、まことに大人びたまはむほどにはむつかしきこともやとおぼえける。（源氏物語・紅葉賀）

「おぼえける」の「ける」という連体形は、「かかづらひたまふをぞ」の「ぞ」を受けているのか、「むつかしきこともや」の「や」を受けているのかを判別するのには、「むつかしきこともやと」の「と」という心の文の標示に留意すればよい。「むつかしきこともや」の「や」が「と」を越えて「おぼえける」に係るはずはない。したがって、「おぼえける」は「かかづらひたまふをぞ」の結びということになる。

② 「烏の群れゐて池の魚を捕りければ、御覧じ悲しませたまひてなん。」と人に語りしこそいみじくこそとおぼえしか。（徒然草・第一〇段）

「おぼえしか」の「しか」という已然形は、「語りしこそ」「いみじくこそ」いずれの「こそ」を受けているの

かを判別するためには、ここもやはり「いみじくこそと」の「と」に留意すればよい。「いみじくこそ」が「と」を越えて「おぼえしか」に係るはずはないのであるから、「おぼえしか」は、「語りしこそ」の結びであるということがはっきりする。

(2)　係り結びの表現構造

しかし、係り結びの表現は、必ずしも係り受けの関係にある成分に現れるとは限らない。係り受けの関係は、意味構造上の関係に過ぎないのであって、表現構造上、結びは原則として文統括成分に現れる。

そもそも、格関係を表現する連用成分は、意味構造上、それを受ける統括成分に係るという原則がある。それに対して、係助詞は格関係には一切関与しない助詞であるから、かえってあらゆる格関係を内包することができる。すなわち、係助詞は、意味構造上、格関係を内包しながら、文統括成分に係っていくということになる。現代人の論理的な思考感覚から見ると、一見破格に見えるものでも、古代の人々にとっては、なんらの抵抗もなく、線条的に後の叙述に係っていくものとしてとらえることができるのである。あまり論理的に係り受けの関係を詮議していると、かえって話し手の表現意識を曲解することになるのであって、ありのままの係り結びをそのまま正格としてとらえていけばよい。

①　上にありける左中弁藤原の良近といふをなむ客人ざねにて、その日はあるじまうけしたりける。（伊勢物語・第一〇一段）

この文は、意味構造としては「藤原の良近といふをなむ」は「客人ざねにて」に係るのであるが、表現構造上は文統括成分の「あるじまうけしたりける」にまで係るものとしてとらえるべきである。

②　（帥の宮が）人静まりてぞおはしまして、御車に奉りてよろづのことをのたまはせ契る。（和泉式部日記）

「人静まりてぞ」は、意味構造上は、「おはしまし」に係り、「て」という接続助詞によって接続成分に転換したために、「ぞ」の結びとしての連体形は消滅したものとしてとらえるのが普通である。しかし、「御車に奉りてよろづのことをのたまはせ契る」というのは、「人静まりて」後のほうが好都合であると考えた行為であるから、「人静まりてぞ」は「契る（連体形）」にまで係るものとしてとらえるべきである。

③　おぼえなきさまなる（逢ふ瀬）しもこそ契りあるとは思ひたまはめ。（源氏物語・帚木）

これも一応意味構造上「おぼえなきさまなるしもこそ」は「契りある」に係るものとしてとらえることができる。すなわち、「『おぼえなきさまなるしもこそ契りある』とは思ひたまはめ」ととらえることができる。しかし、単独で「思ひたまはめ」の「め」のように、已然形で結びとなる例はないので、ここは「おぼえなきさまなるしもこそ」の結びとしてとらえなければならない。

④　（惟光）「今は限りにこそはものしたまふめれ。長々と籠りはべらむも便なきを。明日なん日よろしくはべれば、とかくのこといと尊き老僧の、相知りてはべるに言ひ語らひつけはべりぬる。」と聞こゆ。（源氏物語・夕顔）

ここは、夕顔が急死した後、惟光が、夕顔はもはや生き返る様子もないので、明日が葬式にはふさわしい日なので、葬式のいろいろなことを老僧に頼んでおいたということを源氏に知らせる発話である。「明日なん」は直接には「日よろしくはべる」に係って行って、そこで「日よろしくはべる」という連体形で文統括になるところであるが、その統括成分が「ば」という接続助詞を介して、「いと尊き老僧の、相知りてはべるに言ひ語らひつけはべりぬる」に係る接続成分に転換した構文である。意味構造上は、「明日」という未来を意味する表現と「ぬる」という既に完了した事態を意味する表現とは矛盾するから、「明日なん言ひ語らひつけはべりぬる」という係り受けにはならないので、「はべりぬる」を連体形止めの表現としてとらえることも可能であるが、表現構造上は、「明日なん」の「なん」の持つ強調の勢いは最後の「ぬる」にまで及んでいって、連体形で文統括されたものとしてとらえることもできる。

(3)　係り結びの破格

係り結びの原則に合致しない例もまま見られるが、単なる破格としてとらえていってよいものであろうか。表現そのままに素直にとらえていくべきであろう。

①　（兼家）「これより夕さりつかた内裏の方逃るまじかりけり。」とて出づるに、（作者は）心得で人をつけて見すれば、「町の小路なるそこそこになん止まりたまひぬ。」とて来たり。　（蜻蛉日記・上）

「町の小路なるそこそこになん止まりたまひぬ」という発話は、作者から、兼家がどこの屋敷に入るのかを見届けて来いという命令を受けた男の報告である。「そこそこになん」を受ける文統括成分のところは「止まりたまひぬる」と連体形になるところである。しかし、兼家がどこに行ったのかを見届けて来いという作者の命令に対して、男としては、どこそこに止まったという事実だけを報告すればよいのであるから、連体形止めによって余情をこめた表現をとるよりも、「ぬ」ときっぱり言い切った表現のほうがこの男の忠実な報告としては適切であろう。

②　故中務卿代明親王御女の腹に、御女一人・男子一人おはしまして、大姫君は円融院の御時の女御にて、天元五年三月十一日に后に立ちたまひ、中宮と申しき。御年廿六。皇子おはせず。四条の宮とぞ申すめりし。いみじき有心者・有識にぞ言はれたまひし。功徳も御祈も如法に行はせたまひし。　（大鏡）

「行はせたまひし」は、係助詞による連用成分を受けてもいないのに、「し」という連体形によって文統括されている。ここは連体形止めの詠嘆をこめた余情表現としてとらえることもできるが、前二文の「ぞ」の係りの働きに引かれてここも連体形で文統括されたものとしてもとらえることができる。

このように、係り結びの原則に合わない表現を論理的な分析によって、「結びの消去」であるとか破格表現であるとか決め付けずに、可能な限り、あくまでも原文の表現そのものを尊重して、そこにこめられている話し手の心情を探るべきである。

(4) 係り結びの表現構造

ところで、係り結び表現の働きはどのようなものであるのか。係り助詞「ぞ」「なむ」「こそ」は強調表現、「や」「か」は疑問・反語表現と説明されるのが普通である。しかし、係助詞のみがそのような働きを果たしているのではなく、係り結び表現全体がそのような働きを果たしているのである。結びのほうも、ただ単に係助詞を受けるから連体形や已然形になっているというのではない。

ア　ぞ・なむ→連体形

「ぞ」「なむ」の持つ強調の働きと連体形の感動をこめた余情表現の働きとが一体となって、叙述全体を感動の気持ちをこめて強調するのである。

連体形による文統括成分が感動をこめた余情表現となることについては、第一章・第三節の「連体形止め構文」の項で考察することにする。

霞立ち木の芽も春の雪降れば花なき里も花ぞ散りける　（古今集・九）

「花ぞ散りける」の「ぞ」は、「花なき里」に存在するはずのない「花」を取り上げるのであるから、特にその「花」を「ぞ」によって強く提示する必要がある。そして、それを受けて「散りける」という連体形止めの表現によって、「花散る」という幻想の世界を感動をこめて余情として表現しているのである。

イ　や・か→連体形

「や」「か」の持つ疑問・反語の心情を表現するという働きの上に、連体形の余情感動表現の働きが加わって、全体として詠嘆をこめた疑問・反語の表現となる。

春の夜の闇はあやなし梅の花色こそ見えね香やは隠るる　（古今集・四一）

「春の夜の闇はあやなし」の歌における「香やは隠るる」は、「や・は」によって「香」を特に取り上げ、表面的には、梅の花は色は隠すけれども香りは隠し切れないのではないかと、「春の夜の闇」を強く非難することによって、逆に梅の花の香りのすばらしさを感動をこめて余情的に表現しているのである。

ウ　こそ→已然形

「こそ」の持つ強調の働きと、已然形の持つ、既にその動作や作用が成立したということを確認するという働きとが一体となって、叙述全体を確認強調する。「……こそ……已然形」によってひとつの事態を強調確認するということは、必然的にそれ以外の事柄、特に反対の事態が想定される場合が多いことになる。それが時には言外に暗示される場合もあり、また暗示される事態が改めて明示される場合もある。

① 昔こそ外にも見しか吾妹子が奥つ城と思へば愛しき佐保山　（万葉集・四七四）

妻が生きていたときには、佐保山を自分には無縁なものとして見ていたが、妻亡き今は妻の墓と思うと佐保山がなつかしいというのである。意味構造上、「昔こそ外にも見しか」と「吾妹子が奥つ城と思へ」とは逆接の関係になる。「昔こそ外にも見しか」という強調表現だけでも、その後に、それとは反対の「今は外には見ず」という表現が当然予想されるのであるが、ここではそれが具体的に「吾妹子が奥つ城と思へ」という表現になって詠まれている。

② 春の夜の闇はあやなし梅の花色こそ見えね香やは隠るる　（古今集・四一）

「色こそ見えね」は、「こそ」によって「色」を特に取り立て、闇夜であるからそれが見えないということをはっきりと確認、強調している。そのように強調することによって、その事態とは逆の関係になる「香やは隠る」という表現に展開していくのである。

③　昨日こそ早苗とりしかいつの間に稲葉そよぎて秋風の吹く　（古今集・一七二）

この歌は秋の歌である。上の句において「昨日」が「こそ」によって提示されて、「昨日こそ早苗とりしか」が強く確認され、その結果、「（早苗をとったのは昨日だと思ったのに）いつの間に稲葉そよぎて秋風の吹く」という事態が強調されることになる。

④　中納言源昇の朝臣の近江の介にはべりけるとき詠みてやれりける

逢坂の木綿つけ鳥にあらばこそ君が行き来を鳴く鳴くも見め　（古今集・七四〇）

この歌は、相手が「近江の介」であるから、京への往来は頻繁にあるはずである。それなのに、京に帰ってきても何の挨拶もなかったことを恨んで遣わした歌である。「逢坂の木綿つけ鳥にあらば」という仮想の世界を「こそ」によって強調することによって、現実には、自分は「逢坂の木綿つけ鳥」ではないので、「君が行き来を見る」ということはできないということを嘆く心情が暗示されている。

⑤　外より来たる者などぞ「殿は何にかならせたまひたる。」など問ふに、いらへには、「何の前司にこそは。」などぞ必ずいらふる。　（枕草子・第二五段）

国司昇任の除目が行われた晩方、期待していた国司に昇任することができなかったということを、除目の情報を聞きに行っていた男が、「何の前司にこそは（なりたまひぬれ）」と答えた。「何の前司」になったということを強調したということは、新しい国司に任命されなかったということを言外に暗示しているわけである。昇任できなかったことを悔し紛れに「何の前司にこそは」と答えたのである。

⑥　（作者）「門のことをこそ聞こえつれ。障子開けたまへとやは聞こえつる。」と言へば、（大進生昌）「なほその

ことを申さむ。そこにさぶらはんはいかに、いかに。」と言へば……

（枕草子・第八段）

作者の発話は、作者が中宮のお供をして、大進生昌の家に宿をとった夜、生昌が作者の部屋に訪ねてきて、「おそばに上がってはいけませんか」と言ったことに対する返答である。意味構造上、第一文から第二文に逆接的に展開していく発話である。ここでは、第一文が「……こそ……已然形」によって強調された結果、それとは違った事態が言外に暗示されているのではなく、第二文によって明示されている。したがって、この発話は、相手を非難する内容が暗示された場合よりも、はっきりと相手を非難することになるので、相手にとっては相当厳しいものとして受け取られるはずである。

⑦　「おはするときこそ人目も見え、さぶらひなどもありけれ、この日頃は人声もせず、前に人影も見えず、いと心細くわびしかりつる。かうてのみもまろが身をばいかがせむとかする。」とうち泣くを見るもいと悲し。

（更級日記）

久しぶりに里帰りをしてきた娘（作者）を迎えたときの父の発話である。「おはするときは人目も見え、さぶらひなどもありけり」という状態であったのに、「この日頃は人声もせず、前に人影も見えず、いと心細くわびしかりつ」という状態になってしまったということを強く訴えるために、前件を「……こそ……已然形」によって強調し、その結果、意味構造上逆接関係で後に展開していく構造をとったのである。しかも、「おはするとき」と対応させるために「この日頃は」の「は」という対比関係を表現する係助詞を標示してもいる。

⑧　品・形こそ生まれつきたらめ、心はなどか賢きより賢きにも移さば移らざらん。

（徒然草・第一段）

「品・形生まれつきたらむ」ということを「品・形」に「こそ」を添えることによって強調した結果、それとは逆接的な関係になる「心はなどか賢きより賢きにも移さば移らざらん」という叙述が展開することになる。しかも、前件において提示された「品・形」に対応させるために、後件では「心」に「は」を標示している。

(5) 係り結びの特殊な構文

① 御硯取り下ろして、「疾く疾く、ただ思ひ廻さで、難波津もなにも、ふと覚えんことを。」と(中宮が)責めさせたまふに、などさは臆せしにか、すべて面さへ赤みてぞ思ひ乱るるや。(枕草子・第二三段)

「面さへ赤みてぞ」の結びは「思ひ乱るる」であるが、それに「や」という詠嘆の心情を表現する終助詞を添えることによって、全体として詠嘆の心情をより深くこめた表現としている。

このほかにも、係助詞の結びに終助詞が添えられた構文は多く見られる。

② 源氏の五十余巻櫃に入りながら、ざい中将・とほぎみ・せり河・しらら・あさうづなどいふ物語ども一袋取り入れて、得て帰る心地のうれしさぞいみじきや。(更級日記)

「うれしさぞ」の結びはもちろん「いみじき」であるが、それに「や」という詠嘆の心情を表現する終助詞を添えて、「うれしさ」をより強く表現している。

③ すべて神の社こそ捨てがたくなまめかしきものなれや。(徒然草・第二四段)

「こそ」の結び「なれ」に「や」が添加した表現である。

④ 月見れば千々にものこそ悲しけれわが身ひとつの秋にはあらねど(古今集・一九三)

「もの悲し」という複合語は、「悲し」という形容詞に「もの」という接頭語をつけて「なんとなく」「いかにも」などの意味を添えた表現である。このような複合語を強調するためには、二語の間に係助詞を挿入する。

⑤ いかにもいかにも心にこそあらめ。(更級日記)

「心にこそあらめ」は、「心ならむ」の「なら(なり)」という助動詞の複合語「にあり」の中間に「こそ」を挟んで強調した表現である。

第五節　連体成分

Ⅰ　連体形による連体成分

連体形による連体成分の体言に係る関係を、意味構造上から分類すると、次のようないろいろな型が見られる。

(1)　体言がガ格となって連体成分を受ける構造

①　雪のうちに春は来にけり鶯の凍れる涙今や解くらむ　（古今集・四）

「凍れる涙」は、「涙」という体言が「凍れる」という連体成分に対してガ格となって、「涙が凍る」という意味になっている。

②　梅が枝に来ゐる鶯春かけて鳴けどもいまだ雪は降りつつ　（古今集・五）

「来ゐる鶯」も、「鶯」という体言が「来ゐる」という連体成分に対してガ格となって、「梅の枝に鶯が来て止まっている」という意味になる。

(2)　体言がヲ格・ニ格となって連体成分を受ける構造

①　袖ひちて掬びし水の凍れるを春立つ今日の風や解くらむ　（古今集・二）

「掬びし水」は、体言「水」が「掬び」に対してヲ格となって「水をすくった」という意味になる。

② 春立てば花とや見らむ白雪のかかれる枝に鶯の鳴く （古今集・六）
「白雪のかかれる枝」は、体言「枝」が「かかる」に対してニ格となって、「白雪が枝にかかっている」という意味になる。

(3) そのほか連体形と体言とが飛躍された意味関係になる場合も多い。

① ここだくに思ひけめかもしきたへの枕片去る夢に見えける （万葉集・六三三）
「枕片去る夢」というのは、「夢」がガ格となって「枕を片去る」という構造になるのでもなく、また「夢」の内容が「枕片去る」ということでもなく、「枕を片側に寄せて寝た夢」という意味になっている。

このように、「連体成分＋体言」という同じ表現構造になっているにもかかわらず、意味構造上はいろいろな関係を表現することができるということは、連体成分は論理的な関係よりも気分的な関係で体言に係っていくという性格を持っているということになる。特に和歌などでは、音数の制約もあってこのような複雑な関係を「連体成分＋体言」という単純な構造で表現することが多い。

② 櫻花散りぬる風の名残には水なき空に波ぞ立ちける （古今集・八九）
「散りぬる風」とは、意味構造上、散った風すなわち風が散るというのではなく、櫻花が風に吹かれて散った、その桜花を散らした風という意味になる。それならば、「櫻花散らせし風」とでも詠むべきであろう。しかし、この歌では、「風」はあくまでも桜花を散らし、その名残として空にも桜の花を散らすという役目を担っているだけであって、「風」を取り上げて詠んだ歌ではない。「桜花散らせし風」という詠み方をすると、「風」が主体となって、歌の焦点も「風」になってしまう。上の句に描写された「櫻花散りぬる」という事態を生み出した「風」によって「水なき空に波ぞ立ちける」という事態になったというのが、この歌の主題である。「ぞ」に

よって提示された「波」は櫻花の波である。すなわち、上の句の「櫻花散りぬる」という事態から受けた感動がそのまま下の句の「水なき空に波ぞ立ちける」という感動を生み出しているのであって、そのために「櫻花散らせし風」ではなく「櫻花散りぬる風」という表現構造をとったのである。

③　帝は、御年よりはこよなうおとなおとなしうねびさせたまひて、世の政も（源氏が）後ろめたく思ひきこえたまふべきにはあらねども、また（太政大臣亡き今は）取り立てて（帝の）御後見したまふべき人もなきを、（源氏）「誰に譲りてかは静かなる御本意もかなはむ。」と思すに、いと飽かず口惜し。（源氏物語・薄雲）

「静かなる御本意」を「その御本意は静かなり」という意味構造としてとらえてはならない。「静かなる生活を願う御本意」としてとらえなければならない。「静かなる御本意」は、「静かなる（生活を願う）御本意」の（）の部分を省略した表現であるが、このときの源氏の心理から解釈すると、単なる省略表現としてとらえるべきではない。「誰かに帝の御後見を譲って自分は静かな出家の生活に入りたいという希望を持っているのに、今となっては帝の御後見を譲る人は誰もいない。自分の希望も遂げることができず、本当に太政大臣の死は残念なことであった」という、強い出家の希望と、それが不可能になってしまった現実とのはざまで源氏は嘆き悲しんでいるのである。「本意」は「かねてからの望みや目的」であって、今ふっと思いついたというような軽薄な望みではない。それは、執念に近い強い願望なのである。本人にとっては、心の底から湧き上がってくる真情なのである。その緊張した心理状態がことばを凝縮させたのであり、ただ単なる表現技法としての省略表現なのではない。だからこそ「誰に譲りてかは」という反語表現による強調表現にもなってくるのである。あくまでもひとつの緊張状態の表現としてとらえるべきである。

このように、意味構造上から見ると、修飾語・被修飾語の関係が希薄なほうが、その当事者の心理的展開から見れば、むしろ逆に緊密な関係を表現する構造になっているのである。

④　秋の雨いと静かに降りて、御前の前栽の色々乱れたる露のしげさに、（源氏は）古の事どもかき続け思し出でられて御袖も濡れつつ、女御の御方に渡りたまへり。
（源氏物語・薄雲）

「色々乱れたる」は、「露」という体言に係る連体成分であるが、意味構造上は、「いろいろの色に咲き乱れている前栽の草花の上の露」となる。この連体成分と体言との関係は、このような種々のことばを介在させないと意味構造上不分明な関係になっている。「色々乱れたる」はもちろん、前栽の花の状態を描写したものである。と同時に、それは「古の事ども（過ぎた昔、六条御息所御存命のときの御息所のことや梅壺のことなどが）かき続け思し出でられ」ることの契機にもなっている。したがって、その草花の露に「（源氏の）御袖も濡れつつ」ということにもなるのである。すなわち、「色々乱れたる」状況と「露のしげさ」という状況とは確かに客観的には区別されるわけであるが、源氏の心理においては少しも区別されず、渾然一体のものとなって源氏の目には映っている。このような源氏の認識がそのまま「前栽の草花の上の」というような介在語を飛び越えた表現となってくるのである。

Ⅱ　「体言（体言相当語）＋の（が）」による連体成分

①　君がため春の野に出でて若菜摘むわが衣手に雪は降りつつ
（古今集・二一）

「君が」「春の」「わが」はそれぞれ「ため」「野」「衣手」という体言に係る連体成分である。意味構造から見ると、「君がため」というのは「君に対して利益となるように」、「春の野」というのは「春という季節における野」、「わが衣手」というのは「われが着ている衣手」というように、それぞれ違った修飾構造を表現する。そういう点において、連体成分としての「体言＋の（が）」も連体形による連体成分と同じように、気分的に論理を超えて体言に係っていくという性格を持っているということになる。

② 匹布を千むら、万むら織らせ、晒させけるが家の跡とて、深き河を舟にて渡る。（更級日記）

「晒させける」の「ける」は連体形で、「晒させける」全体が体言と同じ働きを持って、「が」を介して「家」という体言に係る連体成分である。もちろん「家が」あるいは「家を」を「晒させける」というのではなく、「匹布を晒させた場所としての家」という意味である。

この「晒させける」の表現構造については、Ⅳ「体言相当語」の項で考察する。

Ⅲ　連体詞による連体成分

連体成分となる連体詞のうちで、「さしたる」「させる」は次のように多く否定表現と呼応するので、注意すべきである。

① 「……かくながら、身を変へたるやうに思ひたまへなしつつ、させることなき限りは聞こえうけたまはらず。……」（源氏物語・若菜・上）

「させる」という連体詞が「こと」という体言に係り、それを「なき」によって否定するという構造になっている。

② さしたることなくて人のがり行くはよからぬことなり。（徒然草・第一〇七段）

「さしたる」という連体詞が「こと」という体言に係り、それを「なく」によって否定するという構造になっている。

Ⅳ　体言相当語

①　五月ばかりなどに山里に(a)ありく、いとをかし。草葉も水もいと青く(b)見えわたりたるに、上はつれなくて、草(c)生ひ茂りたるを、長々とただざまに行けば、下はえならざりける水の、深くはあらねど、人などの(d)歩むに(e)走り上がりたる、いとをかし。左右にある垣にある物の枝などの、車の屋形などにさし入るを急ぎてとらへて折らんとするほどに、ふと過ぎてはづれたるこそいとくちをしけれ。（枕草子・第二二三段）

(a)「ありく」は連体形で、そのままの形でガ格となって「いとをかし」の連用成分となっている。意味構造上「山里にありくコトハいとをかし」となる。すなわち「ありく」という連体形が体言と同じ働きをしているのである。このように、本来体言に係る働きを持っている連体形がそのままの形で体言を含んだ意味構造をなす場合、その連体形を「体言相当語」と呼ぶことにする。(e)は、動詞「走り上がり」に助動詞「たり」の連体形「たる」のついた形で、やはり体言相当語となって、「いとをかし」に係っている。

ところが、体言相当語に「に」「を」などの助詞が添加してさらに展開していく構文の場合には、そのとらえ方に十分留意する必要がある。そもそも「に」「を」という助詞は、格助詞・接続助詞・終助詞・間投助詞など多様な働きを持っている。体言につく場合は格助詞であるが、連体形につく場合は格助詞か接続助詞か甚だあいまいである。

この段落における描写の展開を見ると、先ず「草葉も水もいと青く見えわたりたる」は「見えわたる」という表現から見て、作者の視野に入った野原の全景を描写したものである。「上はつれなくて、草生ひ茂りたる」は、現在牛車を歩ませている前面の描写であり、更に作者の視点は、そこから供の者の後姿、屋形に飛び込んできた物の枝に移っていくという構成をとっている。久しぶりの外出に、少女のように心を弾ませている作者の姿が生き生きと描かれている。

(c)の「(草)生ひ茂りたるを」は「長々とただざまに行けば」に係る成分であるから、「を」は格助詞として「草の生い茂っている野原を」ととらえることができる。それに対して、(b)「(草葉も水もいと青く)見えわたりたるに」を「見えわたりたる所に」ととらえると、「草葉も水もいと青く見えわたりたる」所の中に「上はつれなくて草生ひ茂りたる」ところがあり、そこを「長々とただざまに行く」というような文脈になってしまう。これでは作者の生き生きとした視点も躍動感もとらえることはできない。ここは「に」を接続助詞としてとらえ、「上はつれなくて」以下の全描写の大きな背景として、「草も水も青々と一面に見渡されて」ととらえるほうがよい。

このような文章にあっては、体言相当語として一々体言を補いながら読んだのでは、そのような息遣いをとらえることはできなくなる。

②

夜になして京に入らんと思へば、急ぎしもせぬほどに月出でぬ。桂川、月の明きにぞ渡る。人々のいはく、「この川、飛鳥川にあらねば、淵瀬さらに変はらざりけり。」と言ひて、ある人の詠める歌、

ひさかたの月に生ひたる桂川底なる影も変はらざりけり

またある人の言へる、

天雲の遥かなりつる桂川袖をひでても渡りぬるかな

またある人詠める、

桂川わが心にも通はねど同じ深さに流るべらなり

（土佐日記）

「月の明きに」の「に」は、「ぞ」が添えられているところから見て、接続助詞としてとらえることはできず、格助詞としてとらえなければならない。したがって、「明き」は、意味構造上「明き時」あるいは「明き中」

という体言相当語としてとらえることができる。しかし、「桂川、月の明きにぞ桂川を渡る」という叙述は、「月の明きにぞ渡る」という意味構造のうち、特に「桂川」を文頭に取り立てて強調し、さらに「ぞ」によって「月の明きに渡る」という状態を強調するという表現構造をとっている。「桂川」と「月」とにこのときの作者の思いがこめられている表現なのである。事実、この叙述の後に「月」「桂川」の歌が三首続いている。京にやっと帰り着いた喜びを抱きながら、十六夜の月に照らされて、月の姿を映した桂川を渡るという、情緒深い雰囲気を表現しているのが「に」という格助詞である。「月の明きに」を単に意味構造として「時」「中」などの体言を含んだ体言相当語としてはっきり限定せずに、漠然とした背景を表現するものとしてとらえておくべきであろう。

③　むつかしげなるもの。縫ひ物の裏。ねづみの子の毛もまだ生ひぬを巣の中よりまろばし出でたる。裏まだつけぬかはぎぬの縫ひ目。猫の耳の中。殊に清げならぬ所の暗き。ことなることなき人の子などあまた持て扱ひたる。いと深うしも心ざしなき妻の、心地あしうして久しう悩みたるも、男の心地はむつかしかるべし。

（枕草子・第一五五段）

「むつかしげなるもの」を列挙している文章であるから、「まろばし出でたる」は「縫ひ物の裏」と同じ資格になるはずである。したがって、この連体形を含めて、「暗き」「持て扱ひたる」いずれの連体形も体言相当語となるはずである。

④　言にうち出でて、男女のこと、人の上をも言ひたはぶるるこそにげなく見苦しけれ。大方聞きにくく見苦しきこと、(a)老人の若き人にまじりて、興あらんと物言ひゐたる。(b)数ならぬ身にて、世の覚えある人を隔てなきさまに言ひたる。(c)貧しき所に、酒宴好み、客人に饗応せんときらめきたる。

（徒然草・第一一三段）

第二文は、第一文「にげなく見苦しけれ」を直接受けて、「大方聞きにくく見苦しきこと」を取り上げて、(a)(b)(c)と列挙した構造の文であるから、「物言ひゐたる」「言ひたる」「きらめきたる」それぞれが「大方聞きにくく見苦しきことハ」という提示語を受けた叙述語として、「……なり」という意味を含んだ体言相当語としてとらえることができる。

ところが、次の例のように、一見体言相当語としてとらえられる形をしているが、単純にそのようにとらえることができない場合もある。

⑤ (父兵部卿宮)「年頃も、『(病が)あつしく、さだ過ぎたる人に(a)添ひたまへる、かしこに渡りて、見ならしたまへ。』など(姫君に)(b)ものせしを、(姫君が継母を)あやしううとみたまひて、人も(c)心おくめりしを、かかる折にしも(d)ものしたまはんも心苦しう。」などのたまへば、(少納言)「何かは。心細くともしばしはかくておはしましなむ。少しものの心(e)思し知りなむに、(宮邸に)(f)渡らせたまはんこそはよくはべりけれ。」と聞こゆ。
(源氏物語・若紫)

紫の姫君の父兵部卿宮が姫君の邸に訪ねてきて、姫君を自分の邸に引き取りたいと姫君の乳母少納言に申し出る場面である。

(d)(e)(f)の連体形は体言相当語としてとらえることができる。(b)(c)の連体形は、「を」を介して接続成分としてとらえることができる。(a)の「添ひたまへる」という連体形は、意味構造上、一応は、「病身でその上年老いた尼君と一緒にいらっしゃる姫君」という体言相当語としてとらえることができる。しかし一方、「添ひたまへる」を連体形による文統括成分としてとらえ、「病身でお年をとった尼君様と一緒にいらっしゃいましたね。しかし、これからは私の邸に移って」という解釈も成り立つであろう。このように、一旦文統括成分となり、一呼吸置いて、次の成分に係っていく構文としてもとらえられる。

このような構文については、第二章第二節の「文統括成分の転換構文」の項において改めて取り上げることにする。

第六節　接続成分

雪の降りけるを詠める
霞立ち木の芽も春の雪降れば花なき里も花ぞ散りける　（古今集・九）

詞書にあるように、上の句は眼前の景を詠んだものであり、下の句はそれによって起こった感興を詠んでいる。両者ともに、独立した叙述内容を持っているので、それぞれ文統括の形にすることができる。

霞立つ木の芽も春の雪降る。　花なき里も花ぞ散りける。

このように元来別個の独立した二つの事柄を「ば」という接続助詞によって一つの文として結びつけたのがこの歌の構造である。意味構造上「ば」を伴った上の句の叙述内容が原因・契機となって、下の句の叙述内容が導き出されるという関係になっている。この原因・契機を表現する句を条件句、そこから導き出されてくる結果を表現する句を帰結句と呼ぶ。表現構造上は、条件句は帰結句に対して接続成分となる。

ところで、接続成分には、帰結句との関係において、大きく分けて、

Ⅰ　順接条件成分
Ⅱ　逆接条件成分
Ⅲ　平接条件成分

の三種類がある。

①　春立てば花とや見らむ白雪の掛かれる枝に鶯の鳴く　（古今集・六）

「春立てば」の条件句に対して「花とや見らむ」の帰結句が呼応する。鶯は立春になったので花が咲くのは当然であると判断する。そこで、「白雪の掛かれる枝」を見て、当然それを花であると判断したのである。論理的に見て、前件の当然の帰結として後件が成り立つと判断し、それを「ば」という接続助詞などによって標示した接続成分を「順接条件成分」と呼び、その順接条件成分による接続の仕方を「順接条件接続」と呼ぶことにする。

これとは逆に、ある前件の当然の帰結と判断した後件が成り立たずに、その予想・期待に反して、意外な後件が成立したということを「ども」という接続助詞などによって標示した成分を「逆接条件成分」と呼び、その逆接条件成分による接続の仕方を「逆接条件接続」と呼ぶことにする。

②　梅が枝に来居る鶯春かけて鳴けどもいまだ雪は降りつつ　（古今集・五）

「梅が枝に来居る鶯春かけて鳴く」のであるから、当然の帰結として、今は春でなければならない。ところが、そのような予想・期待に反して、実際には、「いまだ雪は降りつつ」という状態にある。このような論理的な条件・帰結関係が「ども」という接続助詞によって標示されているのである。

接続成分が順接とか逆接とかの論理的な関係で帰結句に係るのではなく、単に前件と後件とが時間的に継続するとかの関係を持つ接続成分を「平接条件成分」と呼び、その平接条件成分による接続の仕方を「平接条件接続」と呼ぶことにする。

③　君がため春の野に出でて若菜摘むわが衣手に雪は降りつつ　（古今集・二一）

「春の野に出でて」の「て」という接続助詞は、「春の野に出で」という行為が必然的に「若菜摘む」という行為を導き出したのであるという論理的な因果関係を標示しているのではなく、単に「春の野に出で」という行為と「若菜摘む」という行為とが時間を追って継続したという関係を表現しているに過ぎない。

以下それぞれの接続成分について、より詳しく考察することにする。

Ⅰ　順接条件成分

① (1)　順接仮定条件成分（「未然形＋ば」）

あづさ弓おして春雨今日降りぬ明日さへ降らば若菜摘みてむ　（古今集・二〇）

春雨が今日降ったからといって、明日も降るとは断定できない。「明日降る」ということはいまだ実現していない事態であって、もしかしたら明日になっても降らないかもしれない。したがって、下の句は、

明日さへ降らむ。若菜摘みてむ。

という二つの文にはっきりと分離することはできない。

明日は降らざらむ。若菜摘まざらむ。

という二文に分離される可能性もあるからである。しかし、この歌は春の訪れを喜ぶ気持ちを詠んだものであり、その春の訪れのひとつの象徴としての「若菜摘む」という行為を焦点としたところの歌である。したがって、「明日さへ降る」ということはまだ実現していない事態ではあるが、「明日さへ降る」という事態を仮定条件として、そういう条件の下でならば、当然「若菜摘む」という事態が実現するであろうと予想した表現なのである。このように、「未然形＋ば」による順接仮定条件の表現は、そういう条件が成立することを予想して、その結果帰結句の意味するような事態が当然起こりうるということを期待した表現ということになる。

ところで、「明日さへ降らば」という条件句はあくまでもそういう事態になったならば、「若菜摘みてむ」という事態になるという条件を標示するに過ぎないのであって、それ自体独立した叙述内容を持ってはいるが、あくまでも帰結句の補助的役割を果たしているに過ぎないのであって、帰結句に比して、その独立性は弱いというこ

とが言える。

「ば」という接続助詞は、この例のように順接仮定条件を表す場合もあれば、後述するように、意味構造上、順接確定条件や多く「ねば」という形をとって逆接条件を表す場合も見られる。「ば」それ自体に順接とか逆接とかの働きがあるというのではなく、「ば」は、その上接する語句の意味する事態を取り上げ、それを後件と強く結びつけることによって、前件・後件それ自体の持っている因果関係をよりはっきりと標示しようとする意図を持った表現なのである。

② かの「下が下」と(馬の頭が)思ひおとしし住まひなれど、「その中にも思ひのほかに口惜しからぬを見つけたらば。」と(源氏は)珍しく思ほすなりけり。　(源氏物語・夕顔)

ここは、下町辺で偶然見つけた女夕顔に心惹かれた源氏の思いを叙述した部分である。「思ひのほかに口惜しからぬを見つけたらば」という順接仮定条件成分を受ける帰結句は表現されていない。前にも触れたように、順接仮定条件は、そのような条件が成立し、その結果それを受ける帰結句の意味する事態の実現が相当期待されるということを表現した構文である。したがって、条件句のみで帰結句が表現されていない場合でも、当然条件句の意味する事態から当然予想される事態が帰結句の叙述内容として想定される。ここも、「思ひのほかに口惜しからぬ(女)を見つけたらば」に相当する望ましい内容でなければならない。ここは、雨夜の品定めの際に、左の馬の頭が「さて世にありと人に知られず寂しくあばれたらむ葎の門に、思ひのほかにらうたげならむ人の閉じられたらむこそ限りなく珍しくは覚えめ」とあったのを源氏は覚えておって、「思ひのほかに口惜しからぬを見つけたらばと珍しく思ほす」のである。したがって、帰結句として「どんなにかうれしいことだろう」というような一種の期待感がこめられた表現が想定されるであろう。

(2) 現実仮定条件成分

すでに実現している、または実現することが確実視される事態を前提としながらも、順接仮定条件と同じ「未然形＋ば」の形をとる成分を「現実仮定条件成分」と呼ぶことにする。

① さる折しも、白き鳥の嘴と脚と赤き、鴫の大きさなる、水の上に遊びつつ魚を食ふ。京には見えぬ鳥なれば、みな人見知らず。渡し守に問ひければ、「これなむ都鳥。」と言ふを聞きて、

名にし負はばいざ言問はむ都鳥わが思ふ人はありやなしやと

と詠めりければ、舟こぞりて泣きにけり。（伊勢物語・第九段）

「名にし負はば」は順接仮定条件の表現であるが、渡し守が既に「これなむ都鳥」と答えているのであるから、ここは「名にし負へば」という順接確定条件の表現になるべきであろう。「名にし負はば」という順接仮定条件の表現自体は、「名に負ふ」という事態が現実に実現することを予想した表現ではない。「名に負ふ」という事態とは反対の「名に負はず」という事態が実現する可能性もあるということを含んだ表現である。したがって、その帰結も「いざ言問はむ」という事態とは反対の「いざ言問はじ」という事態になることも当然予想されることになる。ということは、「名に負はば」という条件が成立する限りにおいては「いざ言問はむ」という帰結が当然成立するということである。この歌の場合、「これなむ都鳥」という渡し守の発話から見て、「名に負ふ」という事態が既に実現しているのであるから、「単なる鳥であったならばともかくも、都鳥という名を持っているからには当然『言問ふ』という事態になるはずではないか」ということを都鳥に確認させているということになる。このように、既に実現している事態を仮定条件成分として表現する場合は、その帰結句の叙述内容を強調する表現効果を持つ。都鳥という名を聞いて、男たちの心の中にはやむにやまれぬ都恋しい気持ちが沸き起こってきた。そのような男たちの激しい心情を表現するために、このような現実仮定条件接続の表現をとったのである。

② （頭の弁藤原行成）「（私とあなたは）なかよしなども人に言はる。かく語らふとならば、なにか恥づる。見えなどもせよかし。」とのたまふ。
（枕草子・第四九段）

行成と清少納言とが親しい間柄にあることは衆知のことである。しかし、清少納言は女として行成に顔を見せることはしなかった。そこで、行成は、清少納言にもう少し親密にしてもらいたいと思っている。そういう状況の下での行成の発話である。「なかよしなども人に言はる」間柄であってみれば、「かく語らふ」ということは当然現実に実現している事態であることは明らかである。それなのに、ここでは、「かく語らふとならば」という順接仮定条件の表現をとっている。「かく語らふとならば」という仮定条件接続の表現は、「私とあなたが親しくしているのでないならばともかくも、このように親しくしているのであるからには何で恥ずかしがることはないでしょう」という心情の表現なのである。行成の清少納言に対する思いを強く訴えるために、このような現実仮定条件接続の表現をとったのである。

(3)　「……ば……まし」の条件成分

この構文は、「まし」が普通「反実仮想」の助動詞といわれているように、現実に成立する可能性がない、あるいはあっても極めて低い可能性を持った事態を想定することによって、その事態とは違った事態を暗示する表現法である。すなわち、普通の順接仮定条件接続がそれによって推量される事態を表現するのに対して、この構文は、現実と仮想という相反する二つの世界を一つの表現によって統合・圧縮するという構造をとっている。その場合に、仮想された事態に重点を置くか、それとも暗示された事態に重点を置くか、その文脈によって異なってくる。

① 狩はねむごろにもせで、酒をのみ飲みつつ、大和歌にかかれりけり。今狩りする交野の渚の院、その院の桜

ことにおもしろし。その木の下に下り居て、枝を折りてかざしに挿して、上中下みな歌詠みけり。馬の頭なりける人の詠める。

世の中に絶えて桜のなかりせば春の心はのどけからまし

となむ詠みたりける。又人の歌、

散ればこそいとど桜はめでたけれ憂き世に何か久しかるべき

とて、その木の下は立ちて帰るに、日暮れになりぬ。

（伊勢物語・第八二段）

「世の中に」の歌は、眼前の桜を見て詠んだものであるが、この歌では、「世の中に絶えて桜のなかりせば」という現実にはありえない事態を仮想し、そういう事態の下では「春の心はのどけし」という事態になるであろうと想像しているのである。一見そのような事態の実現を期待しているような歌い方である。しかし、実際には「その院の桜ことにおもしろし」という叙述、「又人」の歌の「散ればこそいとど桜はめでたけれ」からもわかるように、人々はみな桜をめでているのであるから、そのような現実の事態とは相反するような事態をあえて仮想することによって、むしろ逆に、桜の花がいつまでも散らずに咲いていてほしいという願望、桜の美しさが永遠に続いてほしいという桜の花に対する愛着の心を詠んでいるのである。ただし、この歌では、表現構造上はそのような願望・愛着の心情が暗示されているだけである。しかし、この歌の享受者としては、暗示されたがために、むしろそのような願望・愛着の心情をより強く認識することにもなる。その結果、桜に対する愛着の心情が主題として浮かび上がってくるのである。

このように、「……ば……まし」による構文は、現実の事態を、それとは違った事態の側からとらえなおして、現実の事態そのものを強く印象付けようとするものである。

万葉集には、「……ずは……まし（もの）を」の形が多く見られる。「ずは」は、打消しの助動詞「ず」の連用形に係助詞「は」のついた形であって、意味構造上は、「……せずに」あるいは「もし……でないならば」という意味になる。どちらの場合も、反実仮想の表現となる。

② かくばかり恋ひつつあらずは高山の磐根し枕きて死なましものを
（万葉集・八六）

「かくばかり恋ひつつあり」は、「かくばかり」という表現から明らかなように、現実の事態であるから、「かくばかり恋ひつつあらず」は反実の事態を仮想したものである。そういう仮想のもとでの「高山の磐根し枕きて死ぬ」という事態もまた仮想された反実の事態である。このように反実の事態を詠むことによって、現実の事態、すなわちこの歌においては、激しい恋の苦しみをより強く表現しているのである。

③ さて、池めいて窪まり水浸ける所あり。ほとりに松もありき。五年、六年のうちに千年や過ぎにけむ、片へはなくなりにけり。今生ひたるぞ交じれる。大方のみな荒れにたれば、「あはれ。」とぞ人々言ふ。思ひ出でぬことなく思ひ恋しきがうちに、この家にて生まれし女子のもろともに帰らねば、いかがは悲しき。船人もみな子たかりてののしる。かかるうちに、なほ悲しきに耐えずして、ひそかに心知れる人と言へりける歌、

生まれしも帰らぬものをわが宿に小松のあるを見るが悲しさ

とぞ言へる。なほ飽かずやあらん、またかくなん。

見し人の松の千年に見ましかば遠く悲しき別れせましや

忘れがたくくちをしきこと多かれど、え尽くさず。とまれかうまれ、とく破りてむ。
（土佐日記）

わが家に帰ってみると、土佐の国に行く前まであった松の半数ほどがなくなってしまって、その中に新しく生えた小松が交じっている。二つの歌は、この小松に土佐の国で失ったわが娘の面影を見出して、嘆き悲しんでいる歌である。「見し人の」の歌はそのような主題の歌ではあるが、表現構造としては、わが娘が松のように千年も生きながらえるものであったならば、悲しい別れをせずにすんだのだという、事実と違った事態を歌い上げる

ことによって、現実にはわが娘を失った親の悲痛な心情を詠んでいるのである。

④　（土御門殿への）行幸近くなりぬとて、殿のうちをいよいよつくり磨かせたまふ。世におもしろき菊の根をたづねつつ掘りて参る。色々うつろひたるも、黄なるが見どころあるも、さまざまに植ゑたてたるも、朝霧の絶え間に見わたしたるは、げに老いもしぞきぬべき心地するに、なぞや、まして、思ふことの少しもなのめなる身ならましかば、好き好きしくももてなし、若やぎて、常なき世をも過ぐしてまし、めでたきこと、おもしろきことを見聞くにつけても、ただ思ひかけたりし心の引く方のみ強くて、物憂く、思はずに、嘆かしきことのまさるぞいと苦しき。いかで、今はなほ物忘れしなむ、思ひがひもなし、罪も深かりなど、明け立てば、うちながめて、水鳥どもの思ふことなげに遊びあへるを見る。（紫式部日記）

この文章は、大きくは、「行幸近くなりぬとて、……朝霧の絶え間に見渡したる」さまを見て、「老いもしぞきぬべき心地する」という事態になり、それを契機にして、わが身の生き方を、「なぞや、まして……嘆かしきことのまさるぞいと苦しき」と思い至っているという構成をとっている。「まして、思ふことの少しもなのめなる身ならましかば、（物思いが少しでも月並みな身の上であるならば）好き好きしくももてなし、若やぎて常なき世をも過ぐしてまし」という反実仮想の表現によって暗示される現実の思いは、暗示にとどまらず、「ただ思ひかけたりし心の引く方のみ強くて、物憂く、思はずに、嘆かしきことのまさるぞいと苦しき」とはっきりと表現されている。「思ひかけたりし心」が具体的にはどういう内容のものであるかについては、いろいろ説があるが、一応「出家遁世の心」ととらえることができるであろう。作者は現実にはそのような思いにとらわれて、「めでたきこと、おもしろきことを見聞くにつけても」「物憂く、思はずに、嘆かしきことのまさる」生活を送ってきたのであるが、そのような日々から逃れて、「好き好きしくももてなし、若やぎて常なき世をも過ぐす」ことのできる生活を願っている。それほどに、作者の日々は「物憂く、思はずに、嘆かしきことのまさるぞいと苦しき」ものであった。そのような苦悩多き過去を思いやるにつけても、「いかで、今はなほ物忘れしなむ、思ひがひもなし、罪も深かりなど、明け立てばうちながめて、小鳥どもの思ふことなげに遊びあへるを見る」という境地にもなっているというのである。

ところで、「……ば（せば・ましかば）」などの条件成分あるいは「まし・ましも」などの帰結成分が標示されていない場合でも、文脈から想定することができる。

⑤　いと近ければ、（尼上の）心細げなる御声（源氏に）絶え絶え聞こえて、（尼上）「いとかたじけなきわざにもはべるかな。この君だにもかしこまりも聞こえたまひつべき程ならましかば」とのたまふ。（源氏物語・若紫）

源氏が紫の姫君の祖母尼上見舞いに立ち寄ったことに対して、尼上が感謝の気持ちを表明すると同時に、まだ幼い紫の姫君を引き取りたいという源氏の申し出を断ろうとする気持ちとを表明した発話である。「この君だにも」の「だに」という副助詞は、「だに」の上接する語句に呼応する叙述内容が命令・意志・希望・仮定などの表現である場合には、それ以上であれば申し分がないが、せめてこの程度ならば我慢できようというような最低の限度を意味する。この文脈の場合でいえば、せめて姫君が源氏に「かしこまりも聞こえたまひつべき程（お礼を申し上げることができるくらいの年齢）」ならば源氏に引き取っていただいても結構であるという気持ちの表現となる。しかし、ここでは、反実仮想の表現によって、そのような分別のできる歳ではないので、源氏に差し出すわけにはいかないということを婉曲に表明しているのである。しかも、帰結句の標示されない言いさし表現になっているので、なお一層源氏の申し出を断ろうとする尼上の遠慮がちな心情が表現されることになる。

⑥　（侍従）「（浮舟が）いづ方にもいづ方にも寄りて、めでたき御宿世見えたる様にて、世にぞおはせましかし。あさましく、はかなく心憂かりける（浮舟の）御心かな。」など、人にはそのわたりのことかけて知り顔にも言はぬことなれば、（侍従には）心ひとつに飽かず胸痛く思ふ。（源氏物語・蜻蛉）

ここは、浮舟に仕えていた侍従が、浮舟が入水せずに、薫か匂宮かいずれかに靡いて、幸福な生活ができたならばよかったのにと嘆いている発話である。ここには、「世にぞおはせましかし」に係る条件成分が標示されていない。浮舟が入水したのは、薫と匂宮との愛の板ばさみになった結果なのであるが、それに対して侍従は、「あさましく、はかなく心憂かりける御心かな」と嘆いているのであるから、侍従の心情の表現としては、意味構造上「いづ方にもいづ方にも寄りましかば、めでたき御宿世見えたる様にて（世間の人から立派な前世の因縁と見られる幸運な状態で）、世にぞおはせましかし」という反実仮想の表現と同じ表現になるであろう。しかし、ここには、「いづ方にもいづ方にも寄りましかば」という仮想条件の表現をとらずに、「いづ方にもいづ方にも寄りて」という実際にそのような事態が実現するかのような表現をとっている。このような発話には、むしろ高貴な人に自分の主人が愛されるならば、それはそのまま自分自身の利益にもなるであろうという利己的な期待・願望が見て取れる。この反実仮想の表現の暗示する現実の事態が、この発話には「あさましく、はかなく心憂かりける御心かな」とはっきりと表出されている。侍従が、浮舟の苦悩を心底から理解し、同情していたならば、このような浮舟に対する恨み言めいた表現はできないはずであろう。

(4) 順接確定条件成分（已然形＋ば）

① 霞立ち木の芽も春の雪降れば花なき里も花ぞ散りける　（古今集・九）

「霞立ち木の芽も春の雪降る」というのは既に眼前において実現している事態である。そういう事態であるから、当然「花なき里も花ぞ散りける」という事態になる。

このように、「……已然形＋ば」の形をとって、既に実現・確定している事態を条件として、そこから当然予想される事態が導き出されるという条件接続の表現をする場合、その条件成分を「順接確定条件成分」と呼ぶことにする。

ところで、「霞立ち木の芽も春の雪降れば」は「花なき里も花ぞ散りける」という事態が成立する条件を表現しているという点においては、帰結句の補助的役割を果たしているのであるが、意味構造上は、既に実現している事態を表現しているという点において、その叙述内容は帰結句の叙述内容と同じように独立した性格を持っている。したがって、

霞立ち木の芽も春の雪降る。　花なき里も花ぞ散りける。

という二つの文に分離することが可能である。

「順接仮定条件成分（未然形＋ば）」のところでふれたように、「已然形＋ば」の形をとっていても、「ば」が単に条件句と帰結句とを接続させているような場合もある。

② 人々参りつれば、夜も明けぬ。（紫式部日記）

ここは、「人々参りつ」という事態が実現したから当然「夜も明けぬ」という事態になるという論理的関係を表しているのではなく、「人々が参りつ」という事態に続いて「夜もあけぬ」という事態が実現したということを表現しているだけである。

また「ねば」が意味構造上打消しの逆接確定条件を表現する場合がある。

③ 天の川浅瀬白波たどりつつ渡り果てねば明けぞしにける（古今集・一七七）

表現構造上、「渡り果てねば」は条件成分として「明けぞしにける」に係っていく。ここも「渡り果てないでいると夜も明けた」という関係としてとらえることができる。結果的に意味構造上、「渡り果てないのに夜も明けた」という逆接関係になるだけのことである。

Ⅱ　逆接条件成分

① ⑴　逆接確定条件成分（已然形＋ど・ども）

人の物ともせぬ所に惑ひありけども、なにの験あるべくも見えず。家の人どもにものをだに言はんとて、言ひかかれどもこととともせず。（竹取物語）

ここは、男たちが何とかしてかぐや姫に近づこうとして、実際に「人の物ともせぬ所に惑ひありく」のであるから、かぐや姫から「なにの験あるべく」ことを期待しているはずである。ところが、男たちの予想に反して、「なにの験あるべくも見えず」という意外な結果になったというのである。そこには、男たちの落胆した思いが表現されている。このように、「ども」という接続助詞を介して、前件の叙述内容から当然予想される事態を想定しながら、それを否定して、予想された事態が成立しなくなったということを表現する接続法を「逆接」と呼ぶ。この文の場合は、前件の叙述内容は既に実現した事態であり、前件の予想が後件によって否定されるのであるから、この接続成分は、「逆接確定条件成分」ということになる。「言ひかかれどもこととともせず」の表現構造も同じである。

このような表現構造をとる叙述内容は、逆接確定条件成分の意味する事態によって予想された事態が実際には実現されないということになるので、そこには期待が外れた一種の意外感、驚きなどといった屈折した心情が表現されてくる。その意外感は、時には喜びの場合もあるが、多くの場合は嘆きの思いとなる。

ところで、「人の物ともせぬ所に惑ひありく」という条件句の意味する事態は、現実に実現している事態であり、「なにの験あるべくも見えず」という帰結句の意味する事態も現実に実現している事態であるという点において、両者の独立性は強い。したがって、両者を分離して二文にすることが可能である。

人の物ともせぬ所に惑ひありく。なにの験あるべくも見えず。

しかし、いかに独立性は強いといっても、

なにの験あるべくも見えず。人の物ともせぬ所に惑ひありく。

と、順序を逆にすることはできない。すなわち、条件句は帰結句を導き出す成分であるという点において、帰結句の従属成分になる。

②　母君、初めよりおしなべての上宮仕へしたまふべき際にはあらざりき。(a)おぼえいとやむごとなく、上衆めかしけれど、わりなくまつはさせたまふあまりに、（帝は）さるべき御遊びの折々、何事にも故あることの節々には、まづ参う上らせたまひ、あるときには大殿籠り過ぐしてやがてさぶらはせたまひなど、あながちに御前去らずもてなさせたまひしほどに、（母君は）(b)おのづから軽き方にも見えしを、この御子生まれたまひて後は、（帝は）いと心ことに思ほしおきてたれば、「坊にもようせずはこの御子の居たまふべきなめり」と一の御子の女御は思し疑へり。（源氏物語・桐壺）

(a)の「おぼえいとやむごとなく、上衆めかしけれ」という条件の下では、更衣は皇后・女御並の扱いを受けて当然なのに、その予想を逆接の接続助詞「ど」によって否定して、(b)「おのづから軽き方にも見えし」という叙述を導き出している。このような表現構造をとることによって、帝の寵愛に対して喜びの気持ちを抱くと同時に、その反面他の女御や更衣たちに対する気兼ねもしなければならないという更衣の複雑な心情を描いているのである。また、(b)の「おのづから軽き方にも見えし」という条件の下では、一の御子が皇太子になって当然なのに、その予想を「を」という逆接的な意味合いを持った接続助詞によって否定して、そこに「この御子生まれたまひて後は、いと心ことに思ほしおきてたれば」という新しい条件を追加することによって、「坊にもようせずはこの御子の居たまふべきなめりと一の御子の女御は思し疑へり」という叙述を導き出している。ここでも、そのような表現構造をとることによって、一の御子の女御の、わが子の立太子に対する期待と疑惑という心のゆれを表現しているのである。

(2)　逆接仮定条件接続（「終止形＋とも」）

①　散りぬとも香をだに残せ梅の花恋しき時の思ひ出にせん　（古今集・四八）

まだ梅の花は散っていない。そういう状況の下で、もし花が散ったとしたならば、という状況を想定して、たとえ花は散ってしまっても、せめて香りだけは残せ、という逆の結果を期待する表現である。「散りぬとも」の「とも」という逆接条件を標示する接続助詞は、花が散ってしまえば、当然花の香りもなくなってしまうのであるが、その予想に反する事態「香を残す」という事態の実現を予想するという働きを持っている。すなわち、

散りなば香さへ失せなむ。散らずは香も残らむ。

という相反する事態をひとつの構文として表現したのが、逆接仮定条件接続の表現である。「散りぬとも」も仮定条件を表現しているという点において、順接仮定条件同様に帰結句に対してその独立性は弱く、帰結句の従属成分となる。

②　梅が香を袖に移してとどめてば春は過ぐとも形見ならまし　（古今集・四六）

この歌は、春が過ぎ去ってしまうと春を表す形見のものはすべてなくなってしまうということを前提にする。ところが、「梅が香を袖に移してとどめ」ることができれば、「春が過ぎ去ってしまっても春の形見は残るだろう」という期待感がこの歌の中心になっている。しかし、実際には「まし」という反実仮想の表現があるので、結果的には、春の形見は所詮望みうべくもないというさびしさが余情として表現されている。

③　（帝）「今は誰も誰も（源氏を）え憎みたまはじ。母君なくてだにらうたうしたまへ。」とて、弘徽殿などにも渡らせたまふ御供には、（源氏を）やがて御簾のうちに入れたてまつりたまふ。いみじき武士・仇・敵なりとも（源氏を）見てはうち笑まれぬべきさまのしたまへれば、（源氏を）えさし放ちたまはず。女御子たち二所この御腹におはしませど、（源氏に）なずらひたまふべきだにぞなかりける。（源氏物語・桐壺）

「いみじき武士・仇・敵なりとも見てはうち笑まれぬべき」は、意味構造上「いみじき武士・仇・敵ならば、見てもうち笑まれぬまじ」という条件帰結関係が当然予想されるということを前提としている。ところが、その当然の条件帰結関係が成立せずに、「いみじき武士・仇・敵なりとも見てはうち笑まれぬべき」という予想外の条件帰結関係を表現することによって、当然な事態が起こらない異常性、ここでは光源氏のあまりにも美しいさまを賛美しているのである。最初から単純に、光源氏の様子を「この世のものならず清らなり」などと叙述したのでは、その美しさを平板に説明するに過ぎないものになってしまう。それに対して、「いみじき武士・仇・敵」などという予想外の素材を取り上げ、しかもこのような屈折した表現法をとることによって、より強く光源氏の美しさを叙述しているのである。

④　山の陰暗う、前近う見えて、心細くあはれなる夕暮れ、水鶏いみじく鳴く。
たたくともだれかくひなのくれぬるに山路を深くたづねては来む　（更級日記）

この歌は、現実に「水鶏いみじく鳴く」という状態にあるのに、「とも」という接続助詞によって、逆接仮定条件接続の表現をとっている。現実に水鶏が鳴いて人を誘っているのであるが、そういう現実の事態を仮想の事態とすることによって、「未然形＋ば」の現実仮定条件の表現と同じように、現実には誰も尋ねて来ないという深い寂寥感をより強く表現しているのである。

Ⅲ　平接条件成分

(1)　「連体形＋を・に」

①　昔、男ありけり。京にありわびて、東に行きけるに、伊勢・尾張のあはひの海づらを行くに、波のいと白く立つを見て、

いとどしく過ぎ行く方の恋しきにうらやましくも返る波かなとなむ詠めりける。（伊勢物語・第七段）

この文章には、三つの「に」が用いられている。「恋しきに」の「に」をどうとらえるか。男は、京を捨てた身であるから、京に帰りたいけれども帰ることができない。それなのに、波は無心に帰る。そのようにとらえれば、「過ぎ去ってゆく都のほうが恋しく思われるのに」という意味の逆接確定条件を表現しているものとしてとらえることができる。しかし一方、都が恋しいので、「かへる波」がうらやましいという心情としてとらえれば、順接確定条件を表現しているものととらえることもできる。このように、順接にも逆接にもとらえることができるということは、前件後件が論理的な関係で展開していくのではなく、気分的に展開していくということになる。

「東に行きけるに」「海づらを行くに」の「に」も、順接あるいは逆接などの前件・後件の論理的な関係を表現しているのではない。最初は「東に行きける」と大きく叙述しておいて、次に「伊勢・尾張のあはひの海づらを行く」と、範囲を限定してより具体的に詳細に叙述するという構造になっている。そのようにとらえれば、この文は、「都に住みづらくなって、東の国に行ったのであるが、伊勢と尾張との間の海岸を行くと」という意味の空間的な広狭関係・時間的な継起関係を表現する助詞としてとらえることができる。

このように、「に」という接続助詞は、本来順接とか逆接とかの論理的関係を表現するのではなく、前件・後件が時間的・空間的・気分的に展開していくという関係を表現する働きを持った助詞なのである。したがって、前件が前提条件となって、そういう条件の下でしかるべき後件を導き出してくるという強い働きはあまりない。むしろ、前件・後件がお互いにあまり強い関係をもたずに展開されているだけなのである。

このように、前件・後件の事態が論理的関係などを持たずに、単に時間的・空間的・気分的に展開していくという接続法を「平接」と呼ぶことにする。

② 北の門より、女房の車どもも、まだ陣のゐねば、入りなむと思ひて、頭つきわろき人もいたうもつくろはず、寄せて下るべきものと思ひあなづりたるに、檳榔毛の車などは、門小さければさはりてえ入らねば、例の筵道敷きて下るるに、いと憎く腹立たしけれども、いかがはせむ。（枕草子・第八段）

ここは、作者たちが中宮のお供をして大進生昌の邸に赴いたときの描写である。この二つの「に」をどうとらえたらよいか。「寄せて下るべきものと思ひあなづりたる」と「檳榔毛の車などは、門小さければさはりてえ入らね」とが意味構造上逆接の関係になっているので、「に」を逆接確定条件を表す接続助詞としてとらえることができる。また、「例の筵道敷きて下るる」は意味構造上「いと憎く腹立たし」という心情を呼び起こす契機となっているので、「に」は順接確定条件を表現する接続助詞としてとらえることができる。

しかし、作者を始め女房たちの認識を線状的な表現構造としてとらえてみると、「に」の表現上の性格から見ても、「寄せて下るべきものとあなづりたる」という事態と「檳榔毛の車などは、門小さければさはりてえ入らね」という事態が偶然時間的に続いて起こったという認識だけがあるのであって、結果的に逆接関係という認識が生まれてくるだけのことである。「車は直接乗りつけて下りることができるものと油断しておったところが、檳榔毛の車などは、門が小さいので入れないので」というような展開としてとらえるべきである。「例の筵道敷きて下るる」のほうも、そのような行為が「いと憎く腹立たし」という感情を引き起こしたのではあるが、「に」の表現上の性格から見て、「さはりてえ入らねば」の「ば」のように、順接確定条件というような強い論理的関係を認めているのではあるまい。「例の筵道敷きて下るる」という行為の後に「いと憎く腹立たし」という感情が生まれてきたというだけのことである。「いつものように筵道を敷いて下りることになり、憎く腹立たしいことである」というような展開としてとらえておくべきであろう。

③　同じ局に住む若き人々などして、よろづのことも知らず、ねぶたければみな寝ぬ。東の対の西の廂、北かけてあるに、北の障子に懸金もなかりけるを、それも尋ねず。（生昌は）家主なれば、案内を知りて開けてけり。（枕草子・第八段）

ここは、作者たちが寝てしまったところに生昌が訪れてきたところの描写である。生昌の訪れに目を覚まして、辺りの様子を見ると、「東の対の西の廂、北かけてあるに、北の障子に懸金もなかりける」ということに気づき、「それも尋ねず（それも調べておかなかった）」自分たちの不注意を後悔したというのである。「北かけてあるに、北の障子に懸金もなかりける」は「西の廂」の説明として、「北かけてある（部屋）に（北の障子があり、その）北の障子に」という文脈の圧縮された表現ととらえることもできる。しかし、ここも作者の表現過程としてとらえた場合、「東の対の西の廂、北かけてある」と認識したところで、「北の障子に懸金もなかりける」と気づき、さらに逆接的な意味合いを持つと同時にヲ格の働きを持つ「を」を介して、「尋ねず」に展開していく。しかも、「北の障子に懸金もなかりける」という状態を「それ」という指示語でとらえなおすことによって、「北の障子もなかりける」状態になっているのを確認しなかったのは不都合なことであったと強調している。「を」「に」によって結び付けられた前件後件は、①②のところで考察したように、それほど強い論理的な関係はない。したがって、その前件は多分に文統括成分的性格を持ってくる。「東の対の西の廂は北の対に回るように造られてあったのだが、その北の障子に懸金もなかったなんて、それも調べずに寝てしまうとはなんとうかつなことであったろう」といった展開としてとらえることができる。

④　故大殿の宮は、あらまほしく古りがたき(a)御有様なるを、（女五の宮は）もて離れ、声ふつつかにこちごちしくおぼえたまへるもさるかたなり。（女五の宮）「院の上かくれたまひて後、よろづ心細く(b)覚えはべりつるに、年の積るままに、いと涙がちにて(c)過ぐしはべるを、この宮さへかく（私を）うち捨てたまへれば、いよいよあるかなきかに(d)とまりはべるを、（源氏が）かく立ち寄り訪はせたまふになむ物忘れしぬべくはべる。」と聞こえたまふ。「（女五の宮は）かしこくも古りたまへるかな。」と（源氏は）思へど、うちかしこまりて……。

（源氏物語・朝顔）

源氏は、朝顔をあきらめきれずに、なんとかして朝顔に逢いたいと思うのであるが、世間体を憚って、先ずは朝顔と同じ桃園宮に住んでいる朝顔の父式部卿の宮の妹君である女五の宮を訪れたところである。

三つの「を」それぞれ、意味構造上、詠嘆の終助詞あるいは逆接の接続助詞としてとらえることが可能である。(a)の「を」の場合は、「故大殿の宮は」の「は」の標示から見て、女五の宮を描写するために故大殿の宮を比較の対象としただけのことであって、「を」にはそれほど両者を強く対比させるという逆接の意味合いは強くない。やはり、並列的関係としてとらえておけばよいであろう。(c)(d)の「を」も意味構造上逆接的な意味合いが見られるが、話し手である女五の宮の心情としては、詠嘆の終助詞としてとらえるのがよいであろう。(c)の「を」の場合、「年の積るままに、いと涙がちにて過ぐしはべる」を「この宮さへかくうち捨てたまふ」に係るものとしてとらえれば、「その上……まで」という添加の意味を表す「さへ」が介入しているという点から見て、逆接的なつながりはあまり強く感じられないであろう。また、「いよいよあるかなきかにとまりはべる」に係るものとしてとらえれば、「いよいよ（以前よりますます）」という表現の意味から見てもやはり両者が時間的に継続して起こったものとしてとらえられるので、「を」は、逆接的な接続表現としてとらえるよりも、詠嘆の終助詞としてとらえられる。(d)の「を」の場合も、「いよいよあるかなきかにとまりはべる」が「かく立ち寄り訪はせたまふ」に係るものとしてとらえれば、両者の間には逆接的な関係は感じられない。また、「かく立ち寄り訪はせたまふになむ物忘れしぬべくはべる」に係るものとしてとらえるならば、両者の間には意味構造上逆接関係が生じる。逆接関係になると、前件よりも後件に表現の重点が置かれる。後件の「……なむ……はべる（連体形）」という強調表現から見ても、そのようなとらえ方は、源氏の来訪に対する感謝の気持ちの表現として理に適っている。しかし、この女五の宮の挨拶の後で、源氏は「かしこくも古りたまへるかな」という感想を抱いている。「もったいないほどお年を召されたことだなあ」という感想は、「声ふつつかにこちごちしくおぼえたまへる」という女五の宮の外見に対する感想だけではなく、女五の宮の愚痴めいた発話に対する感想でもある。女五の宮の心情から見ても、(d)「を」の前件も後件も女五の宮の切ない心情の吐露として重視すべきであるから、前件が単なる条件句ではなく、それ自体独立した表現としてとらえるべきである。そういう点から見て、この「を」も詠嘆の心情がこめられた終助詞としてとらえられるのである。(b)の「に」は、前件の「心細く」と後件の「いと涙がちに」とが同じような心情の表現であるから、「心細くおぼえはべりつる上に」という意味の格助詞としてとらえることができる。

　このように、「に」「を」は、接続助詞、終助詞、格助詞いずれとも判別できない場合が多い。すなわち、「に」「を」は、順接・逆接とかの論理的関係を表現するのではなく、前件後件を単につなぐという働きしかないということになる。

(2) 連用形・連用形＋て（つつ・ながら）

①　桜散る花の所は春ながら雪ぞ降りつつ消えがてにする　（古今集・七五）

この歌は、桜の花の散るのを雪が降るのに見立てたものである。「つつ」という接続助詞には、ひとつの動作・状態が反復・継続して進行する、あるいは二つの動作・状態が同時に進行するということを表現する働きがある。この歌の場合は、「雪降る」という事態と「消えがてにする」という事態が同時に実現しているというのである。雪ならば降ってくる後から消えてゆくのに、花であるから散ってもなかなか消えないというのである。意味構造上、この歌の「つつ」は、逆接的な意味合いがあるが、表現構造上は二つの状態が同時に進行しているということを表現している。

②　春霞立てるやいづこみ吉野の吉野の山に雪は降りつつ　（古今集・三）

この歌の「つつ」は、意味構造上「雪降る」という事態が継続しているということを表現している。ところが、「つつ」は接続助詞であるから、その後には何らかの認識が表現されているはずであるのに、「つつ」の言いさし表現になっているということは、そこに作者の感動が余情として表現されているということになる。吉野の山に雪がしきりに降り続いていて、春だというのに、いっこうに春らしくならないという不審の念が余情として表現されている。その気持ちが、上の句の「春霞立てるやいづこ」という表現に結びついて行くのである。和歌の場合、「つつ」によって文統括される歌が圧倒的に多く、そこには作者の感動が余情としてこめられている。

③　後の簾上げて、二人も、一人も、乗りて走らせ行くこそ涼しげなれ。　（枕草子・第二二四段）

この「て」という接続助詞は、「後の簾上げ」、「乗り」、「走らせ行く」という行為が時間の経過に即して起こるということを表現している。

④　孫晨は冬の月に衾なくて、藁一束ありけるを、夕にはこれに臥し、朝には収めけり。　（徒然草・第一八段）

「衾なくて」は、意味構造上「藁一束ありけるを、夕にはこれに臥し、朝には収めけり」という叙述に順接確定条件の意味合いを持って係っている。しかし、表現構造上は、単に両者が並立の関係になっているのであって、結果的に意味構造上「衾がないので」というような意味合いになるだけのことである。「臥し」は連用形で、時間的経過を表現して、「収め」に接続する。連用形もまた接続成分となる。

このように、継起を表す条件・帰結成分は、それぞれの事態が時間的に同時あるいは時刻を追って進行するということを表現しているのであって、それぞれの因果関係をはっきりと規定した表現ではない。したがって、それぞれの条件成分は帰結成分に対して従属するのではなく、それ自体独立性を持ってくることになる。

⑤　あなたの御前を見やりたまへば、枯れ枯れなる前栽の心ばへもことに見渡されて、のどやかに眺めたまふらむ（朝顔の）御有様・容も（源氏は）いとゆかしくあはれにて、え念じたまはで、（源氏、女五の宮に）「かく（あなたの許に）さぶらひたる序を過ぐしはべらむは志なきやうなるを。あなたの御とぶらひ聞こゆべかりけり。」とて、やがて簀の子より（朝顔方に）渡りたまふ。（夕暮れの）暗うなりたるほどなれど、（父の喪中なので）鈍色の御簾に、黒き御几帳の透影あはれに、追風なまめかしく吹き通し、気配あらまほし。簀の子は、かたはらいたけれど、（女房たちは）南の廂に（源氏を）入れたてまつる。（女房の）宣旨（源氏に）対面して御消息は聞こゆ。

（源氏物語・朝顔）

一度拒否されたのにもかかわらず、朝顔に未練のある源氏が、女五の宮訪問を装って朝顔を見舞う場面である。「ゆかしく」「あはれに（て）」「あはれに」「なまめかしく」いずれも話し手、登場人物の心情を表現した心情形容詞・形容動詞の連用形である。このような心情形容詞・形容動詞の連用形が並列されると、それは単にそのような心情がそれぞれ別個の心情として相次いで起こったというだけのことではなく、それらの心情形容詞・形容動詞によって表現されている話し手なり登場人物なりの心情がひとつの主題を形成してくるということになる。この場面では、源氏の朝顔に寄せる未練は相当激しいものがある。一度拒絶されてもまだ諦めきれず、わが思いを訴えようとして再度朝顔を訪れているのである。源氏の目から見れば、朝顔の気配・住まいの様子すべてが朝顔への未練を掻き立てるものである。「枯れ枯れなる前栽の心ばへもことに見渡され」「御有様・容もいとゆかしく、あはれにて」「鈍色の御簾に、黒き御几帳の透影あはれに、」「追風なまめかしく」「気配あらまほし」と、すべてが源氏の心を掻き立てるものばかりである。そういう観点からすれば、これらの心情形容詞・形容動詞の連用形それぞれが源氏の朝顔に対する激しい恋の思いに集約されてくるということになる。

Ⅳ　接続詞

先行叙述内容を受けて、なんらかの接続関係をもって後続の表現に係っていくことばを「接続語」と呼ぶ。接続語の一つとして「接続詞」という一品詞があげられるが、そのほとんどは他品詞から転成された複合語である。そこで、ひとつの単語の名称としての「接続詞」という用語を用いるのは、厳密な意味では不適切ではあるが、ここでは便宜的に、「接続詞」として扱う。

①　年ふれば齢は老いぬしかはあれど花をし見れば物思ひもなし　（古今集・五二）

「しかはあれど」は、「年ふれば齢は老いぬ」の意味する内容を「しか」によって指示し、それを「は」によって提示し、「ど」によって逆接関係をもって「花をし見れば物思ひもなし」という文統括成分に係って行くという働きをしている接続詞である。この歌の場合、逆接関係を表現するのに、なぜ「しかはあれど」という接続詞を用いたのか、音数の制約もあるが、接続助詞「ど」をなぜ用いなかったのであろうか。「花をし見れば」の「……し……ば」という構文とともに考察してみる。

仮に、「老いぬれど」という接続助詞による表現にした場合、確定条件成分は帰結成分に対して強い独立性を持っているとはいっても、やはり従属成分である。したがってどちらかというと、後件のほうに表現の重点が置かれるということになる。それに対して、「年ふれば齢は老いぬ」を独立文とし、それを受けて「しか」と表現すると、先行叙述を改めてことさら提示した表現になって、その事態を作者自身強く意識することになる。すなわち、接続詞によって結びつける場合には、前件が強く意識される結果、後件に表現の重点が置かれるというのではなく、前件と後件との矛盾そのものがことさら強調されるということになる。どんなに歳はとっても決して嘆く気持ちなどないということが強調されることになる。ここでは「花をし見れば」も単に花を見ているというような意味ではなく、「し」によって強調されることによって、その条件句が強く表現され、それだけに帰結句に対する前提条件の意識が強く表現されることになる。結局、「しかはあれど」という接続詞と「……し……ば」という表現相まって、わが世の栄華を喜ぶ心情がより強く表現されるのである。

　接続詞の表現の働きは、接続の働きと同時にそれだけに止まらず、前件後件それぞれを独立させ、そのことによって両者の矛盾関係を強調するという働きもあるということである。

②　（帝）「限りあらむ道にも後れ先立たじと契らせたまひけるを、さりとも、（更衣は）打ち捨てては行きやらじ。」とのたまはするを、女も、いといみじと見たてまつりて……　（源氏物語・桐壺）

「さりとも」という接続詞によって、前件後件の関係自体が強く表現される。「さりとも」の「さ」は、重態にある更衣の病状を指示している場面指示語である。しかも、「さりとも」は現実仮定条件成分である。帝は、更衣の病状をはっきりと認識し、更衣はきっと独りで死んでいってしまうに違いないと覚悟を決めている。しかし、そういう状態であってもやはり「打ち捨てては行きやらじ」という事態をひたすら願っているという帝の心情を強く表現しているのが「さりとも」という接続詞である。

③　（夕霧が）三条邸に渡りたまへれば、君たちも片へはとまりたまへれば、（雲井雁は）姫君たちさてはいと幼き

とをぞ率て（実家に）おはしにけり。（夕霧帰邸を）見つけて、喜び睦れ、あるは上を恋ひたてまつりて憂へ泣きたまふを（夕霧は）心苦しと思す。（源氏物語・夕霧）

夕霧が落葉宮と契りを結んだことに嫉妬して、雲井雁が男君たちを残して姫君および乳飲み子を連れて実家に帰ってしまう。後に残った子供たちが父夕霧の帰邸を喜ぶと同時に、里帰りしてしまった母を恋い慕って泣く場面である。「さては」は「姫君たち」と「いと幼き（子）」とを並列させる接続詞、「あるは」は「喜び睦れ」と「憂へ泣く」とを並列させる接続詞である。したがって、意味構造上は「姫君たちといと幼きとを」「喜び睦れ、憂へ泣く」と同じである。それなのに、そこにあえて接続詞を介入させたのはなぜであろうか。並列の働きを持つ接続詞は、前後の事柄をただ並べるというのではなく、前後の事柄をともに提示してそれぞれを強く表現するという働きがある。「さては」という接続詞を介入させることによって、連れて行ったのは姫君たちはもちろんのこと、そのほかに乳飲み児も連れて行ったということを強調しているのである。「あるは」のほうも、父を迎えて喜ぶのと母を恋い慕うことの二つがただ単に並列されているのではない。父を迎えて喜び、さらに母のいない寂しさ・悲しさを嘆くという二つの事柄がそれぞれに強く表現されているのである。

④　（女）これを見て、よく見まほしさに、「この葦持ちたる男呼ばせよ。かの葦買はむ。」と言はせける。さりければ、（従者は）ようなき物買ひたまふとは思ひけれど、主ののたまふことなれば、呼びて買はす。（大和物語・第一四八段）

葦を売って生活している乞食のような姿をしている男が元一緒に暮らしていた夫によく似ているので、元の妻である女がもっとよく見たいと思って、従者にその男を呼び寄せよと命じた場面である。「さりければ」は女の「この葦持ちたる男呼ばせよ。かの葦買はむ」と命じたことを受けて順接確定条件とし、従者が「呼びて買はす」という帰結句に結びつけた接続詞である。接続助詞「ば」だけでも意味構造上は同じであるが、それでは後件に重点が置かれてしまう。ここは、女が昔の夫であるかどうかを確認したいという切実な心情の表現でもあるから、接続詞を介入させることによって、前件を強調したのである。

第一章　文の表現構造

序章において導き出した四つの構文について、そこに、それぞれ話し手のどのような表現意識が働いているかを考察してみる。

第一節　用言構文・は―用言構文

「用言構文」あるいは「は―用言構文」は、用言によって文統括されるのであるが、その用言は、動詞の場合、形容詞・形容動詞の場合、用言＋助詞・助動詞の場合の三種類がある。

(a)梓弓おして春雨今日降りぬ　(b)明日さへ降らば若菜摘みてむ　（古今集・二〇）

この歌は、(a)(b)二つの文から成り立っている。(a)の文は、「降る」という動詞に「ぬ」という助動詞が添えられた成分によって文統括されている「用言構文」である。(b)の文も、「摘む」という動詞に「てむ」という複合助動詞が添えられた成分によって文統括されている用言構文である。

(a)春の夜の闇はあやなし　(b)梅の花　(c)色こそ見えね　(d)香やは隠るる　（古今集・四一）

この歌は、(a)(b)(c)(d)の四文からなっている。

(a)は、「春の夜の闇」を「は」によって提示し、それを受けて「あやなし」という形容詞によって文統括している「は―用言構文」である。このような形容詞あるいは形容動詞によって文統括されている文を動詞によって文統括されている構文と区別して「形容詞構文」と呼ぶことにする。

(c)の文は、「(梅の花の)色」を「こそ」によって提示し、それを受けて「見えね」という動詞＋助動詞によって文統括している「は―用言構文」である。

(d)の文も、「香」を「やは」という複合係助詞によって提示し、それを受けて「隠るる」という連体形によって文統括している「は―用言構文」である。

第二節　形容詞構文

「用言構文」「は―用言構文」の文統括成分は、多くは動詞あるいは動詞＋助動詞の形をとる場合が多いが、形容詞・形容動詞の形をとる場合もある。特に、和歌は、作者が自分の心情を一人称として、あまり聞き手を意識せずに直接表現する場合が多いので、当然「悲し」などの心情を表現する形容詞や形容動詞で結ばれる場合が多くなる。日記・随想などにおいても、あまり他人の目を意識せずに自分の心情をありのまま直接的に表現するので、やはり心情を表現する形容詞・形容動詞で文統括される構文が多くなる。

形容詞や形容動詞は、意味構造上、叙述の対象となる事物の客観的な属性をとらえるものと、事物から受け取る話し手の主観的な心情を表現するものとに分けられる。前者を「状態性形容詞・形容動詞」、後者を「情意性形容詞・形容動詞」と呼んで区別する場合もある。しかし、その差は微妙なものなので、実際の文章においては、どちらを表現しているのか、客観的な基準によってはっきりと判別することはむずかしい。

①　残りなく散るぞめでたき櫻花ありて世の中果ての憂ければ　（古今集・七一）

「残りなく散るぞめでたき」は、意味構造上、主語・述語の関係になっているが、まさか「残りなく散る」ということを「ぞ」によって提示し、そういう事態に対して、作者が「めでたし」と感じたというのである。すなわち、表現構造上は、「は―用言構文」ということになる。

動詞を文統括成分とする場合には、その主語となる連用成分の意味する事物が、その動詞の意味する動作・行為などの主体となる。しかし、形容詞・形容動詞を文統括成分とする場合には、その連用成分は、主体を意味するものではなく、その連用成分の意味する事物が形容詞・形容動詞の意味する感情を起こさせる契機になっている。あるいは、形容詞・形容動詞の意味する感情の対象となっているといってもよい。したがって、形容詞・形容動詞を統括成分とする連用成分を「……が」と口語訳してもよいが、動詞を文統括成分とする場合のように、主語としてとらえてはならない。

②　たて隔てゐて、うち行ひたる暁の額などいみじうあはれなり。　（枕草子・第一一九段）

家人と離れて住み、独りで勤行している暁方の礼拝は胸を打つというのである。「あはれなり」は形容動詞である。「暁の額」は「あはれなり」という感情を起こさせる契機・対象である。

③　（経房の中将）「頭の弁はいみじうほめたまふとは知りたりや。一日の文にありしことなど語りたまふ。思ふ人の人にほめらるるはいみじううれしき。」など、まめまめしうのたまふもをかし。　（枕草子・第一三六段）

「うれしき」は、作者が頭の弁からほめられたことに対して、経房の中将が「思ふ人の人にほめらるる」ことによって起こる「うれし」という感情を直接表現したものである。「をかし」も、経房が「まめまめしうのたまふ」ことによって生じた作者自身の感情をそのまま直接表現したものである。

以上の例は、いずれも意味構造上「情意性形容詞・形容動詞」としてとらえることのできる場合である。それに対して、次の例は、状態性形容詞・形容動詞としてとらえることのできる場合である。

④　（帥の宮に）昼も御返り聞こえさせつれば、（式部）「ありながら帰したてまつらんも情けなかるべし。ものばかり聞こえん」と思ひて、西の妻戸に円座差し出でて（帥の宮を）入れたてまつるに、世の人の言へばにやあらむ、（宮は）なべての御さまにはあらず、なまめかし。　（和泉式部日記）

「情けなかる」は「べし」という推量表現から見ても、「（家におりながら不在と言って帥の宮を）帰したてまつらん」という事態を仮定して、そのような事態に至った場合には、思いやりのない行為になるであろうと、自分自身の行為を客観的な立場から認識した表現である。すなわち、「ありながら帰したてまつらん」という事態が「情けなし」という状態であるということを表現しているのである。「なまめかし」も、「宮の御さま」に対する話し手の認識を客観的な立場から表現したものである。すなわち、帥の宮の「御さま」が優美で魅力的な状態であるということを認識したという表現である。すなわち「（宮の）御さま」が「なまめかし」という属性を持っているというとらえ方である。

⑤　物語ども一袋入れて得て帰る心地のうれしさぞいみじきや。　（更級日記）

「うれしさぞいみじきや」は、意味構造上、「いみじくうれし」という心情を強く表現したものである。「物語ども一袋入れて得て帰る、いみじうれし」という構文になれば、「うれし」は「物語ども一袋入れて得て帰る」ことによって起こった感情の表現ということになる。しかし、ここは、自分の心情を「うれしさ」という客観的なとらえ方をしているのであるから、「うれしさぞいみじきや」を自己の心情の直接的な表現としてとらえることはできない。

和歌・日記・随想など比較的主観性の強い作品に比して、物語などにおいては、情意性の場合でも状態性の場合でも、形容詞・形容動詞で文統括される構文はあまり多くは見られない。物語は、作者が第三者の立場から登場人物の行動・発話・心情などを語るものであるから、登場人物の心情を表現する場合でも、「……と思ふ」「……と覚ゆ」などの客観的な描写の形をとるのが普通である。

⑥　女、「限りなくめでたし」と思へど、さるさがなきえびす心をみてはいかがはせむは。（伊勢物語・第一五段）

ところが、物語などにおいても、時には、「……と思ふ」という客観的な描写の形をとらずに、形容詞・形容動詞の裸のままの形で文統括される場合もある。

⑦　かぐや姫、「光やある。」と見るに、蛍ばかりの光だになし。（竹取物語）

この文は、「なし」という状態性の形容詞で文統括されている。ここは、石作の皇子が、本物に見せかけた石の鉢を持ってきたので、それが本物であればかぐや姫は石作の皇子と結婚しなければならない。そのような状況のもとでのかぐや姫の緊迫した心情を描写している。物語の文体としては、かぐや姫という為手が「光やあると見るに」という状況にあるということを描写しているのであるから、その流れを受けて当然「蛍ばかりの光だになかりけり」というような客観的な描写の形をとるのが普通である。しかし、ここでは、「光だになし」というかぐや姫の認識をそのままの形で表現している。このようにかぐや姫の認識をかぐや姫の立場になって語ることによって、かぐや姫の心情を臨場感を持って描写することができるのである。

⑧　（夕霧は）わが御殿の、明け暮れ人繁くて物騒がしく、幼き君達などすだきあわてたまふに慣らひたまひて、（ここ一条の宮邸は）いと静かにものあはれなり。（源氏物語・横笛）

「いと静かにものあはれなり」は一条の宮邸を描写したものである。ここは、読者も物語の展開の中にあって、夕霧とともに一条の宮邸を訪ねているという趣である。「いと静かにものあはれなり」というのは、作者の客観的な描写による地の文ではなく、夕霧の感じ取ったものをそのまま表現した心の文である。むしろ、このような描写のほうが読者はその場の気配を直接夕霧とともに感じ取ることができるという表現効果がある。

⑨　大将殿、うちまさりてをかしき（絵）ども集めて、（女一の宮に）参らせたまふ。（芹川大将物語の中で）芹川の大将の遠君の、女一の宮思ひかけたる秋の夕暮れに思ひわびて、出でて行きたるかたをかしう書きたるを、（薫は）いとよく（わが身に）思ひ寄せらる。「しかばかり思し靡く人のあらましかば。」と思ふ身ぞくちをしき。

（源氏物語・蜻蛉）

薫が明石中宮の姫君女一の宮に思いを寄せているところである。「思ふ身ぞ」は地の文であるから、それを受ける「くちをしき」も地の文である。ところが、意味構造上から見れば、「くちをしき」は薫の心情を表現した心の文である。形容詞で文統括される構文の場合は、多く語り手の視点から一転して、登場人物の視点に転換されて、登場人物の心情が地の文の形で直接表現される。それだけに読者は登場人物の心情を直接的に感じ取ることになるのである。

⑩　かくよろづに「なにやかや」と、物思ひの果ては、（薫）「昔の人ものしたまはましかば、いかにもいかにも外様に心分けましや。時の帝の御娘を賜ふとも得たてまつらざらまし。またさ思ふ人ありと（今上が）聞こし召しながらは、かかることもなからましを。なほ心憂くわが心乱りたまひける橋姫かな」と、思ひ余りては、また宮の上にとりかかりて、（中の君が）恋しうもつらくも、わりなきことぞをこがましきまでくやしき。

（源氏物語・蜻蛉）

薫が、今は亡き大君を恋い慕いながらも、中の君に思いを寄せているところである。「恋しうもつらくも、わりなきことぞをこがましきまでくやしき（恋しくつらく、どうにもならず、われながら愚かしく思われるほど悔しい）」は薫の心のうちを語っているところであるが、「とおぼゆ」などといった引用標示が見られないので、やはり地の文がそのまま心の文になっている構文としてとらえることができる。

この地の文がそのまま心の文になっている構文については、第三章・第一節・Ⅱ「心の文・地の文の流れ込み構文」において改めて取り上げることにする。

⑪　かくいみじき幸い人の、子のおはしまさぬこそくちをしけれ。（大鏡）

ここは太政大臣良房についての叙述部分である。「大鏡」は、紫野雲林院の菩提講の場において、大宅世次が語るという形式をとっている。「くちをしけれ」も、語り手である世次が良房の立場に立って、良房の心情を代弁した心情表現としての形容詞構文である。

第三節　連体形止め構文

連体形によって文統括される文を「連体形止め構文」と呼ぶことにする。連体形止め構文は話し手の何らかの感動が余情として表現される。

（源氏）「今はとて思し離れれば、まことに御心と厭ひ捨てたまひけると、はづかしう心憂くなむおぼゆべき。なほあはれと思せ。」（源氏物語・柏木）

この発話は、女三の宮の出家に対する源氏の恨み言である。ここの「厭ひ捨てたまひける」の「ける」は、格助詞「の」「が」、係助詞「ぞ」「なむ」「や」「か」などとの呼応関係のない連体形止めである。「心憂くなむおぼゆべき」の「べき」は「なむ」という係助詞の結びとしての連体形止めである。

これら連体形止めには、表現構造上話し手源氏のどのような心情が表現されているのであろうか。連体形は本来体言に係る働きを持ったものであるから、この例のように連体形によって文が統括されると、まだその後に体言が続く感じになる。つまり、連体形それ自体に体言が含まれた表現として受け取られる。そういう点において、次の歌のような体言止めに近い表現ととらえることができる。

櫻花咲きにけらしなあしひきの山の峡より見ゆる白雲　（古今集・五九）

この歌は、意味構造上、「あしひきの山の峡より見ゆる白雲」を見て、「櫻花咲きにけらしな」と推定したというのであるが、表現構造上から見ると、

遠近のたづきも知らぬ山中におぼつかなくも喚子鳥かな　（古今集・二九）

の歌のように、「体言＋かな」と同じ表現としてとらえることができる。すなわち、「あしひきの山の峡より見ゆる白雲かな」と同じ表現としてとらえることができる。体言によって文統括される場合は多くこのような感動の表現となる。したがって、このような例に準じて連体形止めの表現をとらえてみると、体言止めと同じように、そこには話し手の何らかの感動が表現されているということになる。しかし、その感動を表現する「かな」が標示されていないので、あくまでも余情としてそのような感動が表現されているということになる。「源氏物語・柏木」の例文の「厭ひ捨てたまひける」には源氏の嘆き・恨みの気持ちが余情として感じられる。また、「心憂くなむおぼゆべき」にも「なむ」との呼応表現によって、源氏の嘆きがより強く余情として感じられる。

ところで、連体形によって文統括される構文には次のような三つの型が見られる。

(1)　格助詞「が」「の」の結びとしての連体形止め構文
(2)　係助詞・格助詞を受けない連体形止め構文
(3)　係助詞を受ける連体形止め構文

このうち、⑴⑵の例について改めて考察することにする。

⑴　格助詞「が」「の」の結びとしての連体形止め構文

序章・第四節「連用成分」の項で考察したとおり、ガ格の「が」「の」を受ける文統括成分は連体形となり、いずれも「用言構文」となる。

①　春立てば花とや見らむ白雪のかかれる枝に鶯の鳴く　（古今集・六）

「鳴く」はガ格の「鶯の」の結びとしての連体形である。「の」は、本来連体格として体言に係る働きを持っている。ガ格の「の」を受ける成分も体言あるいは体言相当語でなければならない。したがって、「鳴く」も体言相当語としての働きを持っているということになる。しかも、前項で考察したように、連体形による文統括成分、すなわち連体形止め構文は感動の余情表現ということになる。「白雪のかかれる枝」という実景から見て、実際にはまだ冬の気配が残っている季節であるのに、鶯はもう既に枝にかかっている雪を梅の花と見て、春の到来を喜び迎えて鳴いている。そのような鶯の心情を「春立てば花とや見らむ」と推量しながら、鶯とともに作者自身もまた春を迎えた喜びを感じているのである。「白雪のかかれる枝に鶯の鳴く」という情景描写だけにとどまらず、そのような春の喜びを余情として表現しているのが「鶯の鳴く」という連体形止め構文なのである。

大津皇子、ひそかに伊勢の神宮に下りて上りましし時の大伯皇女の御作歌二首

②　わが背子を大和へやると小夜ふけて暁露に我がたち濡れし　（万葉集・一〇五）

この歌は、「我が」というガ格を受けて「し」という「き」の連体形で文統括されている。弟大津皇子を見送る姉君大伯皇女の悲しい心情が余情深く表現されている。

③　（尼君）「何事ぞや。童べと腹立ちたまへるか。」とて、尼君の見上げたるに、少しおぼえたるところあれ

ば、子なめりと見たまふ。（姫君）「雀の子を犬君が逃がしつる。伏せ籠のうちに籠めたりつるものを。」とて、いと口惜しと思へり。（源氏物語・若紫）

「雀の子を犬君が逃がしつる」の「つる」は連体形であるが、この発話は、尼君の質問に対する返答として、事情を説明したものであるから、意味構造上は、「雀の子を犬君が逃がしつるなり」の「なり」が想定される構文としてとらえることもできる。しかし、ここは表現構造から見て、「伏せ籠のうちに籠めたりつるものを、犬君が逃がしつる」という発話内容のうち、「雀の子を犬君が逃がしつる」ということを特に強く訴えるために、文頭に持ってきて、しかも連体形止めの感動表現によって、尼君に自分の悲しみを強く訴えようとした余情表現としてとらえるほうがよい。

④ 大饗の折、殿ばらの御車の立ちやうなどよ。尊者の御車をば東に立て、牛は御橋の平葱柱につなぎ、こと上達部の車をば河よりは西に立てたるがめでたきをは。（大鏡）

大饗の折の来賓の高貴な方たちの車の立った様子などがとてもすばらしかったということを叙述した部分である。「西に立てたるが」を受けた形容詞連体形「めでたき」に「をは」という感動の終助詞が添えられた構文である。「めでたき」という連体形止めの形容詞文だけでも感動をこめた表現になっているが、それにさらに「をは」を添えてより強く感動を表現しているのである。

(2) 格助詞「の」「が」あるいは係助詞などによる連用成分がなくても、連体形で文統括される構文。

① かの至、蛍をとりて女の車に入れたりけるを、車なりける人、この蛍のともす火にや見ゆらん、ともし消ちなむずるとて、乗れる男の詠める。

出でていなば限りなるべみともし消ち年経ぬるかと泣く声を聞け

かの至、返し

いとあはれ泣くぞ聞こゆるともし消ち消ゆるものとも我は知らずな

（伊勢物語・第三九段）

「詠める」は、「乗れる男の」を受けて連体形によって文統括されているように見えるが、「かの至、返し」の「返し」は「返し歌」の意味であるから、それに対応して、「詠める」は「詠める歌」という体言相当語としてとらえられるべきであろう。伊勢物語では、「……の詠める」の形をとって体言相当語となる段は、この段のほかに八二・九九・一〇七段の数例にしか過ぎない。その他は、次の例のように「男詠める」というように、「の」などの格助詞が標示されない構文ばかりである。

②　男、いといたう泣きて詠める。

かきくらす心の闇に惑ひにき夢うつつとは今宵定めよ

と詠みてやりて、狩に出でぬ。

（伊勢物語・第六九段）

この「詠める」は「男」をガ格として受ける連体形による文統括成分である。「いといたう泣きて」という連用成分を受けているところから見ても、この連体形文統括成分には、悲しみに感極まって歌を詠む男の心情が余情として表現されている。

③　女いと悲しくて、しりに立ちて追ひ行けど、え追ひつかで清水のある所に伏しにけり。そこなりける岩におよびの血して書きつけける。

あひ思はで離れぬる人を留めかねわが身は今ぞ消え果てぬめる

と書きて、そこにいたづらになりにけり。

（伊勢物語・第二四段）

男を追いかけていったけれども追いつくことができずに、女が悲しみのあまり岩に歌を書き付けたというのである。女の男に対する思いの深さ、やるせなさ、絶望感がこの「書きつけける」という連体形文統括成分にこめられているものととらえることができる。

④　かの船酔ひの淡路の島のおほいご、都近くなりぬといふを喜びて、船底より頭をもたげて、かくぞ言へる。

いつしかといぶせかりつる難波潟葦漕ぎそけてみ船来にけり

いと思ひのほかなる人の言へれば、人々あやしがる。これがなかに、心地悩む船君いたくめでて、「船酔ひしたうべりし御顔には、似ずもあるかな。」と言ひける。（土佐日記）

ここは、都近く来ることができた喜びを船酔いした老女が歌にしたのを船の主人がひどく感心してほめたところである。「言ひける」は、「心地悩む船君」のガ格を受けた連体形止め構文である。「言ひける」という連体形止め表現は、船主人も、老女同様、都に帰れる喜びを感じているはずであり、そのような喜びの心情を余情として表現したものである。

⑤　宵も過ぎぬらむと思ふほどに、沓の音近う聞こゆれば、あやしと見出したるに、時々かやうの折におぼえなく見ゆる人なりけり。「今日の雪をいかに思ひやりきこえながら、なでふ事に障りて、その所に暮らしつる。」など言ふ。「今日来ん。」などやうの筋をぞ言ふらんかし。（枕草子・第一八一段）

「宵も過ぎぬらむと思ふほどに」作者たち二、三人が物語などをしていた所に不意に訪ねてきた人がある。その人の「その所に暮らしつる」という発話は、「山里は雪降りつみて道もなし今日来む人をあはれとや見む」（拾遺集・二五一）という歌の趣旨であるというのである。すなわち、この発話は、「今日の雪をいかに思ひやりきこえながら」お訪ねできなかったことがひどく残念でしたが、このようにやっとお訪ねすることができましたという喜びを表現したものである。そのような心情を「つる」という連体形止めの表現によって、強く訴えながら、拾遺集の歌にもあるとおり、雪深い中をやっと訪ねてきた私の苦労をほめてくださいと暗に催促してもいるのである。もちろんこれは、本気になってそのようなことを要求しているのではなく、拾遺集の歌を題材とした平安

⑥
貴公子と女房たちとの優雅な戯れごとである。
（頭中将）「よべの月に口惜しう御供に(a)後れはべりにけると思ひたまへられしかば、今朝霧を分けて(b)参りはべる。山の錦はまだしうはべりけり。野辺の色こそ盛りにはべりけれ。某の朝臣の、小鷹にかかづらひて、(c)立ち後れはべりぬる、いかがなりぬらん。」など言ふ。（源氏物語・松風）

これは、源氏が大井邸にいる明石の上を訪ね、その後、桂の院で遊宴するために大井邸を出る車に同乗した頭中将の発話である。(a)の連体形文統括成分は、頭中将が昨夜の月見の宴にお供しなかったのを心底から残念に思っているということを表現している。(b)の連体形文統括成分も、今朝は早くから霧を分けてやってきたという気持ちを訴えようとしている表現である。

ところが、(c)についてはいろいろなとらえ方ができる。「某の朝臣の」の「の」がガ格となって「立ち後れはべりぬる」という連体形に係っていき、そこで文統括されるととらえるならば、感動の余情表現としての連体形文統括成分ということになる。しかし、ここで「某の朝臣の立ち後れはべりぬる」ことを感動をこめて語ることはこれからの遊宴に直接関係がない。したがって、ここは連体形のところで軽く止めて、次の「いかがなりぬらん」のガ格としての連用成分になっている構文としてとらえればよい。また、「某の朝臣」を「小鷹にかかづらひて立ち後れはべりぬる」と説明した構文としてとらえれば、同格の「の」を受ける連体形、すなわち体言相当語としてとらえることもできる。

この同格の構文については第六章、第四節「同格取り立て構文」において考察する。

⑦
昔、夫婦であった男女のうち、女はある貴人の妻になったが、男のほうは落ちぶれて葦売りの乞食のようになり（女）「しばし。」と言はせけれど、（男は）人の家に逃げ入りて、竈の後方にかがまりて居りける、この車より（女）「なほこの男尋ねて率て来。」と言ひければ、供の人手を分かちて求め騒ぎけり。（大和物語・第一四八段）

なっていた。ある日、偶然女に再会した男は、わが身を恥じて逃げ隠れてしまった。意味構造上、「人の家に逃げ入りて、竈の後方にかがまりて居りけるヲ供の人手を分かちて求め騒ぎけり」という流れとして、「居りける」をヲ格の連用成分としてとらえることもできる。しかし、この男は、昔の妻に自分のみすぼらしい姿を見られるのを恥じて隠れてしまったのであるから、そのような男のつらい心情をこめた表現としてとらえるならば、ここはやはり連体形文統括成分としてとらえるべきである。

⑧　（宮が）一二三日ありて、忍びて渡らせたまへり。女は物へ参らんとて、精進したるうちに、「いと間遠なるも心ざしなきなめり。」と思へば、ことにものなど聞こえで仏にことづけたてまつりて明かしつ。つとめて、（宮）「（私は）めづらかにて明かしつる。」などのたまはせて、

（宮）「いさやまだかかる道をば知らぬかな逢ひても逢はで明かすものとは

浅ましく。」とあり。（和泉式部日記）

「明かしつる」という連体形止め構文には、宮がせっかく女の所に訪ねて行ったのに、一晩中中に入れてもらえず夜を明かしてしまったということに対する恨みの気持ちがこめられている。

第四節　は―なり構文

母が思ひにて詠める

①　神無月時雨に濡るるもみぢ葉はただわび人の袂なりけり（古今集・八四〇）

この歌を、作者の表現過程から見てみよう。いつもは「時雨に濡るるもみぢ葉」を単なる神無月の一風景とし

て眺めていたが、母の喪に服して悲しい思いで眺めていると、「時雨に濡るるもみぢ葉」には何かしら特別な思いが感じられる。そこで、「時雨に濡るるもみぢ葉」が特別に認識されてきて、その特別な思いはなんであろうかとなお一層じっと「時雨に濡るるもみぢ葉」を見つめていると、それは単なる自分とは無関係な一風景ではなく、母の死を嘆き悲しんでいる「わび人の袂」であったと思い至ったというのである。

このように「は」によって特に取り上げられた事柄に対して、なぜその事柄を特に取り上げたのであろうかという理由なり事情なり、あるいはその取り上げた事柄の実態などを説明する場合に、「なり」あるいは「なりけり」で文統括する。

②

（翁）かぐや姫に言ふやう、「なんでふ心地すれば、かく物を思ひたるさまにて月を見たまふぞ。うましき世に。」と言ふ。かぐや姫、「見れば、世間心細くあはれにはべる。なでふ物をか嘆きはべるべき。」と言ふ。かぐや姫のある所に至りて見れば、(a)なほ物思へる気色なり。これを見て、（翁）「あが仏、何事思ひたまふぞ。思すらんこと何事ぞ。」と言へば、（かぐや姫）「思ふこともなし。物なん心細くおぼゆる。」と言へば、翁、「月な見たまひそ。これを見たまへば、物思す気色はあるぞ。」と言へば、（かぐや姫）「いかで月を見ではあらん。」とて、なほ月出づれば、出でゐつつ嘆き思へり。夕闇には、(b)物思はぬ気色なり。月のほどになりぬれば、なほ時々はうち嘆きなどす。これを、仕ふ者ども、「なほ物思すことあるべし。」とささやけど、親をはじめてなにとも知らず。八月十五日ばかりの月に出でゐて、かぐや姫いといたく泣きたまふ。人目も今はつつみたまはず泣きたまふ。これを見て、親どもも、「何事ぞ。」と問ひ騒ぐ。かぐや姫泣く泣く言ふ。「先々も申さんと思ひしかども、必ず心惑ひしたまはんものぞと思ひて、(c)今まで過ぐしはべりつるなり。さのみやはとて、うち出ではべりぬるぞ。(d)おのが身はこの国の人にもあらず。(e)月の都の人なり。それを昔の契りありけるによりなんこの世界にまうで来たりける。今は帰るべきになりにければ、この月の十五日に、かの元の国より、迎へに人々まうで来んず。さらずまかりぬべければ、思し嘆かんが悲しきことを、この春より(f)思ひ嘆きはべるなり。」と言ひて、いみじく泣くを、翁「こはなでふことのたまふぞ。竹の中より見つけきこえたりしかど、菜種の大きさおはせしを、わが丈立ち並ぶまで養ひたてまつりたるわが子を何人か迎へきこえん。まさに許さんや。」と言ひて、「我こそ死なめ。」とて、泣きののしることいと耐えがたげなり。

（竹取物語）

この文章には、六つの「なり」が見られる。(a)の「なほ物思へる気色なり」は、それに係る「……は」という提示成分は標示されていないが、「かぐや姫のことが心配で、今頃どうしているかと様子を見に行った翁が見たかぐや姫の姿は」という提示成分が想定できる。「なほ物思へる気色なり」という文統括成分は、そういう翁の不安に対してかぐや姫の実情を説明している表現ということになる。(b)の「物思はぬ気色なり」は、「（かぐや姫は）夕闇には」という「は」による二つの提示成分を受けた文統括成分である。月の出ているときにはいつも嘆いているかぐや姫は、「夕闇には」どういう態度を示すかという疑問を予想しての説明である。(c)の「今まで過ぐしはべりつるなり」の提示成分は標示されていない。しかし、今まで翁にどうして嘆いているのかと何度も尋ねられたけれども、その都度、答えをはぐらかしてきたという叙述内容を持った提示成分が想定できる。そのような不審に対して、「先々も申さんと思ひしかども必ず心惑ひしたまはんものぞと思ひて今まで過ぐしはべりつるなり」と説明した表現になっている。(d)の「おのが身はこの国の人にもあらず」は「は―なり構文」の典型的な形になっている。翁たちが「月な見たまひそ」と何度も諫めたのにもかかわらず、月を見ては嘆いていたかぐや姫の事情を「親をはじめてなにとも知らず」という状況にあったことに対して、その事情を説明した表現である。(e)の「月の都の人なり」も、(d)の「おのが身は」という提示成分を受けた文統括成分である。これも同じく親たちの不審に対する説明になっている。(f)「思ひ嘆きはべるなり」も、同じように、翁たちの不審に対して、その事情を説明したものである。

このように、いずれの「なり」も、提示された叙述内容に対してその理由・事情・実態などを説明する表現になっている。

「は—なり構文」の基本的な構造は、次の四つの型である。

(1) 体言・は—体言・なり
(2) 体言・は—連体形・なり
(3) 連体形・は—体言・なり
(4) 連体形・は—連体形・なり

(1) 体言・は—体言・なり

① 秋ならで置く白露は寝覚めするわが手枕のしづくなりけり　（古今集・七五七）

「秋ならで置く白露は」と提示したのは、「白露」は普通ならば秋に置くはずなのに、秋でない季節に白露が置かれているのに戸惑いを感じたので、それを特に取り上げて解明しようとする表現意図からなされたものである。よくよく見ると、それは「白露」ではなくて、「寝覚めするわが手枕のしづく」であったという実態に気づいたという感動の表現が「なりけり」である。このように「は」によって特に取り上げた事柄の実態あるいはそのよって来たる理由などに気づくというのが、「……は……なり（なりけり）」という表現構造である。このような構文は、特に和歌表現に多く見られる。

② 泊瀬にまうづる道に奈良の京に宿れりける時詠める
人古す里を厭ひて来しかども奈良の都も憂き名なりけり　（古今集・九八六）

「人古す里（京都）を厭ひて」その気分も晴れるだろうかと期待して泊瀬参りの途中宿を取った「奈良の都」

であるということを「も」によって提示したのである。ところが、その期待に反して、奈良の都も古き都であるから、京都と同じようにここでも気分は晴れないということに気づいて、その嘆きを表現したのが「憂き名なりけり」である。

③
年の果てに詠める
昨日と言ひ今日と暮らしてあすか川流れて速き月日なりけり
（古今集・三四一）

この歌には「なりけり」を文統括成分とする提示成分が標示されていない。「流れて速き」は、意味構造上、「月日は流れて速し」の「流れて早し」を「月日」の連体成分に転換したものであるから、「月日」自体が提示成分になる。すなわち、「流れて速き月日なりけり」は、提示成分とそれを受ける叙述成分との関係を内包した構造ということになる。したがって、この歌は、意味構造上は「月日は流れて速きなりけり」という「体言・は—連体形・なり」の構文になる。しかし、表現構造上はあくまでも「体言・は—体言・なり」の構文である。

④
夢よりもはかなき世の中を嘆きわびつつ明かし暮らすほどに、四月十余日にもなりぬれば、木の下暗がりもて行く。築地の上の草青やかなるも、人はことに目もとどめぬを、あはれとながむるほどに、近き透垣のもとに人の気配すれば、誰ならんと思ふほどに、故宮にさぶらひし小舍人童なりけり。
（和泉式部日記）

日記も独白的な性格を持ったものであるから、その文章は、必要最小限の成分のみで構成されていく。「故宮にさぶらひし小舍人童なりけり」は、「近き透垣のもとに人の気配すれば、誰ならんと思ふほどに」という叙述を受けた文統括成分であるから、当然「その気配の主は」という意のことばが提示成分として想定されるはずである。それをあえて標示しないところに、むしろ叙述の妙が見られる。作者はぼんやりと物思いに沈んでいたときに、ふと人の気配を感じた。それが誰だろうと思って見てみると、それが「故宮にさぶらひし小舍人童」であるということがわかった。そのような作者の認識の流れのままに文章が展開されていくのであるから、当然「その気配の主は」などというような自分自身を客観的に描写した提示成分を標示する必要はなかったのである。

⑤（源氏）「ここに、いとあやしう物におそはれたる人の、なやましげなるを、『ただ今、惟光の朝臣の宿る所にまかりて、急ぎ参るべきよし言へ』と、（使に）仰せよ。なにがしの阿闍梨、そこにものするほどならば、ここに来べきよし、忍びて言へ。かの尼君などの聞かんに、おどろおどろしく言ふな。かかるありき許さぬ人なり。」など、もののたまふやうなれど、胸はふたがりて、この人を空しくしなしてんことのいみじく思さるるに添へて、大方のむくむくしさたとへんかたなし。（源氏物語・夕顔）

ここは、夕顔の急死に狼狽した源氏の、召使の男に対する発話である。普通の対話の場合は、話し手は自分の発話内容を聞き手がどの程度理解することができたかということをとっさに察知した上で、次の発話を続けるのであるから、必要以上の表現はしない。その上、この場面は、話し手源氏の狼狽した心情から出てくる発話であるから、なお一層、余分なくだくだした発話はない。「かかるありき許さぬ人なり」というのは、「かの尼君などの聞かんに、おどろおどろしく言ふな」ということの理由を説明した発話であるから、「なり」によって文統括される提示成分は「かの尼君は」であるということは容易に想定できる。

⑥（匂宮が浮舟を）いみじくも思したりつるかな。いとはかなかりけれど、（浮舟は）さすがに高き人の宿世なりけり。（源氏物語・蜻蛉）

これは、薫が、今は亡き浮舟のことを述懐している文章である。述懐文や独白文は、自分自身の思考の範囲内で語るという性格のものであるから、自分の理解している事柄のうち最小限必要な内容に限って叙述する。それ以外の叙述内容は表現されない。浮舟の一生は、父君に疎まれた母親に付き従って、受領の継娘として地方生活を余儀なくされ、今またあっけなく死んでしまったような「いとはかなかりける」ものである。しかし、匂宮という当代きっての高貴な方が「いみじくも思したりつる」ことを考えると、浮舟という女性は、「（浮舟は）さすがに高き人の宿世なりけり」ということに思い至ったというのである。「さすがに高き人の宿世なりけり」という構文は、浮舟の「いとはかなかりける」人生を考えると、「いみじく思したりつる」ことなど到底考えられないが、それはやはり「宿世」と考えざるをえないという薫の認識を詠嘆をこめて表現したものである。

⑦　延喜御時屏風に

行きて見ぬ人も偲べと春の野のかたみに摘める若菜なりけり　（新古今集・一四）

この歌は、「行きて見ぬ人も偲べと春の野のかたみに摘める」全体が「若菜」の連体成分になり、それが「なりけり」によって文統括された叙述部だけの構造をとっている。その叙述部に係る提示成分が標示されていない。この歌は、多分屏風歌として、若菜を摘む情景が描かれていたのを見て詠んだ歌であろう。したがって、「若菜なりけり」の提示成分は、その屏風に描かれている「若菜」を指示した表現「この屏風に描かれている若菜は」というような表現であろう。また、一方、この歌は、意味構造上は、「若菜は行きて見ぬ人も偲べと春の野のかたみに摘めるなりけり」となるところを、その「行きて見ぬ人も偲べと春の野のかたみに摘める」を「若菜」の連体成分にしたものとしてとらえることができる。したがって、「若菜」それ自体がこの歌全体の提示成分ということになる。

⑧　随人の振舞ひは、兵仗の家が知ることにさぶらふ。　（徒然草・第一九六段）

「随人の振舞ひを兵仗の家が知る」という叙述内容のうちから、「随人の振舞ひを」という連用成分を特に取り上げて「随人の振舞ひは」という提示成分とし、それを受ける「兵仗の家が知る」を「……なり」の形とするために、「兵仗の家が知ることにさぶらふ」という文統括成分にしたのである。「にさぶらふ」は「にあり」の丁寧な表現である。「なり」に係助詞・副助詞などを添える場合や、この例のように「なり」の敬意表現にする場合などには、「に」と「あり」とに分割する。なお、「随人の振舞ひを」を「随人の振舞ひは」という提示成分にしたために、ヲ格としての働きが提示の働き「は」に吸収されたので、「を」の標示が消えたのである。

(2)　体言・は―連体形・なり

①　命にもまさりて惜しくあるものは見果てぬ夢の覚むるなりけり　（古今集・六〇九）

恋しい人に逢えると思っていたのに、逢えないうちに途中で夢が覚めてしまったという、その恋しい人に逢えなかったむなしさ・せつなさを嘆き悲しんでいる心情がこの歌の主題である。ここは、「命にもまさりて惜しくあるもの」はないと思っていたのに、それがあったのであるという驚きを先ず訴えるために、「は」によって「命にもまさりて惜しくあるもの」を提示し、そんな「命にもまさりて惜しくあるもの」とは何かという不審に対する答えとして、それは「見果てぬ夢の覚むる」という事態であるということに気づいたという感動の気持ちを「なりけり」という表現によって結んだのである。

②　人の世となりて、すさのをの命よりぞ三十文字あまり一文字は詠みける。すさのをの命は天照大神のこのかみなり。女と住みたまはむとて、出雲の国に宮造りしたまふときに、その所に八色の雲の立つを見て詠みたまへるなり。「八雲立つ出雲八重垣妻籠めに八重垣造るその八重垣を」。　（古今集・仮名序）

「すさのをの命は天照大神のこのかみ（兄）なり」は(1)「体言・は―体言・なり」の構文である。「詠みたまへるなり」の提示成分は次の「八雲立つ」の歌とすることができる。そのようにとらえるならば、ここは「体言・は―連体形・なり」の構文となる。しかし、表現構造を線条的にとらえると、「人の世となりて、すさのをの命よりぞ三十文字あまり一文字は詠みける」を提示成分として、それを具体的に説明しようとして、「女と住みたまはむとて、出雲の国に宮造りしたまふときに、その所に八色の雲の立つを見て詠みたまへるなり」と叙述したものとしてとらえることができる。そのようにとらえるならば、ここは(4)「連体形・は―連体形・なり」の構文となる。

③　よそにのみあはれとぞ見し梅の花飽かぬ色香は折りてなりけり　（古今集・三七）

「折りてなりけり」は「連体形・なり」の形にはなっていないが、意味構造上は「折りしなりけり」と同じであるから、「連体形・なり」に準じて考察することにする。梅の花を、これまでは遠くからいいなあと見ていただけなのであったが、梅の花を手にしてはじめてそのすばらしい色香に気づいたという感動を詠んだ歌である。それならば、下の句は、「折りての後の飽かぬ色香よ」とでもすべきところであろう。しかし、作者の感動の起伏の表現から見た場合にはどうなるであろうか。最初は梅の花をただ単に「あはれ」とのみ感じていたのに、梅の花を手にとって見ると、今度はそれとは全く違う「飽かぬ色香」という感動を覚えた。この「あはれ」と「飽かぬ」との感動の違いを強く感じ、そのちがいを強く表現するために、「飽かぬ色香」を「は」によって提示し、それを「あはれとぞ見し」の直後に置いたのである。そして、その後で、そのような自分の感動の変化はなにに起因するのかを考えてみた場合、「折りて」見たからであると気づいたというのである。「飽かぬ色香は」を提示したために、その「飽かぬ」の理由を説明する表現が「折りてなりけり」という表現になったものである。

④　高砂の松を緑と見しことは下の紅葉を知らぬなりけり　（古今集・八三四）

「知らぬ」の「ぬ」は助動詞「ず」の連体形である。「下の紅葉を知らぬ」ことが「高砂の松を緑と見しこと」の理由であるということを「なりけり」によって断定したのである。

このように、「連体形・なり」の形をとって、意味構造上、提示した事柄について、そういう事態になった理由などを説明するのであるが、表現構造上も、そういう事態になった理由を標示する例も見られる。

⑤　男の、病にわづらひてまからで、久しくありてつかはしける
今までも消えでありつる露の身は置くべき宿のあればなりけり　（後撰集・九二二）

「露の身」が「今まで消えでありつる」のは、「置くべき宿のあれば」という理由によるのであるということを「あれ（已然形）・ば」という順接確定条件接続の表現によって標示している。

⑥　簀の子の中のほどにたてたる小障子の上より、ほのかに見えたまへる（源氏の）御有様を身に染むばかり思へる好き心どもあめり。月は有明にて、光をさまれるものから、影さやかに見えてなかなかをかしき曙なり。何心なき空の気色も、ただ見る人から艶にもすごくも見ゆるなりけり。人知れぬ（源氏の）御心には、いと胸痛く、（空蝉に）言伝て入れんよすがだになきを、（源氏は）かへり見がちにて出でたまひぬ。（源氏物語・帚木）

ここは、源氏が空蝉と別れて帰るときの描写である。二度と会うことも難しく、手紙のやり取りもとてもできないと、つらい思いを抱きながら帰っていく。そのような源氏の姿を女房たちは華やいだ気持ちで見ている。「をかしき曙なり」は、「曙をかし」の転換した構造であるから、「をかしき曙なり」の提示語は「曙」それ自体ということになる。したがって、これは⑴の型としてとらえられる。第三文は、表現構造上は、「空の気色」が「何心なき」という状態であるというのであるから、本来ならば「艶にもすごくも見ゆる」はずはないのに、実際には女房たちには「艶にも」見え、一方源氏には「すごくも」見えたのは、「ただ見る人から（ただ見る人の気持ちのせいで）」と気づいたという意味構造である。そのような意外感を描写するために、「何心なき空の気色」を「も」によって提示し、それが「艶にもすごくも見ゆる」のは、「ただ見る人から」であるという理由を加えたものである。

⑦　（惟光）「（夕顔の死骸を）昔見たまへし女房の、尼にてはべる東の山の辺に移したてまつらん。（その尼は）惟光が父の朝臣の乳母にはべし者の、みづはぐみて住みはべるなり。辺りは人繁きやうにはべれど、いとかごかにはべり。」と聞こえて、明け離るるほどの紛れに御車寄す。（源氏物語・夕顔）

惟光は、夕顔の死骸を「昔見たまへし女房の、尼にてはべる東の山の辺に移したてまつらん」と一旦は言ったもののの、源氏が夕顔の死骸をそういう人のところに移してよいものだろうかと不安に思っているのではなかろうかと推察して、さらに源氏を安心させるために、「（その尼は）惟光が父の朝臣の乳母にはべし者の、みづはぐみて住みはべるなり」と説明している。その尼は惟光の父の乳母であり、惟光にとっては乳母ではあるが祖母同然の人であり、惟光のためなら何でもしてくれるはずであるから安心してほしいということを源氏に納得させようとしているのである。

⑧　世次若うはべりしとき、このことのせめてあはれに悲しうはべりしかば、大学の衆どものなま不合にいましかりしを訪ひたづね語らひとりて、さるべき餌袋・破子やうのもの調じてうち具してまかりつつ習ひとりてはべりしかど、老いの気のはなはだしきことは皆こそ忘れはべりにけれ。これはただすこぶる覚えはべるなり。（大鏡）

菅原道真左遷のことを語った後に、語り手である大宅世次が、道真の誦じた詩歌を大学寮の学生から習い覚えたが、もうろくしてすっかり忘れてしまったけれども、今まで語ってきたことはほんの少しおぼえていただけですと弁解しているところである。道真のことを「皆こそ忘れはべりにけれ」と言ったのに、相当詳しく語っているのはどうしてかと聴衆が不審がるであろうと先取りして、その理由を説明するために、今まで語ってきたことを「これは」と特に取り上げて示し、それを「ただすこぶる覚えはべるなり（ほんの少しばかり覚えているだけのものです）」と弁解したのである。

(3)　連体形・は―体言・なり

この型の例はあまり多くない。

①　忘れ草なにをか種と思ひしはつれなき人の心なりけり　（古今集・八〇二）

「忘れ草」は、人を忘れるという名を持っているので、なぜそんなに忘れるのか、その種はなんだろうと考えてみたところ、「つれなき人の心」であるということに思い至ったというのである。この歌の表現構造は、先ず疑問の対象である事柄を提示し、それに対する説明内容を「なりけり」によって文統括したものである。

②　月影は同じ光の秋の夜をわきて見ゆるは心なりけり　（後撰集・三二六）

「月影は同じ光」に見える「秋の夜」であるのに、今夜は特別なものに見えるということに疑問を抱いて、それを「は」によって提示し、その理由のよって来たるところを「心なりけり（わが心のせいであるよ）」と説明して、八月十五夜の月に寄せるわが思いを詠んでいるのである。

③　花ゆゑに知らぬ山路はなけれども惑ふは春の心なりけり　（千載集・六二）

この歌も、「花ゆゑに知らぬ山路はなけれども」わが「春の心」は「惑ふ」のはなぜか、そこに不審を抱いて、「惑ふは」とわが心の状態を取り上げておいて、その理由のよって来たるところが、春のためであったと説明して、花咲く頃の思い乱れる春の心を詠んでいるのである。

④　何事を今は頼まむちはやぶる神も助けぬわが身なりけり　（後撰集・六五八）

上の句には「何事を今は頼まむ（どんなおことばを今は期待しましょうか）」という一見捨て鉢的な心情が詠まれている。なぜそのような心情になったのか、自分自身を振り返ってみて、その理由が「神も助けぬわが身なりけり」ということであったと思い至ったと詠んで、わが恋の成就しないことを嘆いているのである。この歌には提示成分が表現されていないが、「何事を今は頼まむ」という心情それ自体を提示成分としてとらえることができる。

⑤　年長けてまた越ゆべしと思ひきや命なりけり小夜の中山　（新古今集・九八七）

この歌では、「命なりけり」に係る提示成分が「……は」の形をとって標示されてはいないが、「年長けてまた越ゆ」ということが意味構造上の提示語になっている。「年長けてまた越ゆべしと思ひきや」、それなのに今またこうして小夜の中山を越えているのはどうしてなのだろうかと不審に思う。そこで、そのような予想外のことを想定して取り上げ、そのよって来たるところの原因を「命なりけり」と認識することによって、わが命に対するしみじみとした深い感動を表現しているのである。

(4) 連体形・は―連体形・なり

① 行く水に数書くよりもはかなきは思はぬ人を思ふなりけり　（古今集・二九〇）

この歌は、恋の歌として、相手に愛されないわが身の悲しみを詠んだものである。「は」によって「行く水に数書くよりもはかなき」ものを提示して、「行く水に数書く」こと以上に「はかなき」ものがあるだろうかと思い巡らした結果、実はそれは「思はぬ人を思ふなりけり」であるということに思い至ったというのである。

② 白玉を包む袖のみなかるるは春は涙もさえぬなりけり　（後撰集・二〇）

「なかるる」は「流るる」と「泣かるる」との掛詞になっている。「白玉を包む袖のみなかるるは（恋しい人に逢えぬ故の涙を包む袖ばかりが流れるほどに泣かれるのは）」ということを先ず提示し、なぜそうなるのかと思い巡らしてみた結果、「春は涙もさえぬなりけり（凍ることがないからなのだなあ）」という理由によるのであるということに思い至ったというのである。部立の上では春の歌になっているが、悲しい恋の思いを詠んだ歌である。

③ （良清）「心高さ、苦しや。」とて笑ふ。かく言ふは播磨の守の子の、蔵人より今年かうぶり得たるなりけり。

（源氏物語・若紫）

「かく言ふ（者）は」は直接には「心高さ、苦しや」と言った良清のことを提示しているのであるが、ここにいたるまでの良清は、明石の入道とその娘に関するいろいろな情報を詳しく説明してきた人物なので、明石のことをそんなによく知っているのはどういう人物なのであろうかという読者の疑問に答えようとしているのが「播磨の守の子の、蔵人より今年かうぶり得たる（者）なりけり」という文統括成分なのである。

この型の場合にも、特に取り上げた事柄の理由であるということを標示する例も見られる。

④　吹く風の色の千種に見えつるは秋の木の葉の散ればなりけり　（古今集・二九〇）

風に色があるわけではないから、「吹く風の色の千種に見えつる」ということはありえないことである。しかし、そのように見えたのは、「秋の木の葉の散る」という理由によるのであるということを「散れば」という順接確定条件成分を標示することによって明確に説明し、全体として秋の美しい風情を鮮明に詠んだ歌になっている。

⑤　都へと思ふをものの悲しきは帰らぬ人のあればなりけり　（土佐日記）

「都へと思ふをものの悲しき」理由を「帰らぬ人のあれば」と説明した構文である。

この「連体形・は―連体形・なり」の型の場合にも、提示成分の標示されない例が多く見られる。

⑥　あひ知りてはべりける人の東の方へまかりけるを送るとて詠める

雲井にも通ふ心の後れねば別ると人に見ゆばかりなり　（古今集・三七八）

ここには「見ゆばかりなり」という文統括成分に係る提示成分が標示されてはいないが、詞書によって、「あひ知りてはべりける人の東の方へまかりけるを送るは」という提示成分が想定される。そのような状況に置かれたならば、普通ならばお互いに別れを惜しむところであるが、実際には、「雲井にも通ふ心の後れねば（大空の遠くにだって行き通う私の心は、あなたの行った後に取り残されはしないから）」その別れは「（形だけあなたに）別ると人に見ゆばかりなり」ということになると詠むことによって、別れていく人を励ましているのである。

⑦　五条にぞ少将の家あるに行き着きて見れば、いといみじう騒ぎののしりて門鎖しつ。死ぬるなりけり。　（大和物語・第一〇一段）

近江の守公忠が季縄の少将が危篤状態になっているという知らせを聞いて、少将の家に行ったときの状況を描写したところである。「死ぬるなりけり」に係る提示成分が標示されていないが、それは「いといみじう騒ぎののしりて門鎖しつ」状況に対して、なぜそういう状態になっているのかという読者の疑問に答えているのが、「死ぬるなりけり」という文統括成分である。

⑧ (大伴の大納言)「かぐや姫てふ大盗人の奴が人を殺さんとするなりけり。……」(竹取物語)

この発話は、大伴の大納言が、竜の頸の玉を手に入れることができず、ひどい目にあったのはかぐや姫のせいであると恨んだものである。文頭に、「自分がこんなひどい目にあったのは」という意味の提示成分が隠されている。なぜこんなひどい目にあわなければならないのだろうと思い巡らしてみると、それは「かぐや姫てふ大盗人の奴が人を殺さんとするなりけり」と思い至ったというのである。

⑨ 女君はさながら臥して、右近はかたはらにうつぶし臥したり。(源氏)「こはなぞ。あなもの狂ほしの物怖ぢや。荒れたる所は、狐などやうのものの人おびやかさんとてけ恐ろしう思はするならむ。まろあれば、さやうのものにはおどされじ。」とて、(右近を)引き起こしたまふ。(右近)「いとうたて。乱り心地のあしうはべれば、うつぶし臥してはべるなり。お前にこそわりなく思さるらめ。」と言へば、(源氏)「そよ。などかうは。」とて、(夕顔を)かいさぐりたまふに、息もせず。(源氏物語・夕顔)

右近の「乱り心地のあしうはべれば、うつぶし臥してはべるなり」という発話は、源氏の「こはなぞ」という質問に答えて、自分がうつぶし臥している理由を「乱り心地のあしうはべれば」と説明したものである。提示成分は標示されていないが、意味構造上は「うつぶし臥してはべる」自体が提示成分であるということになる。すなわち、「うつぶし臥してはべるは乱り心地のあしうはべればなり」と同じである。ここでは、「こはなぞ」と問われたことに対する説明であるから、「乱り心地のあしうはべる」という理由を特に取り立てて発話の冒頭に持ってきたのである。

⑩　大宮の、かたち異におはしませど、(顔は)まだいと清らにおはしまし、(大宮以外にも)ここにもかしこにも「人は形よきもの」とのみ(夕霧は)目馴れたまへるを、(花散里は)もとよりすぐれざりける御かたちのややさだ過ぎたる心地して、(体つきは)痩せ痩せに御髪少ななるなどがかくそしらはしきなりけり。(源氏物語・乙女)

ここは、花散里を気立てのよい女であると皆がうわさしているが、夕霧は花散里の器量はそれほど美しくはないと思っているという叙述に続いて、夕霧はなぜそのように思うのであろうかと心の中で反省している部分である。そのような叙述の流れから見ると、この文には、冒頭部に「夕霧がそのように思うのは」という意味の提示成分が隠されている構文である。それを受けて、大宮を始め美しい女性を見慣れている夕霧には、花散里が「もとよりすぐれざりける御かたちのややさだ過ぎたる心地して、痩せ痩せに御髪少ななるなどがかくそしらはしきなりけり(このように夕霧に悪口を言う気持ちを起こさせるのであった)」と、その理由を説明しているのである。

⑪　大臣は、「かしこき行ひ人」とて、葛城山より請じ下ろしたる、待ちいでたまひて、加持参らせむとしたまふ。御修法・読経などもいとおどろおどろしう騒ぎたり。人の申すままにさまざま聖だつ験者などのをさをさ世にも聞こえず、山に籠もりたるなどをも(柏木の)弟の公達を遣はして召すに、けにくく心づきなき山伏どもなどもいと多く参る。(柏木の)患ひたまふさまのそこはかとなく物を心細げに思ひて、音をのみ時々泣きたまふを、陰陽師なども多くは「女の霊」とのみ占ひまうしければ、(大臣は)「さることもや」と思せど、さらに物の怪の現れ出で来るもなきに、思はし煩ひて、かかる隅々をも尋ねたまふなりけり。(源氏物語・柏木)

ここは、柏木の病気平癒を念じて、父大臣が葛城山のすぐれた修験者を始め、憎らしく気に食わない山伏などまでも召して修法させたというのである。「尋ねたまふなりけり」に係る提示成分は文脈から「葛城山より請じ下ろしたる……けにくく心づきなき山伏どもなどもいと多く参るは」が想定される。京在住の名僧・高僧ならばともかくも、なぜそのようなたくさんの修験者を呼び集めたのかを説明したのが「さらに物の怪の現れ出で来るもなきに、思ほし煩ひて、かかる隅々をも尋ねたまふなりけり（こんなよく知らない所をどこもかしこも捜し求めてお呼び寄せになったのである）」という述部なのである。

第五節　体言構文

① 花の色は霞にこめて見せずとも香をだに盗め春の山風　（古今集・九一）

この歌は、一見「春の山風」によって文統括されているようであるが、「春の山風」に向かって、「香をだに盗め」と命令しているのであるから、「春の山風」は「春の山風よ」と呼びかける表現になっている。呼びかけ表現は独立成分になる。したがって、呼びかけ表現は文末の位置に置かれるとは限らず、次の例のように、文中に現れる場合もある。

春日野の飛火野の野守出でて見よ今いくかありて若菜摘みてむ　（古今集・一九）

ところが、次のような文は、体言が文統括成分になっている。

② 白雲に羽うち交はし飛ぶ雁の数さへ見ゆる秋の夜の月　（古今集・一九一）

この歌は、「白雲に羽うち交はし飛ぶ雁の数さへ見ゆる」が「秋の夜の月」に係る連体成分であり、それを受けた「秋の夜の月」という体言によって文統括されている。

ところで、このような体言構文には、話し手のどのような表現意識が見られるのであろうか。

③　鳴きわたる雁の涙や落ちつらむ物思ふ宿の萩の上の露　（古今集・二二一）

この歌は、意味構造上は、「物思ふ宿の萩の上の露ハ鳴きわたる雁の涙や落ちつらむ」という構造としてとらえることができるので、結果的には、「物思ふ宿の萩の上の露」という連用成分と「鳴きわたる雁の涙や落ちつらむ」という文統括成分との、いわゆる倒置表現としてとらえることができる。しかし、表現構造上は、そのような意味構造上の論理的関係を超越して、「物思ふ宿の萩の上の露」を「鳴きわたる雁の涙や落ちつらむ」から分離して、文統括成分にした、いわゆる体言止めとしてとらえることができる。

日本語の文構造は、普通従属成分を受けて文統括成分で結ばれるのであるが、その文統括成分は、用言あるいは用言に助動詞が添えられた形になるのが普通である。しかし、用言によって文統括された文の場合は、その文から受け取る聞き手の心情は、その表現内容によって限定されてしまう。それに対して、体言によって文統括されると、聞き手はその体言の意味する事柄がどうであるのか、どうなったのかと、いろいろに推察する。その文から受け取る聞き手の心情はどこまでも深みと広がりを持った感動となっていく。この推察された内容がいわゆる余情・余韻と呼ばれるものであって、聞き手の心の中にはその余情がいろいろな形で残ることになる。もっとも、余情表現とはいっても、その文の中の一部分としての体言表現であるから、全く聞き手の恣意に任せられるというものではない。

さて、③の歌は、作者が何か物思いに沈んで、萩の上の露を眺めていたときに、雁が鳴きわたっていくのを聞いて、ますます悲しい思いに誘われ、そういう目で見ると、この萩の上の露も単なる自然界の露ではなくて、「雁の涙や落ちつらむ」その涙であると思い至ったというのである。「雁の涙」は作者の涙でもある。「雁の涙」「萩の上の露」「作者の涙」が融合したものに作者はなにを感じているのであろうか。この歌の前に載っている二二〇の歌「秋萩の下葉色づく今よりや独りある人のいねがてにする」に相通じる物思いなのだろうか。そのような解釈の余地を残しているのが体言構文の表現効果なのである。

「体言構文」には五つの型が見られる。

(1) 連体成分＋体言
(2) 連体成分＋体言＋感動の終助詞
(3) 体言相当語＋が（の）＋形容詞語幹・さ
(4) 体言＋希望の終助詞
(5) その他の体言構文

(1) 連体成分＋体言

① 花の散ることやわびしき春霞たつたの山の鶯の声　（古今集・一〇八）

下の句の「春霞たつたの山」は、「春霞立つ」と「龍田の山」との掛詞である。「春霞たつたの山の鶯の声」は、「春霞たつたの山の」が連体成分となって、文統括成分としての「鶯の声」に係っていく体言構文である。この歌は、意味構造上「春霞たつたの山の鶯」は「花の散ることガわびしき」ために、あのように鳴いているのだろうかというのであるが、上の句の「花の散ることやわびしき」は作者自身の心情でもある。そのような作者の心情を鶯の声に託して、体言構文によって感動をこめて余情深く詠んでいるところにこの歌の妙味がある。このように、「連体成分＋体言」で文統括される構文を「感動喚体句」と呼ぶこともある。

② わが背子が衣の裾を吹き返しうらめづらしき秋の初風　（古今集・一七一）

上の句の「わが背子が衣の裾を吹き返し」は「うらめづらしき」を引き出すための序詞ととらえることもできるが、「わが背子が衣の裾」とわざわざ「わが背子」を引き出して詠みはじめたところから見ると、今まで夏衣の一重から裏のついた袷になった衣が、風に吹かれてその裏が見えたという実景としてとらえることもできよう。「わが背子が衣の裾を吹き返しうらめづらしき」全体が連体成分となって、文統括成分としての「秋の初風」という体言に係っていく構造である。「うらめづらしき秋の初風」という表現から、この歌が「秋の初風」のさわやかさに対する感動を詠んだ歌であるということは明らかであるが、「秋の初風」が単なる風ではなく、「わが背子が衣の裾を吹き返し」とあるところから、秋のさわやかな初風に吹かれて別れ行く男の後姿を見送る作者の心情も余情として感じさせるような表現になっている。

③　県の井戸といふ家より、藤原治方につかはしける　　橘のきむひらが女

都人来ても折らなん蛙鳴くあがたの井戸の山吹の花　（後撰集・一〇四）

この歌は、「蛙鳴く井出の山吹散りにけり花の盛りに逢はましものを」（古今集・一二五）に依拠した歌である。意味構造上は、「蛙鳴くあがたの井戸の山吹の花ヲ折らなん」という格関係になる。最初に「都人」と呼びかけておいて、その都人に「来ても折らなん」と要望し、その後で何を「折らなん」というのかを明らかにするという表現構造をとっているのであるが、その肝心の対象は最後にならないと明らかにならない。相手に気をもませながら、最後に「山吹の花」という体言による文統括成分によって明らかにする。そうすることによって、古今集・一二五に詠まれているような、山吹の花の盛りにお逢いしたいという心情を余情として暗示することになる。もっとも、藤原治方はこの歌を最後まで読まなくとも「蛙鳴く」という句を見たとたん、この古今集の歌を思い浮かべて、橘のきむひらが女は「（山吹の）花の盛りに」逢いたいと要望しているんだなあということを逸早く察知するかもしれない。

④　僧都、あなたより来て、「こなたはあらはにやはべらむ。今日しも端におはしましけるかな。この上の聖の坊に、源氏の中将わらは病まじなひにものしたまひけるをただ今なむ聞きつけはべる。いみじう忍びたまひけ

れば、知りはべらで、ここに侍りながら御とぶらひにもまうでざりけるに。」とのたまへば、（尼君）「あないみじや。いとあさましきさまを人や見つらん。」とて、簾垂下ろしつ。（僧都）「この世にののしりたまふ光源氏。かかるついでに見たてまつりたまはんや。世を捨てたる法師の心地にも、いみじう世の憂へ忘れ、齢延ぶる人の御有様なり。いで、御消息聞こえむ。」とて、立つ音すれば、（源氏は）帰りたまひぬ。（源氏物語・若紫）

体言による文統括成分の表現は散文ではあまり例を見ない。「この世にののしりたまふ光源氏」をどのようにとらえたらよいか。「この世にののしりたまふ光源氏ヲかかるついでに見たてまりたまはむや」というヲ格の意味構造としてとらえることもできる。ところで、「光源氏」にわざわざ「この世にののしりたまふ」というほめことばを冠したのは、それほどの人であるからぜひ「見奉る」のがよいと勧める僧都の心情がこめられているからである。したがって、ここは和歌などの手法に準じて「あの方は世間からすばらしい評判を受けていらっしゃる光源氏様なのですよ。ですからぜひご覧なさいよ。」というような感動表現としてとらえたほうがよい。

(2) 連体成分＋体言＋感動の終助詞

以上の例のように、体言によって文統括される例も和歌などには多く見られるが、体言に感動の終助詞が添えられた歌の例も多い。体言によって文統括されても、そこにはなんらかの感動が余情として表現されるのであるが、さらに感動表現としての終助詞が添えられると、その感動はなお一層強く表現されることになる。

①　弥生のつごもりの日、花摘みより帰りける女どもを見て詠める
とどむべきものとはなしにはかなくも散る花ごとにたぐふ心か　（古今集・一三二）

「はかなくも散る花」は詞書にある「女ども」を意味する。「たぐふ心か」は、「たぐふ」という連体成分が「心」という体言に係り、さらに「か」という感動の気持ちを表現する終助詞が添えられた文統括成分である。

「か」という終助詞は、それに上接する語句に係る成分の中に添えられる「も」という係助詞と呼応して、感動を表現する場合が多い。この歌の場合も、「はかなくも」という「たぐふ」に係る成分の「も」と呼応している。この歌では、「とどむべきものとはなしに」と「はかなくも散る花ごとにたぐふ」という、意味構造上相矛盾する事柄が対比されている。作者は、その矛盾を感じて嘆いているのである。「花の散るのをとどめられるというものではないのに、なんということもなく散る一つ一つの花に心引かれて寄り添うわが心よなあ」という心情の表現である。

② 頼む木も枯れ果てぬれば神無月時雨にのみも濡るる頃かな　（後撰集・四五二）

「頼む木」には「頼りにしているあなた」という意味が、「枯れ」には「離れ」の意味が、「時雨に濡るる」には「涙に濡るる」の意味がこめられている。この歌は、「頼む木も枯れ果てぬれば」が条件成分になって「神無月時雨にのみも濡るる」という帰結成分に係り、「頼む木も枯れ果てぬれば神無月時雨にのみも濡るる」全体が「頃」という体言に係り、さらにそれに「かな」という感動表現の終助詞が添えられて文統括されるという構造をとっている。すなわち歌全体が「連体成分＋体言＋終助詞」という構造になって、頼りにしていたあなたはすっかり私を見限ってしまって、私は涙に濡れているばかりですという、相手をうらむ心情をより強く表現した歌であるということになる。

③ (a)見所もなき故郷の木立を見るにも、ものむつかしう思ひ乱れて、(b)年頃つれづれに眺め明かし暮らしつつ、花鳥の色をも音をも、春秋に行き交ふ空の気色、月の影、霜雪を見て、その時来にけりとばかり思ひ分きつつ、いかにやいかにとばかり行く末の心細さはやるかたなきものから、はかなき物語などにつけてうち語らふ人、同じ心なるはあはれに書き交はし、少しけどほき便りどもを尋ねて言ひけるを、ただこれをさまざまにあへしらひ、そぞろごとにつれづれをば慰めつつ、世にあるべき人数とは思はずながら、さしあたりてははづ

かしいみじと思ひ知る方ばかり逃れたりしを、(c)さも残せることなく思ひ知る(d)身の憂さかな。(紫式部日記)

この文の構造は、(a)「見所もなき故郷の木立を見るにも、ものむつかしう思ひ乱れて」という接続成分が直接には(c)「さも残せることなく思ひ知る」に係り、それが連体成分となって「身の憂さ」という体言に係る。そして、(a)(c)は作者の現在の心境を語ったものであり、それは(b)「年頃」から「逃れたりしを」までの過去における自分の心境を語った部分と対比されている。したがって、(d)「身の憂さ」は、(a)(b)(c)全体に語られている心境から引き起こされてきた心情であるということになる。「源氏物語」ひとつに打ち込んで、世間のことには一切関わりのない生活をしていた過去に比べて、宮仕えの現在のなんと公私共にいろいろ気苦労の多いわが身であろうかと、久しぶりにわが家に帰ってきて、つくづくとわが身の「憂さ」を嘆いているのである。そのような嘆きを、文全体を「さも残せることなく思ひ知る身の憂さかな」という「連体成分＋体言＋終助詞」の文統括成分に収束させて、余情深く表現した構文である。

④　聞きにくき頃、「しばし(里に)まかり出でなばや」と思へど、それもうたてあるべければ、ただにさぶらふも、なほ「物思ひ絶ゆまじき身かな」と思ふ。(和泉式部日記)

「物思ひ絶ゆまじき身かな」という表現は、帥の宮邸に入った式部のためにいろいろな騒動が持ち上がり、そのために物思いの絶えることのないわが身の嘆きを余情深く表現した構文である。「物思ひ絶ゆまじき身かな」という構文によって表現されている嘆きがいかなるものであるかは、これまでの叙述によって想像するほかはないが、それが式部にとってはどんなにか深い思いであるかは、作者自身でも客観的に説明することはできない。ただこのような「連体成分＋体言＋かな」という構文によって余情として表現するほか方法はない。このように読者の想像に任せるほかはない表現が体言による文統括成分の余情表現なのである。

⑤　(父母の)大臣・北の方思し嘆くさまを見たてまつるに、(柏木は)「強ひて(この世を)かけ離れなん命のかひ

なく、（親に先立つ）罪重かるべきことを思ふ心は心として、またあながちにこの世に離れがたう惜しみ止めまほしき身かは。……」などつれづれに思ひ続くるもうちかへしいとあぢきなし。（源氏物語・柏木）

「かは」は、文末に用いられて詠嘆をこめた反語の表現となる。この「連体成分＋体言＋かは」の構文には、父母の嘆きを見てはやはり「強ひてかけ離れなん命のかひなく、罪重かるべきことを思ふ心」を捨て切れないけれども、生きながらえていてもどうにもならないわが身、死ぬことしか残っていないわが身を嘆き悲しむ柏木の悲痛な心情が表現されている。

⑥　(a)しのぶの浦のあまのみるめも所せく、くらふの山も守る人繁からんに、わりなく通はん心の色こそ浅からずあはれと思ふ節々の忘れがたきことも多からめ。(b)親・はらから許して、ひたふるに迎へ据ゑたらん、いとまばゆかりぬべし。(c)世にありわぶる女の、似げなき老法師、あやしの東人なりとも、賑はしきにつきて、「誘ふ水あらば」などいふを、仲人いづ方も心にくきさまに言ひなして、知られず、知らぬ人を迎へもて来たらんあいなさよ。何事をかうち出づる言の葉にせん。(d)年月のつらさをも、「分け来し葉山の」などもあひ語らはんこそ尽きせぬ言の葉にてもあらめ。（徒然草・第二四〇段）

この段の主題は、(a)(d)に叙述されているような、いろいろな障害を乗り越えて結ばれた男女の恋愛情趣の賛美である。それに対して、(b)に叙述されているような、親兄弟にも許されて難なく結ばれた結婚、ましてや(c)に叙述されているような、財産目当ての媒酌結婚などは「いとまばゆかりぬべし」「あいなさよ」と否定されている。「知られず、知らぬ人を迎へもて来たらんあいなさよ」は、連体成分「知られず、知らぬ人を迎へもて来たらん」を受けた体言相当語「あいなさ」に終助詞「よ」が添えられた文統括成分である。このような感動表現によって、(c)のような結婚が心底から強く否定されてくるのである。

(3) 体言相当語＋が（の）＋形容詞語幹・さ

① 秋萩をしがらみ伏せて鳴く鹿の目には見えずて音のさやけさ

（古今集・二一七）

文末の「さやけさ」は、「音の」を受けて、形容詞「さやけし」の語幹「さやけ」に接尾語「さ」が添えられた体言相当語による文統括成分である。意味構造上は、「音の」が主語になり、「さやけし」という述語に係るという構造になる。澄み通るような鹿の鳴き声に感動した歌である。「体言相当語＋が（の）＋形容詞語幹・さ」で文統括される場合には、体言相当語の意味する内容がガ格となって、形容詞の意味する内容に係って行くという構造になる。したがって、「形容詞語幹・さ」による文統括成分の感動表現は、その感動の実質的な内容がその形容詞によって限定されるので、作者自身の判断・認識・感動がはっきり表明されることになり、それだけに余情表現としては弱くなる。

② 現にはさもこそあらめ夢にさへ人目を守ると見るがわびしさ

（古今集・六五六）

「見るが」の「が」は「の」と同じ連体格助詞である。「人目を守ると見る」という連体成分がガ格となって「わびしさ」の「わびし」に係る構造である。「見るがわびしさ」という体言による文統括成分は、「現にはさもこそあらめ（現実にはそうであろう。人目を気にして訪ねてこないのももっともであろう）」と「夢にさへ人目を守る（人目を気にしなくてもよい夢の中でも人目を避ける）」とが矛盾することに対する作者の不満を詠嘆をこめて表現したものである。ここも意味構造上は、「見るがわびし」という主語・述語の関係になる。

③ くらつまろかく申すを（いそのかみの中納言）いといたく喜びてのたまふ。「ここに使はるる人にもなきに、願ひを叶ふことのうれしさ。」とのたまひて、御衣脱ぎてかづけたまひつ。

（竹取物語）

燕の子安貝をなんとしても手に入れたいと願っていたいそのかみ中納言の、子安貝を入手する方法を教えてくれたくらつまろに対する喜びの発話である。「うれしさ」という体言構文に中納言の喜びがいかに大きかったかが察せられる。

(4)　体言＋希望の終助詞

①　(朱雀院は)「六条の大臣、式部卿の親王の女おほし立てけんやうに、この宮を預かりて育まむ人もがな。……」とのたまはす。(源氏物語・若菜上)

「育まむ人もがな」は、「(育まむ)人」という体言に「もがな」という希望の終助詞が添えられた構文である。このような「体言＋希望の終助詞」の形をとる構文を「希望喚体句」と呼ぶこともある。この構文は、話し手の希望が感動をこめて表現される。

朱雀院は、病気がちで出家を望んでいたが、女三の宮の行く末が心配で、しかるべき男に託したいと悩んでいる。しかし、皇女の相手ともなれば、なかなか適任者は見当たらない。それでも何とかしてわが娘の世話を頼める人の実現を期待している。この構文には、そのような、わが娘三の宮の行く末を案じる朱雀院の切なる願いが表現されているのである。

②　年はややさだ過ぎ行くに、若々しきやうなるもつきなうおぼえならるるうちに、身の病いと重くなりて、心に任せて物詣などせしこともえせずなりたれば、わくらばの立ち出でも絶えて、長らふべき心地もせぬままに、「幼き人々をいかにもいかにもわがあらむ世に見置くこともがな。」と、臥し起き思ひ嘆き、頼む人の喜びのほどを心もとなく待ち嘆かるるに、秋になりて、待ちいでたるやうなれど、思ひしにもあらずいと本意なく口惜し。(更級日記)

年も盛りを過ぎ、病気がちになり、若いときのように宮仕えもできず、生き長らえる自信もなくなってきた作者が、せめて生きている間に何とかして子供たちの将来を見定めておきたいと願っているところである。せめての頼りになるのは夫の任官だけで、そのほか頼りになるものもないわが人生であってみれば、子供たちの前途も決して希望に満ちたものではない。そのような嘆きを伴った願望表現が「幼き人々をいかにもいかにもわがあらむ世に見置くこともがな」である。

③　ここかしこ遊びめぐりて、ありつる苔のむしろに並み居て、（法師ども）「いたうこそ困じにたれ。」「あはれ、紅葉を焼かん人もがな。」「験あらん僧たち祈り試みられよ。」など言ひしろひて……（徒然草・第五四段）

あらかじめ酒肴を双の岡のしかるべき所に埋めておいて、そこへ稚児を誘い出してびっくりさせてやろうとした法師たちの騒いでいる場面である。「あはれ、紅葉を焼かん人もがな」は、「いたうこそ困じにたれ」という発話に続く発話であり、しかも「あはれ」という詠嘆表現で始まる発話であるから、「あはれ、紅葉を焼かん人」という体言による文統括成分の感動表現だけでも、そういう人の出現を期待しているという心情は十分に想定できる。その体言に「もがな」という希望の終助詞を添えることによって、そういう期待をなお一層強く表現している構文である。

(5)　このほか体言構文として次のような特殊な例も見られる。

①　ある人あざらかなる物もて来たり。米して返事す。男どもひそかに言ふなり。「いひぼして、もつつる」とや。かうやうのこと所々にあり。今日節忌すれば、魚不用。（土佐日記）

「不用」とは無駄という意味の体言である。「魚不用」は意味構造上「魚不用なり」ということになる。「今日は精進しているので、魚は使わない（役に立たない）」などと口語訳されるところである。しかし、ここで体言によって文統括した表現効果はどんなものであろうか。「ある人」が「あざらかなる物（鮮魚）」によって「米」を手に入れたことを「いひぼして、もつつる（えびで鯛釣る）」という諺で揶揄し、さらに「今日節忌すれば魚不用」

という体言構文によって「ある人」の魂胆をぴしゃりとやりこめた勢いが感じられる。それを「今日節忌すれば、魚不用なり」と表現したのでは、条件・帰結関係が論理的に表現されて、「ある人」の見込み外れを揶揄する気持ちが弱くなってしまう。

②　春は曙。やうやう白くなり行く山際少し明りて、紫だちたる雲の細くたなびきたる。夏は夜。月の頃はさらなり。闇もなほ蛍の多く飛びちがひたる。また、ただ一つ二つなどほのかにうち光りて行くもをかし。雨など降るもをかし。　（枕草子・第一段）

「春は曙」「夏は夜」はそれぞれ体言構文であるが、この表現からだけでは、それが作者のどのような心情の表現であるかわからない。同じように、「紫だちたる雲の細くたなびきたる」「蛍の多く飛びちがひたる」の連体形止めの構文からだけでは、作者の心情を恣意的に想像はできるが、それが作者の本意であるかどうかは判定できない。しかし、「ほのかにうち光りて行くもをかし」「雨など降るもをかし」まで読み進んでみて初めて、これら連体形止め構文や体言構文にも、「をかし」という作者の心情がこめられているということに気づく。そうすると、「春は曙」という文は「春は曙をかし」という心情の表現であるということが想定できる。しかし、それは意味構造としての理解であって、表現構造上は、「春は曙ヨ」「夏は夜ヨ」という感動の表現としてとらえるべきである。読者は、「春は曙」「夏は夜」という表現に接したとき、春の曙、夏の夜に感動している作者の心情を一瞬いかようにも想像すればよいのであって、そこで「春は曙なり」とか「夏は夜をかし」などという論理的な構造の文としてとらえる必要はない。そのまま読み進んでいけば、最後の段階にいたってはじめて「をかし」という作者の美的感覚に気づくことになる。連体形止めの構文についても同じことが言える。

第二章　成分の転換構文

一つの文は、係り受けの関係を線条的に展開していって、最後に文として統括されるという構造をとるのが普通であるが、時にはその係り受けの関係が途中で折れ曲がったり、飛躍したり、逆に圧縮されたりする場合がある。そういう構造の文あるいは句を総称して「成分の転換構文」と呼ぶことにする。しかし、古代においては、成分が転換される場合でも、当時の読者としてはそれほどの違和感は感じなかったと思われる。このような成分の転換などといった意識が生まれ、それが論理的に説明されるようになったのは、後世になって「文法」などという意識が生まれるようになり、いろいろ校異という作業が行われるようになってからのことであろう。

成分の転換構文には、次のような四種類の型が見られる。

(1)　係り受け成分の転換構文
(2)　文統括成分の転換構文
(3)　掛詞による成分の転換構文
(4)　飛躍構文

第一節　係り受け成分の転換構文

① われ同じやうなる人、また供に人一人ばかりぞあれば、ただ三人乗りて、馬に乗りたる男ども七、八人ばかりぞある。（蜻蛉日記・中）

時は六月で、作者は気晴らしかたがた涼を求めて、唐崎まで遠出をする場面である。「一人」・「三人」・「七、八人」と、人数をことさら取り上げている。作者、妹、侍女三人が車に同乗し、七、八人の侍が警護のため同道する。ここには特に描写されていないが、作者の子道綱も同道している。道綱はこのとき十六歳、実は馬に乗って同道しているのであるが、車は定員が四人であり、十六歳とはいっても、母親と叔母との同乗であるから、同じ車に乗っても差し支えはないであろう。

ところで、「人一人ばかりぞ」は「ある」という連体形で文統括されるべきであるが、それが「ただ三人乗り」の接続成分になったために、結果的に「ある」となるべき結びが消滅したのである。最初は、「われ同じやうなる人（妹）、また供に人一人ばかりぞある」という構造で表現しようとしたのであろう。ところが、ここのところの作者の表現意識としては、侍女がたった一人なのであるから、道綱も同乗できたのに、同乗せずに他の「男ども」と同じように馬に乗って出かけたので、車には「ただ三人乗りて」という事態になったということを説明する必要が生じたのである。そこで、それを説明するために、道綱ではなくて、「また供に人一人ばかりぞあれば」という順接確定条件接続の表現になったのである。

② 尼君も起き上がりて、「惜しげなき身なれど、捨てがたく思ひたまへつることは、ただかく（源氏の）御前に

さぶらひ、ご覧ぜらるることの変はりはべりなむことを、くちをしく思ひたまへ、たゆたひしかど、忌むことの験によみがへりてなんかく渡りおはしますを見たまへはべりぬれば、今なん阿弥陀仏の御光も心清く待たれはべるべき。」など聞こえて弱げに泣く。（源氏物語・夕顔）

この部分は、乳母大宰大弐の病気見舞いに立ち寄った源氏に対して乳母の尼君が御礼を述べるところである。「くちをしく思ひたまへ」のところは、「捨てがたく思ひたまへつることは」の理由を述べるところであるから、本来ならば、「ただかく御前にさぶらひ、ご覧ぜらるることの変はりはべりなむことを、くちをしく思ひたまふればなり」というような形で文統括成分になるべきところである。ところが、次の「たゆたひ」と並立して、逆接条件となり、「忌むことの験によみがへりてなんかく渡りおはしますを見たまへはべりぬれば、今なん阿弥陀仏の御光も心清く待たれはべるべき」という喜びの心情を源氏に訴えようとする意識が強く働いたために、「くちをしく思ひたまへ」という並立成分に転換したのである。その結果、「捨てがたく思ひたまへ」と実質的な意味内容が同じである「たゆたひ」という表現が重複することになった。ここは重い病のせいもあり、また源氏に会うことができた感激のために「弱げに泣く」尼君の心情から生まれた成分の転換である。

③　（惟光）「(a)（源氏の）仰せられし後なん、隣の事知りてはべる者呼びて問はせはべりしかど、はかばかしくも申しはべらず、『いと忍びて五月の頃ほひより(b)ものしたまふ人なんあるべけれど、その人とはさらに家のうちの人にだに知らせず』となん申す。……」（源氏物語・夕顔）

(a)「仰せられし後なん」は、意味構造上「隣の事知りてはべる者呼びて問はせはべりしか」に係るけれども、そこで文統括成分にならずに、「ど」という接続助詞を介して、「はかばかしくも申しはべらず」に係っていく構造になっている。惟光は、源氏から隣の家の女について調査するよう命じられていたのであるが、源氏の満足するような調査結果が得られていなかった。そこで、惟光は、先ず「仰せられし後なん」の「なん」によって、源氏の命ずるままにすぐに調査を開始したということを強調して、自分の忠実振りを訴えておいたものの、しかしながらはかばかしい結果は得られなかったということを報告しなければならないので、「はかばかしくも申しはべらず」という結論を急ぐ必要があって、文統括成分になるべきところを飛躍させて、「問はせはべりしかど」という接続成分に転換したわけである。(b)「いと忍びて五月の頃ほひよりものしたまふ人なん」は、意味構造上「あるべけれ」に係るが、そこで文統括成分にならずに、「ど」という接続助詞を介して、「その人とはさらに家のうちの人にだに知らせず」に係っていく。『　　』の発話内容は、「隣の事知りてはべる者」の惟光に対する報告内容の骨子であるが、直接には惟光の源氏に対する報告でもある。「いと忍びて五月の頃ほひよりものしたまふ人」がいるということは確認したが、源氏が一番知りたがっているその女の素性についてはそれ以上の情報は得られなかったということの報告を急がなければならない。そこで、「ものしたまふ人なんあるべけれ」のところで文統括成分にせずに、「ど」を介して「その人とはさらに家のうちの人にだに知らせず」という発話に展開させたわけである。

④　（北の方）「（浮舟に）つらき目見せず人に侮られじの心にてこそ、鳥の音聞こえざらむ住まひまで思ひたまへ置きつれ。げに人の御有様・けはひを（私が）見たてまつり思ひたまふるは、下仕へのほどなどにても、かかる人の御辺りに馴れきこえんは、（私のような老人であっても）かひありぬべし。まいて若き人は、（薫に）心つけたてまつりぬべくはべるめれど、数ならぬ身に物思ひの種をやいとど蒔かせて見はべらん。『（身分の）高きも短きも女といふものは、かかる筋にてこそ、この世、後の世まで苦しき身になりはべるなれ』と思ひたまへはべればなむ（浮舟を）いとほしく思ひたまへはべる。それもただ（中の君様の）御心になむ。ともかくも（浮舟を）思し捨てずものせさせたまへ。」　（源氏物語・東屋）

これは、中の君から、浮舟を薫の君に預けてはどうかと誘われた浮舟の母北の方の返答である。「思ひたまふるは」はどこまで係って行くのか。「……は」という表現は、表現構造上は普通「……なり」という表現によって文統括されるのであるが、ここではそのような統括成分は見られない。そういう点において、北の方の薫を見たときの思いはどこまでなのか、はっきりしない。直接には「心つけたてまつりぬべくはべるめれ（きっと心を引かれるにちがいないでしょう）」までということになるであろう。しかし、それから更に「ど」という接続助詞によって展開していくのであるから、薫を見たことによって触発された北の方の思いは、「いとほしく思ひたまへはべる（かわいそうに思います）」まで続くようである。このようなあいまいな構造になったのはなぜか。ここで北の方が語っていることは、およそ次のようなことである。わが娘に男との関係で苦労させたくないので、山奥に住まわせ、尼にでもさせようと思う。しかし、薫のような素敵な方を見ると、薫のような高貴な方にお仕えさせるのも若いわが子にとっては幸福なことかもしれない。しかしまた、そうすることはかえってわが子を苦しめることになるかもしれない。どちらの道を選ぶか、どうも私には決定しかねる。中の君様のお心に従います。ともかくも娘をお見捨てにならないでください。このような北の方の逡巡した心の葛藤が、北の方の発話を、このような転換構文によるあいまいな構造にしたのである。

⑤　思ひ出でて偲ぶ人あらん程こそあらめ、そもまた程なく失せて、聞き伝ふるばかりの末々は、あはれとやは思ふ。さるは、跡とふわざも絶えぬれば、いづれの人と名をだに知らず、年々の春の草のみぞ心あらん人はあはれと見るべきを、果ては、嵐にむせびし松も千年を待たで薪に砕かれ、古き墳はすかれて田となりぬ。その形だになくなりぬるぞ悲しき。（徒然草・第三〇段）

前半「思ひ出でて……いづれの人と名をだに知らず」は、亡き人が人々の記憶からだんだん消えていくさまを叙述している。後半は、その墓もだんだん荒廃していき、最後にはすっかり消滅していくさまを描写している。「春の草のみぞ」の結びは「見るべき」であり、形の上だけは連体形で結ばれているように見えるが、ここは「べき」で文統括されているのではなく、接続助詞「を」を介して後に展開していく表現構造である。「を」は前件後件を明確な論理的関係として結びつけるものではなく、気分的な緩やかな関係で「果ては」以下の叙述に展開していく表現である。時間の経過とともに、だんだんと消滅していく様子を描写するには、はっきりとした論理的な文統括表現をとらずに、切れるようで切れずに後に展開していく表現をとったほうがふさわしい。叙述の内容から見ても、「年々の春の草のみぞ心あらん人はあはれと見るべき」ということを「ぞ」によって強調することによって、そのような「春の草」ばかりが生えるだけで、「嵐にむせびし松」も消滅し、墓の「形だになくなりぬる」ことの「悲しき」ことを強く印象づけているのである。

⑥　いかなる折ぞ、ただいまの人の言ふことも、目に見ゆるものも、わが心のうちも、かかることのいつぞやありしかと覚えて、いつとは思ひ出でねども、まさしくありし心地のするは、我ばかりかく思ふにや。（徒然草・第七一段）

「いかなる折ぞ」の結びとしての文統括成分は「心地のする」になるはずであるが、その文統括成分が「心地のするは」という「は」による提示成分に転換したために、「ぞ」の結びとしての連体形による文統括成分にはならなかったのである。このような係り受け成分の転換構文になったのは、係る成分の「いかなる折ぞ」とそれを受ける成分「心地のする」との間に多くの情報が詰め込まれたために、作者の意識の中からいつの間にか連体形による文統括の意識が消えてしまったからであろう。

第二節　文統括成分の転換構文

連体形による文統括成分が意味構造上連用成分や連体成分に転換する構文について考察する。

連体形による文統括成分には、いろいろ微妙な表現構造をとるものが多い。意味構造上連体形が体言相当語として連用成分になる構造をとっていても、表現構造上その連用成分が文統括成分としての働きを持つ場合もある。また、連体形が体言に係る構造をとっていても、その連体形が文統括成分としての働きを持つ場合も見られる。

しかし、最初から連用成分あるいは連体成分としてとらえるか、文統括成分としてとらえるか、文統括成分の連用成分・連体成分への転換としてとらえるか、どちらのとらえ方のほうが適切かはなかなか判定しかねる場合が多い。古典文の構造は、一見切れるようでありながら次に続いていく、あるいは逆に続いていくような構造でありながら、そこで一旦切れるというように、多分に気分的に微妙な響きを持ちながら切れ続きの流れをとって行くところに特徴がある。このような特徴にかんがみて、古典文を解釈する場合には、あまり論理的に厳密に切れ続きを決めてかかろうとはせずに、話し手の表現の流れをよくとらえるようにすべきである。

Ⅰ　連用成分への転換構文

① 正月一日は、まいて空の気色もうらうらと、珍しう霞みこめたるに、世にありとある人は、みな姿かたち心殊に繕ひ、君をも我をも祝ひなどしたる、様殊にをかし。七日、雪間の若菜摘み、青やかに、例はさしもさる

もの目近からぬ所に、もて騒ぎたるこそをかしけれ。

（枕草子・第三段）

「君をも我をも祝ひなどしたる、様殊にをかし」は、意味構造としては、最後の「もて騒ぎたるこそをかしけれ」同様の「連用成分―文統括成分」の関係として「君をも我をも祝ひなどしたる（ハ）様殊にをかし」ととらえることができる。すなわち、「したる」は体言相当語ということになる。しかし、作者の表現過程から見ると、枕草子のこの段は、前段の「頃は」を受けて、「正月一日は」「七日」「八日」「十五日」「除目の頃など」と、一月の宮廷の行事における「様殊にをかし」き風情を描写しているのであるから、ここも「君をも我をも祝ひなどしたる」という情景描写が主題になるはずである。そこで、一旦「世にありとある人は、みな姿かたち心殊に繕ひ、君をも我をも祝ひなどしたる」のところで連体形の文統括成分として感動の余情表現となり、その後改めて意味構造上ガ格として「様殊にをかし」に係る連用成分となるという構文としてとらえることができる。このような表現の仕方を「文統括成分の転換」と呼ぶことにする。ここは、文統括成分が連用成分に転換する構文である。

②　宮の御前の御几帳押しやりて、長押のもとに出でさせたまへるなど、なにとなくただめでたきを、さぶらふ人も思ふことなき心地するに、（大納言伊周が）「月も日も変はり行けども久にふる三笠の山の」といふことを、いとゆるるかにうちいだしたまへる、いとをかしう覚ゆるにぞ、げに千歳もあらまほしき御有様なるや。

（枕草子・第二三段）

「いとゆるるかにうちいだしたまへる」の「る」は連体形であるので、体言相当語として、ガ格となって、「いとをかしう覚ゆる」に係る連用成分としてとらえることができる。しかし、一方「宮の御前」から「うちいだしたまへる」までは作者の目にした情景を主とした描写であり、「いとをかしう覚ゆるにぞ、げに千歳もあらまほしき御有様なるや」というのは作者の感想である。そのような点を重視して、この文の表現構造をとらえてみると、一旦は「いとゆるるかにうちいだしたまへる」のところを連体形止めの詠嘆表現としてとらえておいて、意味構造上改めてガ格として「いとをかしう覚ゆる」に係って行く構文としてとらえることも可能である。最初から「いとゆるるかにうちいだしたまへる(ガ)いとをかしう覚ゆる」という意味構造としてとらえると、「いとゆるるかにうちいだしたまへる」ことが「げに千歳もあらまほしき御有様なるや」という気分を起こさせる契機・原因であるという説明的な叙述となってしまう。ここは、「げに千歳もあらまほしき御有様なるや」のよって来るところの原因・契機を説明するのが主題なのではなくて、「げに千歳もあらまほしき御有様なるや」という感想を抱かせる「宮の御前」から「うちいだしたまへる」までの描写そのものが主題なのである。

③　御方々、君達、上人など、御前に人のいと多く侍へば、廂の柱に寄りかかりて、女房と物語などしてゐたるに、物を投げ賜はせたる、開けてみれば、「思ふべしや、いなや。人第一ならずはいかに。」と書かせたまへり。

(枕草子・第一〇一段)

「女房と物語などしてゐたるに」は「物を投げ賜はせたる」に係り、そこで一旦連体形止めの文統括成分になり、改めて、意味構造上それがヲ格の連用成分となって、「開けてみれば」に係って行くという構文である。このような表現構造としてとらえたほうが、最初から意味構造的に「物を投げ賜はせたる」をヲ格として「開けてみれば」の連用成分としてとらえるよりも、この場の状況を生き生きととらえることができる。中宮様が「物を投げ賜はせたる」瞬間はっと驚き、それはなんだろうと思って、「開けてみる」という作者たちの行為の展開が緊迫感をもって描写されるということになる。

④　つとめて、見れば、屋の様いと平に短く瓦葺にて唐めき、さま異なり。例のやうに格子などもなく、巡りて御簾ばかりをぞ掛けたる、なかなか珍しくてをかしければ、女房、庭に下りなどして遊ぶ。

(枕草子・第一六一段)

く場合が多い。

「巡りて御簾ばかりをぞ掛けたる」は、「ぞ」という係助詞と「たる」という連体形止めとが相まって、全体が強調され、余情がこめられた表現になって、文統括されている。しかし、そこで一旦は文統括されるけれども、意味構造上は、更にガ格の連用成分となって、「なかなか珍しくてをかしけれ」に係っていく構造になっている。論理性を重視する現代文の場合ならば、そこに改めて、「それが」というような意味を表す接続表現が介入するところであるが、古典文ではそのようなつなぎのことばを必要とせずに、そのまま気分的に後の成分に係ってい

⑤　（藤壺は）七月になりてぞ（内裏に）参りたまひける。めづらしうあはれにて、（帝の）いとどしき御思ひの程かぎりなし。少しふくらかになりたまひて、うち悩み、面やせたまへる、はたげに似るものなくめでたし。（帝は）例の明け暮れ、こなたにのみおはして、御遊びもやうやうをかしき空なれば、源氏の君も、暇なく召しまつはしつつ、御琴・笛などさまざまに仕うまつらせたまふ。（源氏物語・若紫）

「面やせたまへる」の「る」は連体形である。意味構造上、体言相当語として、「はたげに似るものなくめでたし」に対するガ格としてとらえるのが普通である。しかし、ここは、「少しふくらかになりたまひて、うち悩み、面やせたまへる」は藤壺の描写であり、「はたげに似るものなくめでたし」は、作者の藤壺の姿に対する感想であるから、ここは、一旦「面やせたまへる」のところで文統括しそのまま、「はたげに似るものなくめでたし」という作者の感想の叙述に展開していく表現構造としてとらえるべきである。そのようなとらえ方をしたほうが、藤壺を見た瞬間の帝の心情が余情深く描写されることになる。

⑥　（源氏は）御簾を巻き上げて、端の方に（紫の上を）誘ひきこえたまへば、女君、泣き沈みたまへる、ためらひてゐざり出でたまへる、月影にいみじうをかしげにて居たまへり。（源氏物語・須磨）

須磨退去の出発の当日、源氏と紫の上との別れの場面である。「女君」と「泣き沈みたまへる」とは、「の」を

介してはいないけれども、意味構造上同格になる。「ためらひてゐざり出でたまへる」は、その「女君」を受けて、一旦詠嘆をこめた連体形止めの文統括成分となり、更にガ格として、「月影にいみじうをかしげにて居たまへり」に係る構造としてとらえることができる。「御簾を巻き上げて、端の方に誘ひきこえたまへば、女君（ノ）泣き沈みたまへる（ガ）ためらひてゐざり出でたまへる、（ソノ女君ガ）月影にいみじうをかしげにて居たまへり」と、時間の流れに従って描写されている。源氏の誘いを受けて、紫の上は行動を起こす。「泣き沈みたまへる」状態であった「女君」が「ためらひてゐざり出でたまへる」のである。そのときの紫の上の心情は察して余りあるものがある。源氏との別れの悲しみもさることながら、「御簾を巻き上げて」紫の上の姿かたちを目に焼き付けていこうとする源氏の心情を察して、わが顔かたちを源氏に見ていただき、自分も源氏の顔かたちをしっかり脳裏に焼き付けておこうとする紫の上の切ないまでの深い心情を表現するためには、「ゐざり出でたまへる」という詠嘆をこめた余情表現としての連体形止めでなければならないのである。

⑦　物語のことを、昼はひぐらし思ひ続け、夜も目のさめたる限りは、これをのみ心に掛けたるに、夢に見るやう、「このごろ皇太后宮の一品の宮の御料に、六角堂に遣水をなむ造るといふ人あるを、『そはいかに』と問へば、『天照御神を念じませ』といふ。」と見て、人にも語らず、何とも思はで止みぬる、いといふかひなし。

（更級日記）

「何とも思はで止みぬる」までは、物語の世界に惑溺していた自分の少女時代の体験を語っており、そういう自分に対して現在「いといふかひなし」と反省しているというのである。意味構造上は、「何とも思はで止みぬる（ハ）いといふかひなし」という構造としてとらえることができる。しかし、少女時代の作者はまだ本当に心から反省しているのではなく、「何とも思はで止みぬる」と述懐しているように、まだまだ物語の世界にのめりこんでいる。そのような状況にあるところから見て、ここはやはり「何とも思はで止みぬる」を連体形止めの文統括成分としてとらえ、そこに少女時代の夢多き毎日をしみじみと懐かしむとともに、そのような浮ついた自分の過去を反省する気持ちが余情深く表現されたものとしてとらえる。その後、改めて「いといふかひなし」という晩年になってからの反省の心情を添えた構造としてとらえるべきである。

⑧　延喜の、世間の作法したためさせたまひしかど、過差をばえしづめさせたまはざりしに、この殿制を破りたる御装束の、ことのほかにめでたきをして、内に参りたまひて、殿上にさぶらはせたまふを、帝、小蔀よりご覧じて、御気色いと悪しくならせたまひて、職事を召して、「世間の過差の制厳しき頃、左の大臣の、一の人といひながら、美麗ことのほかにて参れる、便なきことなり。早くまかり出づべきよし仰せよ。」と仰せられければ、承る職事は「いかなることにか」と恐れ思ひけれど、参りて、わななくわななくしかじかと申しければ、(時平は)いみじく驚きかしこまりて、承りて御随身の御先参るも制したまひて、急ぎまかり出でたまへば、御前どもあやしと思ひけり。　(大鏡)

意味構造上は、「美麗ことのほかにて参れる(ハ)便なきことなり」という構造としてとらえることができる。しかし、ここは、帝の認識の過程から見ると、先ず「世間の過差の制厳しき頃、左の大臣の、一の人といひながら、美麗ことのほかにて参れる」という事態を見て驚き、怒りを覚え、その後で、そういう時平の行為に対して「便なきことなり」という判断を下したのである。実際には、帝と時平とが示し合わせてのことではあるが、表現構造上は、「美麗ことのほかにて参れる」のところは連体形止めの詠嘆表現としてとらえ、時平の禁制を破った装束で参内したことへの帝の怒りを余情をこめて表現したものとしてとらえるべきである。

⑨　あやしの竹の網戸の内より、いと若き男の、月影に色あひ定かならねど、つややかなる狩衣に濃き指貫いと故づきたるさまにて、ささやかなる童一人を具して、遥かなる田の中の細道を稲葉の露にそぼちつつ分け行くほど、笛をえならず吹きすさびたる、あはれと聞き知るべき人もあらじと思ふに、行かん方知らまほしくて見

送りつつ行けば、笛を吹きやみて、山の際に惣門のある内に入りぬ。（徒然草・第四四段）

この叙述は、平安時代の物語の一場面を見るような描写である。作者は、そのような情景に感興をそそられている。したがって、ここのところを、「笛をえならず吹きすさびたる（ヲ）あはれと聞き知る人もあらじ」という構造としてとらえたのでは、全体が説明的な文体になってしまって、作者の感興は失われてしまう。作者の表現過程から見れば、冒頭部からの文の流れは、「笛をえならず吹きすさびたる」のところで一旦連体形止めの文統括成分としてとらえ、一息ついてそれがヲ格連用成分となって、「あはれと聞き知るべき人もあらじ」に係っていく構文としてとらえるべきである。

⑩ そのこととなきに人の来たりて、のどかに物語して帰りぬる、いとよし。また、文も、「久しく聞こえさせねば。」などばかり言ひおこせたる、いとうれし。（徒然草・第一七〇段）

二つの文ともに、この段の冒頭部「さしたることなくて人のがり行くはよからぬことなり」との対比的叙述としてとらえることができるので、意味構造上は、「のどかに物語して帰りぬる（ハ）いとよし」「言ひおこせたる（ハ）いとうれし」となるところである。しかし、「いとよし」「いとうれし」という判断に先立って、そのような心情を呼び起こす事態そのことに作者は喜びを感じているのであって、「いとよし」「いとうれし」という価値判断の表現は、軽く付け足したものに過ぎない。したがって、表現構造上は、「帰りぬる」「言ひおこせたる」を連体形止めの詠嘆表現としてとらえ、あらためて「いとよし」「いとうれし」という文統括成分を添えたものとしてとらえるほうがよい。

Ⅱ　連体成分への転換構文

① (作者)「門のことをこそ聞こえつれ、障子開けたまへとやは聞こえつる。」と言へば、(大進生昌)「なほそのことも申さむ。そこにさぶらはんはいかに、いかに。」と言へば、(女房)「いと見苦しきこと。さらにえおはせじ。」とて笑ふめれば、(生昌)「若き人おはしけり。」とて、(障子を)引き立てて往ぬる、後に笑ふこといみじう、「開けんとならば、ただ入りねかし。消息を言はんに、よかなりとは誰か言はん。」と、げにぞをかしき。(枕草子・第八段)

作者が中宮定子のお供をして大進生昌の屋敷に行ったとき、門が小さかったので入るのに難儀をしたことに対して作者が生昌をからかった夜、作者たちが寝ているところに生昌がやってきて、障子を開けておそばに行ってもよいでしょうかと尋ねた場面である。「引き立てて往ぬる」という連体形は、一応「後」という体言に係る連体成分ととらえることができるが、「往ぬる」と「後」とでは時間的にも心理的にもある程度の隔たりが見られるので、表現構造上は、作者と他の女房とがお互いに顔を見合わせて、生昌が遠ざかる気配を感じながら笑いをこらえている様子を余情的に表現しておいて、改めて「その後に」というような意味合いで展開していく構造としてとらえるべきである。

② 暗うなりて、(犬に)物食はせたれど食はねば、(翁丸という犬に)あらぬものに言ひなして止みぬる、つとめて、(皇后定子が)御けづり髪、御手水などまゐりて、御鏡を持たせたまひてご覧ずれば……(枕草子・第九段)

「あらぬものに言ひなして止みぬる」は夕暮れ時のことであり、「つとめて」との間には長い時間の経過がある。したがって、ここも「止みぬる」で一旦文統括にして、改めて「つとめて」の連体成分としてとらえるべきである。

③　霜枯れはわびしかりけり秋風の吹くには荻の音づれもなき

と（式部が）聞こえたれば、かれよりのたまはせける、御文を見れば、「いと恐ろしげなる風の音いかがとあはれになん

枯れ果ててわれよりほかに訪ふ人もあらしの風をいかが聞くらん

思ひやり聞こゆるこそいみじけれ。」とぞある。　（和泉式部日記）

「かれよりのたまはせける（帥の宮様からお手紙を下さった）」は、一見「御文」に係る連体成分としてとらえられそうであるが、ここは、「かれよりのたまはせける」を「……と聞こえたれば」の帰結句としての文統括成分としてとらえ、宮様からの手紙を受け取った女の喜びを余情として表現し、次いで意味構造上、「その御文を見れば」と展開していく構造としてとらえるべきである。

④　（夕霧は）ゆくりかにあざれたることのまことにならはぬ御心地なれば、（落葉宮に対して）いとほしう、わが御身づからも「心劣りやせむ」などおぼいて、たが御ためにも、（人目に）あらはなるまじきほどの霧に立ち隠れて出でたまふ、心地空なり。　（源氏物語・夕霧）

ここは、夕霧が落葉宮に懸想しながらも、手を出すこともできず、心残りながら落葉宮の家を去っていくところである。文統括成分の「心地空なり」というのは、いつまでも未練がましく夜を明かしては夕霧自身にとっても落葉宮にとってもよくないことと考えて、落葉宮のもとを去っていこうとしている夕霧の心情を描写したものである。意味構造上は、「出でたまふ」を「心地」に係る連体成分としてとらえることもできる。しかし、「出でたまふ」を「心地」に係る連体成分としてとらえると、「ゆくりかに……出でたまふ」全体が夕霧の「心地空なり」という心情を説明するような語り口になってしまう。ここは、落葉宮の住まいを立ち退いて行く夕霧の姿を

一旦「出でたまふ」とありのまま描き終えて、その後で、改めて、人の目に触れないうちに落葉宮の家を抜け出していこうとする夕霧の心情を「心地空なり」と簡潔に描写したほうがかえって夕霧の思い乱れた心情を印象深く描くことになる。

⑤　皆人はかりそめの仮屋などいへど、風すくまじく引き渡しなどしたるに、これは男なども添はねば、いと手放ちに荒々しげにて、苫といふ物を一重うち葺きたれば、月残りなく射し入りたるに、紅の衣上に着てうち悩みて臥したる、（乳母の）月影さやうの人にはこよなく透きていと白く清げにて、めずらしと思ひて、（私の頭を）かき撫でつつうち泣くを、いとあはれに見捨てがたく思へど、急ぎ率て行かるる心地いとあかずわりなし。（更級日記）

父の国司としての任期が終わって、上総の国から都へ帰る途中、乳母が出産したのを作者が見舞ったときの乳母の描写である。作者は、先ず自分の目にした乳母の姿をしみじみとした感慨をこめて「紅の衣上に着てうち悩みて臥したる」という連体形止めによって描写する。次いで、月の光に照らし出された乳母の透き通るような「いと白く清げ」な顔を印象深く描写する。ここのところを、最初から「臥したる」という連体形を「月影」に係る連体成分としてとらえてしまったのでは、乳母の姿を見て、「いとあはれに見捨てがたく」思う作者の心情が印象深く読者に伝わってこないであろう。

第三節　掛詞による成分の転換構文

①　逢ふこともなみだに浮かぶわが身には死なぬ薬もなににかはせむ（竹取物語）

これは、かぐや姫を引き止めることができなかった帝が、かぐや姫の残して行った不死の薬を題材として詠んだ歌である。「なみだ」の「なみ」の部分は「逢ふことも」という連用成分を受けた統括成分となって「逢うこともないので」という意味を表し、さらに「涙に」という形をとって、「浮かぶ」に係る連用成分に転換している。「なみ」のところが二重の働きになっている。このような構文は、分析的な目で「読む」と、そのような二重の構造として受け取られる。ところが、声に出して線条的に「詠む」と、先ず「逢ふこともなみ」から、もはや二度とかぐや姫に逢うこともできない帝の悲しみが伝わってくる。次の瞬間、「涙」という表現によって、悲しみの涙にくれる帝の姿が具体的な映像となって浮かび上がってくる。「逢ふこともなみ」から「涙に浮かぶ」へと、何の違和感もなく、自然な流れとしてとらえることができる。このように、掛詞は線条的な音読によってこそその微妙な味わいをとらえることができるのである。

このような掛詞による成分の転換は、和歌などの音数が制限されている文章において、その表現する世界をできるだけ広げようとするために好まれた修辞である。

② 春日野の若菜摘みにやしろたへの袖ふりはへて人の行くらむ　（古今集・二二）

「ふりはへて」のところで、「しろたへの袖」という連用成分を受けた「振り（袖を振る）」という統括成分が一転して、「ふりはへて（遠いところまでわざわざ）」という「行く」に係る連用成分となっている。「しろたへの袖振る」という表現によって、春の野に行く乙女たちの躍動感を歌い、「（若菜摘みに）ふりはへて行く」という表現によって、待ちに待った春の訪れを喜ぶ乙女たちの心情を表現しているのである。

③ 君しのぶ草にやつるる古里は松虫の音ぞ悲しかりける　（古今集・二〇〇）

「しのぶ」のところは、「（君）偲ぶ」という統括成分から「忍ぶ草に（やつるる）」という連用成分に転換した掛詞である。先ず「君偲ぶ」という表現から、君を恋い慕う作者の心情がとらえられ、次の「忍ぶ草にやつるる古里」と転換する表現からは、君を恋い慕うあまりに、軒に忍ぶ草が生い茂ってみすぼらしくなってしまった古里のような落ちぶれたわが身が具体的な映像となって浮かび上がってくる。

掛詞による成分の転換は、和歌などに多用される修辞であるが、韻律を持った道行文・謡曲・浄瑠璃などの散文に現れる場合もある。

④　心を留むとしなけれども、荒れてなかなかやさしきは不破の関屋の板びさし、（わが身は）いかに鳴海の潮干潟、涙に袖はしほれつつ……（平家物語・巻一〇）

平重衡が源氏に捕らえられて鎌倉に送られる道中を描写した部分である。「いかに鳴海の潮干潟」は、「（わが身は）いかになる」という統括成分が掛詞になって「鳴海」という地名に転換したものである。

⑤　夢の世になほ苦しみは大比叡や横川の杉の古きことども……（謡曲「浮舟」）

「苦しみは大比叡」は、「（苦しみは）多し」という統括成分が掛詞によって「大比叡」という地名に転換したのである。

第四節　飛躍構文

Ⅰ　飛躍構文の表現構造

係り受けの成分が転換する構文の中で、一部の成分を飛び越えて係り受けが成立する構文を「圧縮構文」あるいは「飛躍構文」と呼ぶことにする。（以下『飛躍構文」とする）。飛躍された成分は、文脈から容易に想定できるが、飛躍することによって、そこに一種の緊張関係を生み出そうとする表現意図が見られる。現代人の論理的・合理的感覚からすれば、飛躍・圧縮表現と見られるが、古代の人々にとっては、係り受けは気分的なつながりであって、決して飛躍・圧縮した表現とは感じなかったのである。

① 翁いはく、「思ひのごとくものたまふものかな。そもそもいかやうなる心ざしあらん人にかあはむと思す。かばかり心ざしおろかならぬ人々にこそあめれ。」かぐや姫のいはく、「なにばかりの深きをか見んと言はむ。いささかのことなり。(a)『人の心ざし等しかんなり。いかでか中に劣り優りは知らむ。五人の中に、ゆかしきもの見せたまへらんに、御心ざし優りたりとて仕うまつらん』と、そのおはすらん人々に申したまへ。」と言ふ。(翁)「よきことなり。」と承けつ。日暮るるほど、(五人の貴公子たち)例の集まりぬ。……(翁、五人に向かって)「(私が)『翁の命、今日明日とも知らぬを、かくのたまふ君達にもよく思ひ定めて仕へまつれ』と申すもことわりなり。(姫が)(b)『いづれも劣り優りおはしまさねば、御心ざしのほどは見ゆべし。仕ふまつらんことはそれになむ定むべき。』と言へば、これよきことなり。人の御恨みもあるまじ。」と言ふ。五人の人々も、「よきことなり。」と言へば、翁入りて言ふ。　(竹取物語)

翁の発話中の(b)「いづれも劣り優りおはしまさねば、御心ざしのほどは見ゆべし」は、意味構造上から見ると、条件句と帰結句との間に飛躍がある。翁が五人に向かって、(b)の発話内容をそのまま告げたとしたならば、五人には意が通じなかったにちがいない。しかし、ここは、物語り全体の流れとして、翁が前のかぐや姫の発話(a)を取り次いでいるところであるから、物語の聞き手にとっては、その飛躍部分は(a)によって「ゆかしきもの見せたまへらんに」を容易に補うことができる。こういうところに、作者(語り手)と読者(聞き手)とが同じ場所において語り聞くという形をとって物語が展開していくという、古い物語の性格が残っているのかもしれない。

② (かぐや姫)「文を書きてまからん。恋しからむ折々取り出でて見たまへ。」とて、うち泣きて書くことばは、

「この国に生まれぬるとならば、嘆かせたてまつらぬほどまではべらで過ぎ別れぬること、返す返す本意なくこそ覚えはべれ。脱ぎ置く衣を形見と見たまへ。月の出でたらむ夜は、見おこせたまへ。見捨てたてまつりてまかる空よりも落ちぬべき心地する。」と書き置く。（竹取物語）

「はべらで」の部分は、論理的にとらえるならば、「この国に生まれぬるとならば嘆かせたてまつらぬほどまではべるべきに、はべらで過ぎ別れぬること」の「はべるべきに」という統括成分になるはずのところで、「過ぎ別れぬる」に係る接続成分として転換した構文としてもとらえることができる。かぐや姫は翁の嘆き悲しむ姿を見て、さぞ心も乱れたことであろう。このかぐや姫の心の乱れがこのような表現の乱れを生んだのであるととらえることができる。あるいは、悲しみのあまりことばに詰まって、「生まれぬるとならば、嘆かせたてまつらぬほどまで」のところで言いさし表現となって、『いつまでもお側にいたいのですけれども』という心情が余情として表現され、そして、次の瞬間気を取り直して、「はべらで過ぎ別れぬること」と続けていった表現としてとらえることもできる。飛躍とか転換とかのとらえ方は、意味構造上からの論理的なとらえ方であって、むしろ表現の流れに素直に従ってとらえるほうがよいのではあるまいか。

③　二日。なほ大湊に泊まれり。講師、物・酒おこせたり。三日。同じ所なり。もし風波の「しばし」と惜しむ心やあらん、心もとなし。（土佐日記）

「同じ所なり」は、「同じ所に泊まれるなり」の飛躍された表現である。土佐の国から都へ帰る一行が暮の二十九日に大湊に泊まり、元日、二日、三日、天候の具合で船出することができず、その後も八日まで大湊に宿泊することを余儀なくされている。「心もとなし」という表現から推定されるように、作者は出港の日を待ち遠しがっているのである。そのようなあせりの心情が、「同じ所なり」という少々投げやり気味の短い表現によって印象的に叙述されている。

④ （式部）「などか久しく見えざりつる。遠ざかる昔の名残にも思ふを。」など言はすれば、（小舎人童）「そのことさぶらはでは馴れ馴れしきさまにやとつつましうさぶらふうちに、日ごろは山寺にまかり歩きていと頼りなくつれづれに思ひたまふらるれば、御代はりにも見たてまつらんとてなん帥の宮に参りてさぶらふ。」と語る。（和泉式部日記）

意味構造上、「そのことさぶらはでは」は「馴れ馴れしき」には係りにくい。一体何が「馴れ馴れしき」心情を引き起こすのかはっきりしない。しかし、この童の発話は、女の「などか久しく見えざりつる（どうして長い間顔を出さなかったのか）」という問いに対する答えであるということをとらえれば、「馴れ馴れしき」は、「これといった特別な用事でもないのにお訪ねするのも馴れ馴れしいようなので」の「お訪ねするのも」という、式部の発話の「見え」を受けた表現が飛躍された表現としてとらえることができる。対話の場合には、お互い共通の話題の下に、相手の発話内容を前提にして発話するのであるから、いちいち相手の発話を繰り返すことはしないのである。

⑤ （匂宮）「……心に身をもさらにえまかせず、（浮舟に逢うために宇治を訪れることを）よろづにたばからんほど、まことに死ぬべくなんおぼゆる。（二条院での御身の）つらかりし御有様をなかなか何に尋ね出でけん。」などのたまふ。（源氏物語・浮舟）

かつて二条院で、匂宮は浮舟に言い寄ったが、折悪しく思いを果たせなかった。その後、匂宮は宇治に忍んでやってきて、薫に偽装して思いを遂げることができた。その折の匂宮の発話である。「尋ね出でけん」のヲ格としての対象語は「御身（浮舟）」でなければならない。しかし、その対象語の標示はなく、代わりに「つらかりし御有様を」が「を」の標示によって、対象語になっているように見える。しかし、「御有様を尋ね出づ」では、意味構造上不都合である。そこで、「を」を体言について逆接的な意味を表す接続助詞としてとらえ、「尋ね出づ」に係っていくために「御身」を補えば、意味構造上は「かつて二条院では冷たかったあなたの態度であったのに、私は何のためにあなたを探し出したのであろうか」となって、正常な係り受けの関係が成立する。このようにとらえれば、一応「御身を」という対象語を飛躍した構文として説明がつく。しかし、原文の係り受けを素直にとらえるならば、「を」を詠嘆表現の終助詞あるいは間投助詞としてとらえて、そこで話し手である匂宮の「つらかりし御有様」に対する恨みの気持ちを表現し、そのような心情を保ったまま、次の「なかなか何に尋ね出でけん」を、「あなたを尋ね出してかえって悲しみ苦しむことよ」というような詠嘆の思いをこめた文統括成分としてとらえることも可能である。このように、詠嘆の心情をこめた発話の場合には、圧縮表現というとらえ方よりも、線条的なとらえ方のほうが登場人物の心情をとらえるのには適切であろう。

Ⅱ　慣用的飛躍構文

飛躍構文として「あり」に係る連用成分が表現されない形が見られる。特に、「こそあれ」「ばこそあれ」の形をとる場合に多い。いずれの場合にも、「あり」に係ることばは文脈から推定できる。

① 春来ぬと人は言へども鶯の鳴かぬかぎりはあらじとぞ思ふ　（古今集・一一）

この歌は上の句「春来ぬと人は言ふ」と下の句「鶯の鳴かぬかぎりはあらじとぞ思ふ」とが逆接的な関係になっている。したがって、「あらじとぞ思ふ」は、「春来ぬとにはあらじとぞ思ふ」の飛躍表現としてとらえることができる。

② 今こそあれ我は昔は男山栄ゆくときもありこしものを　（古今集・八八九）

「今こそあれ」の「……こそ……あれ（已然形）」は逆接的な展開をする勢いを持っている表現である。意味構造から見ても、「今こそあれ」と「我は昔は男山栄ゆくときもありこしものを（私だって昔は一人前の男として若盛りのときもあったのになあ）」は、逆接的な関係になっている。したがって、「今こそあれ」は、「今こそ栄ゆくときもなくてあれども」の飛躍表現となる。しかし、その「栄ゆくときもなくてあれ」という飛躍表現は、歌全体をとらえなければ判明しない。線条的に冒頭部をとらえると、「こそ」によって「今」が提示されてあり、さらに「……こそ……已然形」の表現から、その後に逆接的な内容が展開するということが予想されるが、それが具体的にはどのような内容であるかまではわからない。そのような飛躍表現をとることによって、「今こそあれ」とは逆接的に展開していく内容に対する興味を喚起しておいて、下の句に至って、それが老いの嘆きと青春時代に対する懐旧の思いであるということを明らかにする。このような構造をとることによって、そこに作者のしみじみとした心情が印象的に表現されることになる。

③　思ひ出づるときはの山のいはつつじ言はねばこそあれ恋しきものを　（古今集・四九五）

この歌は、「思ひ出づるときは恋しきものを」ということを詠んだものであるが、たいへん複雑な構造を持った歌である。「言はねばこそあれ」は、「思ひ出づるときは恋しきものを」を際立たせるためにはさみこまれた構文である。「（思ひ出づる）時は」と「常磐（の山）」、「岩」と「言は」との掛詞によって、「常磐の山の岩つつじ」に恋人の面影を匂わせている。「言はねば」は順接確定条件成分であるから、その帰結成分は「あれ」であるが、「あれ」に係る連用成分が標示されていない。線条的にとらえるならば、「言はねばこそあれ」のところで、読者は一瞬その詠まれている内容を推定しかねるが、「……こそ……已然形」は、逆接的に展開していく勢いを持った表現であるから、「言はねばこそあれ」とは反対になる事態を想定し、「恋しきものを」に至ってはじめて「言はねばこそあれ」が、「この恋の思いを口に出して言わないからこそ私の恋の思いは人には知られないけれども」

という意味内容であり、したがって、そこから導き出される逆接的な帰結句の「思ひ出づるときは恋しきものを」ということが一層強調されることになる。和歌としての音数の制約もあるが、「言はねばこそあれ」という飛躍した表現によって、作者の心情が緊張感をもって表現されることになる。

④　主殿司こそなほをかしきものはあれ。下女の際はさばかりうらやましきものはなし。よき人にもせさせまほしきわざなめり。……　（枕草子・第四七段）

男は、（人に仕える男の中では）また随身こそあめれ。　（同・第四八段）

この両段は、「（女官のうち）主殿司こそなほをかしきものはあれ」と「男はまた随身こそあめれ」とを対比させたものである。したがって、「随身こそあめれ」は「随身こそをかしきものはあめれ」の飛躍した表現であるととらえることができる。

⑤　（妹尼）「なほ下りたまひて、この人助けたまへ。さすがに今日まであるは、死ぬまじかりける人を、つき染み領じたる物の（この人を）去らぬにこそあめれ。あが仏、京に出でたまはばこそあらめ。ここまでは敢へなむ。」などいみじきことを書き続けて奉れたまへれば、……　（源氏物語・手習）

ここは、横川の僧都の妹尼が、僧都に、山を下りて、失神状態にある浮舟の蘇生の祈祷をしてほしいと依頼した手紙である。僧都は、「山籠りの本意深くて、今年は出でじと思ふ」人であるので、妹尼は僧都に、たって小野の地まで下山してほしいと哀願しているのである。

「京に出でたまはばこそあらめ」という「……こそ……已然形」の表現は、多く後にそれとは反対の事態を叙述する勢いを持った表現であるから、ここの「京に出でたまはばこそあらめ」という叙述には、「ここまでは敢へなむ」ということとは反対の事態が表現されているということになる。したがって、ここは「もし京に出るようなことになれば、それこそ山籠りの本意を捨てることになるでしょうが、（ここまでならば差し支えはないでしょう）」

という気持ちの表現になる。兄僧都の固い決心をなんとか翻して、この女を助けようとする妹尼の熱意から出た飛躍表現である。

⑥　大事を思ひ立たん人は、去りがたく心にかからんことの本意を遂げずして、さながら捨つべきなり。「しばしこのこと果てて」、「同じくはかのこと沙汰し置きて」、「しかしかのこと人の嘲りやあらん、行く末難なくしたためまうけて」、「年来もあればこそあれ、そのこと待たんほどあらじ。物騒がしからぬやうに」など思はんには、えさらぬことのみいとど重なりて、ことの尽くる限りもなく、思ひ立つ日もあるべからず。

（徒然草・第五九段）

この段の主題は冒頭文に叙述されていることであり、冒頭文の後の叙述は、その主題の説明になる。「年来もあればこそあれ」については、いろいろなとらえ方が考えられるが、一応、逆接的な勢いで、「そのこと待たんほどあらじ。物騒がしからぬやうに」に展開していくものとしてとらえておく。そのようにとらえるならば、「年来もあればこそあれ」は、「そのこと待たんほどあらじ。物騒がしからぬやうに」とは逆の内容を意味することになる。したがって、「年来もあればこそあれ」は、「長い年月がかかるのでは困るけれども」というような意味の叙述になるはずである。

第三章　心の文・話の文

物語や随想などで、作者の客観的な立場から、話題の人物の行動・物語の進行などを叙述したり、風景を描写したりする文を「地の文」と呼ぶ。また、話題の人物の思ったことを叙述する文を「心の文」、話題の人物の話すことを叙述する文を「話の文」と呼ぶことにする。「話の文」のうち、二人以上の人物がお互いに話す場合には特に「対話の文」と呼ぶ場合もある。

①　なほこの女見では世にあるまじき心地のしければ、「天竺にあるものももて来ぬものかは」と思ひめぐらして、石つくりの皇子は心の支度ある人にて、「天竺に二つとなき鉢を百千万里のほど行きたりとも、いかでかとるべき」と思ひて、かぐや姫のもとには、「今日なん天竺へ石の鉢とりにまかる。」と聞かせて、三年ばかり、大和の国十市の郡にある山寺に、賓頭盧の前なる鉢の、ひた黒に墨付きたるをとりて、錦の袋に入れて、作り花の枝につけて、かぐや姫の家にもて来て見せければ、かぐや姫あやしがりて見るに、鉢の中に文あり。広げて見れば、

海山の道に心を尽くし果てないしの鉢の涙流れき

かぐや姫、光やあると見るに、蛍ばかりの光だになし。

置く露の光をだにぞやどさましをぐらの山にて何求めけん

とて返し出だす。　　　　　　　　　　　　　　　　　　　　　　　（竹取物語）

「天竺にあるものもて来ぬものかは」「天竺に二つとなき鉢を百千万里のほど行きたりとも、いかでかとるべき」はともに「と思ひ」という標示によって引用されているので、「心の文」ということになる。「今日なん天竺へ石の鉢とりにまかる」は「と聞かせ」という標示によって引用されているので、「話の文」ということになる。また、「海山の」「置く露の」の二つの歌も対話の手段として詠まれたものであるから、これも「話の文（対話の文）」ということになる。そのほかの叙述は、作者が物語の展開を叙述する文であるので、「地の文」ということになる。

「心の文」「話の文」は、それ自体は独立した一まとまりであるが、多くは格助詞「と」を介して地の文と区別される。ところが、時には「と」の標示がない例も見られる。

② 翁(a)「うれしくものたまふものかな。」と言ふ。(b)「翁、年七十に余りぬ。今日とも明日とも知らず。この世の人は、男は女にあふことをす、女は男にあふことをす。その後なむ門広くもなりはべる。いかでかさることなくてはおはせん。」　かぐや姫のいはく、「なんでふさることかしはべらん。」と言へば、……　　　（竹取物語）

翁の話の文は(a)(b)二つに分かれているが、実質的には同一人物の話の文であるから、(a)(b)をひと続きにして、「と言ふ」は(b)の文の後に表現されるところであるが、(a)の文の後に表現されているので、(b)の後の「と言ふ」は標示されなかったのである。

物語などにおいて、基本的には作者は客観的な立場から物語を展開していくわけであるが、その客観的な立場での叙述すなわち地の文であっても、実は登場人物の目・心を通して叙述している場合も多い。また逆に、心の文・話の文としての叙述の中に作者の客観的な立場からの叙述が入り込んでいる場合もある。したがって、地の文と心の文・話の文においても、作者の立場からの叙述であるのか、登場人物の立場からの叙述であるのか、区別することはなかなか難しい。

第一節　心の文

Ⅰ　心の文の表現構造

①　なほ、(空蝉の)かのもぬけを(源氏が)忘れたまはぬを、(空蝉は)(a)いとほしうもをかしうも思ひけり。(源氏と空蝉とが)かやうに、憎からずは聞こえ交はせど、(空蝉は)(b)「けぢかく」とは思ひよらず。さすがに、(空蝉は)(c)「言ふかひなからずは、(源氏に)見えたてまつりて止みなん」と思ふなりけり。(源氏物語・夕顔)

(b)「けぢかく」(c)「言ふかひなからずは、見えたてまつりて止みなん」は、ともに「と思ふ」という標示によって引用されている心の文である。(a)「いとほしうもをかしうも思ひけり」は、意味構造上「いとほしともをかしとも思ひけり」となって、「と思ふ」によって引用される形と同じ表現である。したがって、「いとほしうもをかしうも」も心の文ということになる。このように、主として形容詞の連用形あるいは「連用形＋も」が「思ふ」によって引用される形もある。

この例文に見られる通り、「心の文」は形式上次の二種類の形が基本となる。

(1)「『……』と思ふ(覚ゆ・見る・聞く・知る)」(「と思ふ」型)

(2)「連用形＋思ふ(覚ゆ・見る・聞く・知る)」(「連用形＋思ふ」型)

この二種類は、意味構造上は同じであるが、表現構造上は違う。「と思ふ」型は、心の文が原則として文統括成分によってひとつの独立した文の形をとる。それに対して、「連用形＋思ふ」型は、心の文の最後のところが文統括成分にはならずに、連用成分として「思ふ」に係っていくという構造になっている。

また、物語などにおける「心の文」は、話し手が対象をどのような性格のものとして感じとったかという感覚的な心情を表現する場合が多いので、その内容となるものは、次の例のように、「あやふし・いとほし・うしろめたし・うれし・かなし・くちをし・こころぐるし・ゆゆし・わりなし・わづらはし・をかし」などの情意性形容詞・形容動詞によって統括される場合が多い。

② (一の御子の女御は) 人より先に参りたまひて、やむごとなき御思ひなべてならず、御子たちなどもおはしませば、(帝は) この御方の御諫めをのみぞなほわづらはしく、心苦しう思ひ聞こえさせたまひける。
(源氏物語・桐壺)

③ 宮は、いみじう美しく大人びたまひて、(中宮との面会を)「めずらしううれし」と思して、(藤壺に) むつれきこえたまふを、(藤壺は)「かなし」と見たてまつりたまふにも、思し立つすぢはいと難けれど、内裏わたりを見たまふにつけても、世の有様あはれにはかなく、(右大臣方に) 移り変はることのみ多かり。(源氏物語・賢木)

Ⅱ　心の文・地の文の流れ込み構文

現代の普通の小説では、作者が客観的な立場から描写する地の文と登場人物の心の文や話の文とははっきり区別される。それは、現代の小説は文字によって書かれ、読者はそれを目で読むから、はっきり区別されていないと読み取るのが困難になるからである。ところが、古代の物語では、地の文と心の文・話の文との区別が往々にしてあいまいになる。しかしそれでも、物語の享受者は不便を感じなかったばかりではなく、むしろそういうあいまいさがかえって生き生きとした描写として受け取られたのである。

（源氏は）心のうちにただ藤壺の御有様を、たぐひなしと思ひ聞こえて、さやうならむ人をこそ見め。似る人なくもおはしけるかな。大殿の君、いとをかしげにかしづかれたる人とは見ゆれど、心にもつかずおぼえたまひて、幼きほどの御ひとへ心にかかりて、いと苦しきまでぞおはしける。（源氏物語・桐壺）

ここは、源氏の藤壺に寄せる思いを語った部分である。「たぐひなし」は「と思ひ」によって引用されている文なので、心の文であることははっきりしている。次の「さやうならむ人をこそ見め。似る人なくもおはしけるかな」の部分は、無敬語の「見め」という表現および「かな」という詠嘆の終助詞の表現によって、源氏の心を直接語った心の文であることははっきりしている。ところが、心の文であることを標示する「と」という表現がないので、さらに心の文が続くものと予想される。「大殿の君（葵上）、いとをかしげにかしづかれたる人とは見ゆれど」の逆接条件成分が、「心にもつかず（気に入らない）」だけに係るものとしてとらえれば、「心にもつかず」は、「おぼえ」に係っていくので、「連用形＋思ふ」型の心の文ということになる。一方、「見ゆれど」が「心にもつかずおぼえたまひて」にまで係るものとしてとらえれば、「たまひて」という敬語が添えられているところから見て、「大殿の君」以下の部分は地の文であるということになる。「幼きほどの」以下は地の文である。このように、この文は、地の文と心の文とがはっきり区別されないまま流れていく構造になっている。線条的に読み進めていくと、いつの間にか地の文になり、そうかと思うといつの間にか心の文になるというような流れになっている。

古典作品においては、作者が客観的な立場から語る地の文から登場人物の立場から語る心の文や話の文に流れ込む文脈、あるいはその逆になるような文脈が多く見られる。作者自身も読者もそういう文脈の流れに自然と乗ることによって、時には客観的な立場から物語の世界を眺め、時には登場人物になりきって臨場感を共にするのである。

心の文と地の文との流れ込み構文としては、次の四種類の型が見られる。

(1) 地の文から心の文に流れ込む構文
(2) 心の文から地の文に流れ込む構文
(3) 心の文の中に地の文の要素が流れ込んでいる構文
(4) 地の文がそのまま心の文になっている構文

(1) 地の文から心の文に流れ込む構文

① 暗うなりぬれば、（落窪の姫君は）格子下ろさせて、燈台に灯ともさせて、いかで縫ひ出でんと思ふほどに、北の方、縫ふやと見にみそかにいましけり。見たまへば、縫物はうち散らして、灯はともして人もなし。（落窪の姫君は）入り臥しにけりと思ふに、大きに腹立ちて……　（落窪物語）

「と思ふ」と標示されている心の文はどこから始まるのかあいまいである。もちろん「入り臥しにけり」は、「と思ふ」という標示が見られるから心の文であることは確かである。「縫物はうち散らして、灯はともして人もなし」は「見たまへば」という地の文の条件成分を受けた文統括成分であるから、ここまでは地の文としてとらえることができる。しかし、それはあくまでも北の方の認識した状況であるから、これも北の方の認識した心のうちを叙述した心の文としてとらえることができる。したがって、「縫物はうち散らして、灯はともして人もなし」という地の文が「入り臥しにけり」という心の文に流れ込んだ構文としてとらえることもできる。読者は、客観的な立場から物語を読み進めながらも、場面場面に応じて登場人物と一体となって物語の一つ一つの展開をとらえていくので、地の文と心の文とを一々判別してとらえるわけではない。むしろそのように読み進めていくことによって、登場人物と臨場感を共有することができるのである。

②　若き人々、（更衣の死の）悲しきことはさらにも言はず、内裏わたりを朝夕にならひて、いとさうざうしく上の御有様など思ひ出できこゆれば、（若宮が）とく参りたまはむことをそのかしきこゆれど、（更衣の母君は）かく忌々しき身の添ひたてまつらむもいと人聞き憂かるべし。また、見たてまつらでしばしもあらむはいとうしろめたう思ひきこえたまひて、すがすがともえ参らせたてまつりたまはぬなりけり。（源氏物語・桐壺）

「思ひきこえたまひて」の引用する心の文の範囲はどこからかということになると、簡単には判定できない。冒頭の「若き人々」から地の文としての流れがあり、その地の文は形の上では「人聞き憂かるべし」で文統括されている。「また」は、「かく忌々しき身の添ひたてまつらむもいと人聞き憂かるべきであるから、「若き人々」から「いとうしろめたう」までが形の上では地の文としてとらえられる。しかし一方、「とく参りたまはむことをそのかしきこゆれど」という逆接の接続成分は、「かく忌々しき身の添ひたてまつらむもいと人聞き憂かるべし」に係るものとはとらえにくい。むしろ、文統括成分の「すがすがともえ参らせたてまつりたまはぬ」に係るものととらえるべきである。このようにとらえていくと、「思ひきこえたまひて」の引用部分は、「かく忌々しき身の添ひたてまつらむもいと人聞き憂かるべし。また、見たてまつらでしばしもあらむはいとうしろめたう」だけになる。しかも、「いとうしろめたう」は地の文の「思ひきこえたまひ」に流れ込んでいる。表現の流れを線条的にとらえていくと、結果的には、「とく参りたまはむことをそのかしきこゆれど」という地の文が「かく忌々しき身の添ひたてまつらむもいと人聞き憂かるべし。また、見たてまつらでしばしもあらむはいとうしろめたう」という心の文に流れ込む構文となって、地の文、心の文の境があいまいになっている。しかし、それが古典文の一つの特色でもある。

③　かの須磨は、「昔こそ人の住処などもありけれ、今はいと里離れ、心すごくて、海人の家だに稀になむ。」と

聞きたまへど、人しげくひたたけたらむ住まひは（都退去の身にとっては）いと本意なかるべし。さりとて、都を遠ざからんも故里おぼつかなかるべきを、人悪くぞ（源氏は）思し乱るる。（源氏物語・須磨）

源氏は須磨退去を決意したものの、紫の上をはじめとして都への愛着は深い。冒頭文の「聞きたまへど」までは「」によって標示した話の文をはさみこんではいるけれども、全体としては地の文である。「人悪くぞ思し乱るる（体裁悪いほど思い乱れなさる）」によって引用されている心の文の範囲はどこからどこまでか。「故里おぼつかなかるべき（都に残して来た女性たちが気がかりであろう）」は「を」を介して「人悪くぞ思し乱るる」という地の文に流れ込んではいるが、意味構造上は心の文である。したがって、「都を遠ざからんも故里おぼつかなかるべき」全体も心の文ということになる。また、「さりとて」の「さ」は、「人しげくひたたけたらむ住まひはいと本意なかるべし」を受けた指示語であり、「さりとて」は「都を遠ざからんも故里おぼつかなかるべき」に係るのであるから、「人しげくひたたけたらむ住まひはいと本意なかるべし（人の出入りの多いような住居は意に沿わないであろう）」も心の文ということになる。「聞きたまへど」という逆接条件成分は地の文であるから、その係り先も地の文でなければならない。一応、「人悪くぞ思し乱るる」という地の文に係るものとも考えられるが、「ど」という接続助詞による逆接確定条件を受ける帰結句でなければならないから、「人悪くぞ思し乱るる」には係りにくい。むしろ、「人しげくひたたけたらむ住まひはいと本意なかるべし」に係るととらえたほうが自然であろう。したがって、「聞きたまへど」という地の文が「人しげく……故里おぼつかなかるべき」という心の文に流れ込んでいる構文ということになる。

④ 旅の宿りはつれづれにて、庭の草もいぶせき心地するに、賤しき東声したる者どもばかりのみ出で入り、慰めに見るべき前栽の花もなし。（家は）うちあばれて晴れ晴れしからで明かし暮らすに、宮の上の御有様思ひ出づるに、若い心地に恋しかりけり。（浮舟は）あやにくだちたまへりし人の御気配もさすがに思ひ出でられて、

なにごとにかありけむ、いと多くあはれげにのたまひしかな。（匂宮の）名残をかしかりし御移り香もまだ残りたる心地して、恐ろしかりしも思ひ出でらるる。（源氏物語・東屋）

以前、浮舟が中の君の所に世話になっていたときに、匂宮に無理やり懸想された。そこで、匂宮から逃れるために、浮舟の母が浮舟を二条の隠れ家にかくまったときの、浮舟の心境を描写した部分である。中の君を懐かしく思うと同時に、「あやにくだちたまへりし人（身勝手なことをした匂宮）」をも、当座は恐ろしいと思っていたが、今では懐かしく思い出されるというのである。冒頭の「旅の宿りは」から「思ひ出でられて」までは地の文である。「なにごとにかありけむ、いと多くあはれげにのたまひしかな（どんなことをおっしゃったのでしょうか、口数多くしみじみと恋しいお気持ちをおっしゃっていましたことよ）」は、「かな」という詠嘆表現から見ても、浮舟の認識したことを叙述した心の文としてとらえることができる。しかし、心の文としての標示がないので、次の「名残をかしかりし御移り香もまだ残りたる心地して、恐ろしかりしも思ひ出でらるる」も心の文としてとらえることができる。また、ここは、「思ひ出でらるる」という連体形止めによって文統括されているので、浮舟の匂宮に対する思いが余情として表現されているものとしてとらえることができるという点においても、やはり心の文としてとらえてもよい。仮に心の文の標示として「思ひ出でらるる」を地の文としてとらえると、「思ひ出でられて」の繰り返し表現としてとらえなければならなくなり、少々稚拙な表現ということになってしまうだろう。以上のことから、ここは、「思ひ出でられて」という地の文から「なにごとにかありけむ、いと多くあはれげにのたまひしかな」という心の文に流れ込んだ構文ということになる。

しかし、読者は、以上のような構造的なとらえ方ではなく線条的にとらえていくので、地の文と心の文との区別を意識せずに、全体の流れを自然と受け取ることができるのである。物語の作者自身も、地の文と心の文とを厳密に区別しているわけではない。作者の視点から描写していたかと思うと、突然登場人物の視点から描写するというように、物語においては、描写の視点が自由に転換する場合がむしろ多いのである。

(2) 心の文から地の文に流れ込む構文

① (清水に) 近く車寄せて、あてなる方に幕などかきおろして、皆下りぬ。手足も浸したれば、心地、物思ひ晴けるやうにぞおぼゆる。(蜻蛉日記・中)

「晴けるやうに」は「晴けるやうなり」の連用形である。意味構造上は、「心地『物思ひ晴けるやうなり (鬱屈した物思いも晴れ晴れした気分になれた)』とぞおぼゆる」と同じ表現としてとらえることができる。したがって、ここは表現構造上、「物思ひ晴けるやうに」という心の文から「ぞおぼゆる」という地の文に流れ込んだ構文としてとらえることができる。心の文の「連用形＋思ふ」の型は、みなこのような構文となる。

ただし、作者自身の主観的な立場から叙述される「日記」のような性格を持った作品では、もともと客観的立場からの叙述「地の文」と主観的立場からの叙述「心の文」とが互いに融合するのは当然なことであるから、ことさら心の文と地の文との流れ込み構文としてとらえる必要がないのかもしれない。しかし、物語などにおいては、そのような流れ込み構文をとることによって、物語としての緊迫した雰囲気を演出する場合もあるので、解釈する上で留意する必要がある。

② (a)「今は (少将が) おはしぬらむ」とて、(阿漕) (b)「かたじけなくとも、まだいたう身にえ馴れはべらず。いとほしう、昨夜をだにさて (左近少将に) 見えたてまつりたまひけむを。」とて、己が袴の、二度ばかり着て、いと清げなる宿直物一つを持たりけるを、(落窪の姫君に) いと忍びて奉るとても、(阿漕) (c)「いと馴々しうはべれども、また見知る人のはべらばこそあらめ、いかがはせむ。」と言へば、(姫君は) かつは恥づかしけれど、今宵さへ同じやうにて (少将に) 見えんことをわりなく思ひつるに、あはれにて着たまひつ。(阿漕)「薫物はこ

の御裳着に（三の君の）賜はせたりしも、ゆめばかり包み置きてはべり。」とて、いと香ばしう薫きにほはす。（阿漕）「三尺の御几帳一つぞいるべかめる。いかがせん。誰に借らまし。御宿直物もいと薄きを思ひまはして、をばの殿ばら宮仕へしけるが、今は和泉の守の妻にてゐたりけるがり（阿漕は）文遣る。

（落窪物語）

落窪の姫君の所に左近少将が訪れるというので、姫君にお仕えする阿漕が、惨めな生活を強いられている姫君に人並みな逢瀬をさせてあげたいと奔走する。「三尺の御几帳一つぞいるべかめる。いかがせん。誰に借らまし」というのは阿漕の心の文である。しかし、心の文であるということを標示する「と思ふ」という表現がないので、心の文は「御宿直物もいと薄き（御寝具もひどく薄いのがほしい）」まで続いているのかと思って読み進めると、いつの間にか「を」を介して「思ひまはして」という地の文に流れ込んでいる。ここは、姫君のために細かいところまで気を使い、またそれを即座に行動に移していかなければならない阿漕の緊迫した心理を描写するために、心の文と地の文とを一々区別せずにどんどん展開していく表現構造をとっているのである。

③　なほかのもぬけを、（源氏が）忘れたまはぬを、（空蝉は）いとほしうもをかしうも思ひけり。かやうに、憎からずは聞こえ交はせど、（空蝉は）「けぢかく」とは思ひ寄らず。さすがに、「言ふかひなからずは見えたてまつりて止みなん」と思ふなりけり。

（源氏物語・夕顔）

「いとほしうもをかしうも（お気の毒にもまた嬉しくも）」は、「思ひけり」という標示によって空蝉の心の文であるということは明らかである。ところが、その心の文の最後の「をかしうも」のところで文統括にならずに、「思ふ」の連用成分になって地の文に流れ込んでいる。しかし、読者は、心の文の最後のところで、登場人物の立場から語り手の視点に転換して物語を読み進めるのではない。「いとほしうもをかしうも」という空蝉の心理の視点に立って読み進めてきて、そのまま「かやうに憎からず」という地の文の叙述内容を空蝉の心理として受け取るのである。「かやうに憎からず」というのは「聞こえ交はせ」という叙述から見て、空蝉と源氏双方の心情ではあるが、読者は「いとほしうもをかしうも」という空蝉の心情の流れとして、それを空蝉主体の心情として受け取り、更に「けぢかく（源氏のおそば近くに）」も「と」の標示によって、空蝉の心情の延長としてとらえていくことになる。すなわち、語り手の心情と登場人物の視点とがお互いに転換して行くことによって、語り手は登場人物と一体となって物語の展開に関与し、読者のほうでも登場人物と一体となって臨場感を持ってその場面に立っているということになる。

④（浮舟）「かやうの人につけて、見しわたりに行き通ひ、おのづから、『（私が）世にありけり』と誰にも誰にも聞かれたてまつらんこといみじく恥づかしかるべし。『（私が）いかなる様にてさすらへけん』など、（人々の）思ひやり世づかずあやしかるべきを思へば、かかる人々にかけても見えず。（源氏物語・手習）

ここは、横川僧都の妹尼の介抱によって意識を回復した浮舟の思いを描写しているところである。「かやうの人（京から時々ここに通ってくる人）につけて」以下「いかなる様にてさすらへけんなど思ひやり世づかずあやしかるべき（自分の消息を知った人々が浮き舟は賤しい身分の男の妻になっているのではなかろうかというような世間並みはずれたひどいうわさをするにちがいないだろう）」までが浮舟の心理を描写した心の文である。ところが、心の文であることを標示する「と思ふ」、「連用形＋思ふ」という表現ではなく、「を」を介して「思へば」に係っていって、そのまま「かかる人々にかけても見えず（京から時々ここに通って来るような人たちに決して逢うまい）」という地の文に流れ込んでいくという構文になっている。浮舟は、自分の消息が時々ここに通ってくる人々を介して、自分を知る人の耳に入ることをひどく恐れている。浮舟が自分の消息が知られるのを恐れる理由は、「世にありけり（この世に生存していたのだった）」と知られることと「いかなる様にてさすらへけんなど思ひやり世づかずあやしかるべき」ということとの二点である。そのような心情から、浮舟は「かかる人々にかけても見えず」という態度をとっているのである。そのような浮舟の心情とそこから生じてくる態度との因果関係を表現するためには、「と」を介した表現構造よりも「を」という格助詞を介した表現構造のほうが効果的である。なぜならば、「と」を介した場合は、心の文の叙述内容全体すなわち一つの理由によって「かかる人々にかけても見えず」という態度をとったものとしてとらえられる。それに対して、「を」を介した場合は、二つの理由のうち「思ひやり世づかずあやしかるべき」という理由のほうがそのような態度をとった理由としてより強く表現されることになる。浮舟にとっては、「世にありけり」と知られるよりも「いかなる様にてさすらへけん」というように想像されることのほうがよりつらいことなのである。したがって、「を」を介して地の文に流れ込むという構文をとったものとしてとらえることができる。

⑤　（帥の宮は女のところに）今宵もおはしまさまほしけれど、かかる御歩きを人々も制しきこゆるうちに、内大殿・春宮などの聞こしめさんことも、軽々しう思しつつむほどに、いとはるかなり。（和泉式部日記）

「和泉式部日記」は、本来、登場人物としての「女」を主人公にした物語風の日記であるが、その「女」は作者自身でもある。その恋人帥の宮もまた作者・女に密着した存在でもある。したがって、作者の立場からの地の文と女・帥の宮の心の文とはその区別を標示する表現のない形で展開していくという文体を持っている。ここの「軽々しう（軽率な行為であると思われてしまうであろう）」という帥の宮の心の文もそのまま「思しつつむほどに、いとはるかなり（お気持ちを慎んでいるうちに長い日数が経っていくのである）」という作者の立場からの叙述である地の文に流れ込んでいくのである。「いとはるかなり」というのは、帥の宮が女のところに通うのがしばらく絶えていたという事態の客観的な描写ではなく、帥の宮の訪れを待ち望む女の心理描写、すなわち心の文にもなっているのである。

この地の文がそのまま心の文になっている例については、⑷「地の文がそのまま心の文になっている構文」の項で改めて考察することにする。

⑥かくのみ思ひくんじたるを、心も慰めむと、心苦しがりて、母、物語など求めて見せたまふに、げにおのづから慰み行く。紫のゆかりを見て、続きの見まほしくおぼゆれど、人語らひなどもえせず。誰もいまだ都なれぬほどにてえ見つけず。いみじく心もとなくゆかしくおぼゆるままに、「この源氏の物語、一の巻よりしてみな見せたまへ」と心の内に祈る。親の太秦に籠りたまへるにも、異事なく、このことを申して、出でむままに、この物語見果てむと思へど、見えず。いと口惜しく思ひ嘆かるるに、……（更級日記）

「更級日記」も作者自身の立場からの叙述であるから、自分自身の心の文も地の文と融合する構文をとるのである。

⑦（頭の中将が）童を召して、（八条の宮邸の）有様くはしく問はせたまふ。（童が）ありのままに、心細げなる有様を語らひきこゆれば、あはれ故宮のおはせましかば。さるべき折は（宮邸に）まうでつつ見しにも、よろづ思ひ合はせられたまひて、「世の常に」などひとりごたれたまふ。わが御上もはかなく思ひ続けられたまふ。いとど世もあぢきなくおぼえたまへど、またいかなる心の乱れにかあらむとのみ常に（姫君に対する恋心が）もよほしたまひつつ、（姫君に）歌など詠みて問はせたまふべし。「いかで（姫君に）いひつきし」など思しけるとかや。（堤中納言物語・ほどほどの懸想）

ここは物語の終結の部分である。式部卿の宮の姫君に懸想している頭の中将が姫君の心細く住みなしている八条邸の有様を聞いて、「あはれ故宮のおはせましかば（ああお気の毒に。姫君の父が生きていらっしゃったならば、このような心細げなこともなかったろうに）」と思いながらも、一方では、姫君に懸想した自分を「いかでいひつきし（どうして姫君と契るようなことになったのか）」とも後悔しているというのである。「あはれ故宮のおはせましかば」は、頭の中将の心の文である。ところが心の文であるということを標示する表現がないので、読者は、その後のところも心の文のつもりで読み進めていく。意味構造上は、「さるべき折はまうでつつ見しにも、よろづ思ひ合はせられて（しかるべき折々は八条邸に参上し、様子をおうかがいしたことがあったが、それにつけても式部卿家の昔と今とがいろいろ思い合わせられることも多くなって）、『世の常に（故式部卿を慕う思いを暗示させるような引き歌か）』などとおぼゆ」という心の文となるべきであろうと思っていたところが、確かに「さるべき折はまうでつつ見しにも、よろづ思ひ合はせられ」という回想の部分までは心の文であるが、その後は、「思ひ合はせられたまひて」の「たまひ」という敬意表現、「ひとりごたれたまふ」という客観的な叙述から見て、表現構造上は地の文となっている。すなわちここは心の文から「わが御上」以下の地の文に流れ込んだ構文ということになる。世の無常を感じながらも、式部卿の姫君に対する恋の気持ちも抑えきれず、かといって情熱的にもなれないでいる頭の中将の心理を物語の終結部として、叙述するためにとられた構文であろう。

(3)　心の文の中に地の文の要素が流れ込んでいる構文

①　（更衣は）息も絶えつつ聞こえまほしげなることはありげなれど、いと苦しげにたゆげなれば、（帝は）「かくながらともかくもならむをご覧じ果てむ」と思し召すに、（母君からの使）「今日はじむべき祈りども、さるべき人々承れる、今宵より。」と、聞こえ急がせば、（帝は）わりなく思ほしながらまかでさせたまふ。

（源氏物語・桐壺）

「かくながらともかくもならむをご覧じ果てむ」は、「と思し召す」という標示によって、帝の心の文であることがはっきりしている。ところが、帝の心の文の中に「ご覧じ」という帝自身に対する為手尊敬語が用いられている。帝の発話においては、帝自身のことに関する事柄についても敬語を用いる、いわゆる自敬表現というとらえ方もできる。為手尊敬語は原則として客観的な立場からの地の文としての表現であるから、ここは帝の心の文のなかに帝に対する語り手の敬意が流れ込んでいるものとしてとらえることができる。

② （帥の宮）「おはしまさん」と思し召して薫物などせさせたまふほどに……
（和泉式部日記）

「おはしまさん」は帥の宮の心の文である。これも①の例と同じように、帥の宮自身の心の文に為手尊敬語が用いられているが、帥の宮の心の文の中に帥の宮に対する作者の敬意が流れ込んだ表現になっているのである。

③ （東宮）「殿には、年頃思し召しつることなど細かに聞こえん」と心強く思し召しつれど、まことになりぬる折は、いかになりぬることぞとさすがに御心さはがせたまふ。
（大鏡）

「思し召し」は、東宮の心の文の中の東宮自身に対する為手尊敬語である。ここも東宮の心の文の中に東宮に対する語り手の敬意が流れ込んだ表現になっているのである。

(4) 地の文がそのまま心の文になっている構文

① 女、かく隠れもなき所に「人もこそ来れ、いかにせん」と胸つぶれて、いと恐ろし。阿漕もいとあわただしくおぼゆ。
（落窪物語）

継母の留守の間に左近少将と契った落窪の姫君とその召使の阿漕とが、継母たちが帰ってきて少将と一緒にいるところを見つかったならどうしようかと恐れているところである。「人もこそ来れ、いかにせん」は「と」が標示されているので、心の文であることは明らかである。また、「いとあわただしく」も「連用形＋思ふ」という構文になっているので、心の文であることは明らかである。ところが、「いと恐ろし」は「胸つぶれて」という地の文の接続成分を受けている文統括成分であるから、これは地の文である。しかし、その叙述内容は、「女」の心情を叙したものであるから、意味構造上は心の文ということになる。すなわち、地の文がそのまま心の文になっているのである。

このように、地の文がそのまま登場人物の心の文になる場合がある。特に、第一章・第二節「形容詞構文」のと臨場感を共にすることになるのである。

ところで考察したように、情意性形容詞・形容動詞を文統括成分とする文の場合にはその傾向が強い。そのような構文をとることによって、読者は、作者の立場から自然に登場人物と同じ立場に立つことになって、登場人物と臨場感を共にすることになるのである。

② (継母北の方は) いと心ゆきたる様にて、「かの几帳はいづこのぞ。いと清げなり。例に似ぬ物もあり。なほけしきづきたり。」とのたまへば、女君、(少将が) いかに聞こえんと恥づかし。(姫君の召使阿漕)「(几帳が) なくて悪しければ、(私の身内に) 取りに遣りはべる。」と聞こゆ。なほけしきを疑はしく思ひたまへり。(落窪物語)

左近少将と寝ていた姫君の部屋に継母が入ってきて、りっぱな几帳を見て、男を迎える準備ではないかと疑っているところである。「恥づかし」は「聞こえんと」の「と」によって引用された心の文を受けた表現であるから、表現構造上は地の文である。しかし、意味構造上は姫君の心情を叙述した心の文ということになる。すなわち、ここも、地の文がそのまま心の文になっている構文である。「恥づかしとおぼゆ」というような表現ならば、表現構造上も心の文ということになる。しかし、ここは、一緒に寝ている少将に対してひどく恥ずかしがる姫君の心情を緊迫感を持って表現するために、「恥づかしとおぼゆ」というような説明的な表現を避けて、姫君の心情をそのまま叙述したのである。

③ (源氏は) 御先の松明ほのかにて、(乳母の家を) いと忍びて出でたまふ。(夕顔の家の) 半蔀は下ろしてけり。ひまひまより見ゆる火の光、蛍よりけにほのかにあはれなり。(源氏物語・夕顔)

「御先の松明ほのかにて、いと忍びて出でたまふ」は、作者の客観的な立場からの描写、すなわち地の文である。ところが、「半蔀」からの文は、地の文としての展開を見せているようであるが、その叙述内容は源氏の認識した事柄である。特に、最後の「あはれなり」という文統括成分は、源氏の心情の直接的な叙述である。したがって、ここも、地の文がそのまま心の文になっているということになる。

④（物の怪）「嘆きわび空に乱るるわが魂を結びとどめよしたがひのつま」とのたまふ声・けはひ、その人にもあらず、変はりたまへり。（源氏は）「いとあやし」と思しめぐらすに、（その声・けはひは）ただかの御息所なりけり。あさましう人のとかく言ふを、「（口の）よからぬ者どもの言ひ出づること」と（源氏は）聞きにくく思して、のたまひ消つを、（源氏）「目にみすみす、世にはかかることこそはありけれ」と、（御息所が）うとましうなりぬ。（源氏物語・葵）

出産間際の葵の上を物の怪が苦しめる場面である。「ただかの御息所なりけり」は、物の怪の正体が六条の御息所であるということに気づいた源氏の驚き・嘆きの気持ちを叙述した心の文である。その前後はいずれも地の文であるが、その境が標示されていない。しかし、一々地の文と心の文との境をはっきり標示することによって、語りの視点を論理的・分析的に転換させるよりも、このように、語り手の視点からの描写をそのまま登場人物の心理からの表現とすることによって、その場の源氏の緊迫した心理状態が強く叙述できるのである。

⑤「かの人の気色も心あらん女のあはれと思ひぬべきを、などてかは（中の君は）ことのほかには（薫を）さし放たむ。（二人は）よきあはひなれば、互ひにぞ思ひ交はすらむ」と、（匂宮は）思ひやるぞわびしく腹立たしく妬かりける。（源氏物語・宿木）

薫と中君との間を疑っている匂宮の心理を語っているところである。「妬かりける」の連体形止めは、「ぞ」の結びであり、そういう点から見れば、「妬かりける」は地の文ということになるが、実質的には匂宮の心理を直接叙述した心の文でもある。したがって、意味構造上は、「……思ひやるぞ『わびしく腹立たしく妬し』と覚ゆる」と同じになる。ここでも読者は、語り手の視点と登場人物匂宮との視点との融合した表現を読み取ることによって、匂宮と一体となって、匂宮の心情を強く感じ取ることができるのである。

⑥（薫が浮舟を）強ひてかき起こしたまへば、（浮舟の）をかしきほどに（顔を扇で）さし隠してつつましげに見出

だしたるまみなどは、（大君を）いとよく思ひ出でらるれど、（浮舟が）おいらかに、あまりおほどき過ぎたるぞ心もとなかめる。（薫）「（大君は）いといたう子めいたるものから、用意の浅からずものしたまひしはや」と、なほ行く方なき悲しさは空しき空にも満ちぬべかめり。（源氏物語・東屋）

浮舟を抱きながら大君を思い出している薫の心情を語っているところである。「いとよく思ひ出でらるれど」は地の文であるから、それを「ど」によって逆接的に受ける「おいらかに、あまりおほどき過ぎたるぞ心もとなかめる」も地の文となるはずである。また、「いといたう子めいたるものから、用意の浅からずものしたまひしはや」は、「と」によって地の文から区別された心の文であるから、「なほ行く方なき悲しさは空しき空にも満ちぬべかめり（やはりやり場のない悲しさは果てしない大空にもいっぱいになってしまいそうだ）」の方は地の文ということになる。ところで、「心もとなかめる」「満ちぬべかめり」の「めり」は、「……のように見える」「……のように思われる」「……のようだ」などと口語訳されるように、話し手の主観性の強い判断を表現する傾向を持った助動詞である。したがって、「おいらかに、あまりおほどき過ぎたるぞ心もとなかめる」「なほ行方なき悲しさは空しき空にも満ちぬべかめり」どちらも、地の文がそのまま登場人物薫の心情を語っている心の文になっている構文としてとらえることもできる。

⑦（浮舟は）こもき（浮舟の女童）供に率ておはしつれど、（こもきは）色めきて、この珍しき男の艶だちゐたる方に帰り往にけり。「今や来る、今や来る」と（浮舟は）待ちゐたまへれど、（戻らず）いとはかなき頼もし人なりや。（源氏物語・手習）

浮舟に懸想している中将が訪れてきたので、浮舟は女童の「こもき」を供に連れて、母尼の居間に逃げ隠れたところが、こもきは中将のほうに関心があって行ってしまったきり帰ってこないので、浮舟は心細い気持ちになったというのである。「待ちゐたまへれど」までは作者の客観的な視点からの地の文であるから、それを受ける「いとはかなき頼もし人なりや（こもきは全く頼りにならない人だなあ）」も地の文としてとらえられるが、それはそのまま登場人物浮舟の心情の描写でもある。すなわち、地の文がそのまま心の文になっている構文としてとらえることができる。

これらの例文はいずれも、「形容詞文」と同じ表現性を持った構文であり、作者・読者・登場人物一体となった描写ということになり、それだけに読者は臨場感を持って登場人物の心情をとらえることができるのである。

第二節　話の文

Ⅰ　話の文の表現構造

(1)　対話の文の特色

話の文とはいっても、実際には、話し手が単独に発するいわゆる独白の発話は少ない。多くは「対話」という形をとる。対話は、話し手となる人物と聞き手となる人物との間に交わされる発話であるので、お互いに相手を意識する度合いが強くなる。

①　御後ろを参るとて、君もうつぶし、我もうつぶしたるほどに、懐なる文の落ちぬるもえ知らず。少将見つけたまひて、ふと取りたまひつ。（少将）御鬢かき果てて（奥の三の君の部屋に）入りたまふに、いとをかしければ、三の君に（少将）「これ見たまへ。惟成が落としたりつるぞ。」とて、奉りたまひて、「手こそいとをかしけれ。」とのたまふ。（三の君）「落窪の君の手にこそ。」とのたまふ。少将、「とは誰をか言ふ。あやしの人の名や。」（三

の君）「さ言ふあり。物縫ふ人ぞ。」とて止みぬ。三の君は文を取りたまひてあやしと思ひ居たり。（落窪物語）
落窪の姫君の召使阿漕の夫である帯刀惟成が、姫君の継母北の方の娘三の君の婿である蔵人の少将のお召しによって、蔵人の少将の髪を結うときに、姫君と契った右近少将への姫君からの手紙を誤って落とし、それを蔵人の少将に取り上げられてしまった。その手紙を蔵人の少将が三の君に手渡したときの二人の対話である。蔵人の少将の話の文の「とは」とは、意味構造上、三の君の話の文「落窪の君」という発話をそのまま受けて、「落窪の君とは誰をか言ふ」というべきところの発話の発端である。相手の発話をそのまま受け継いで自分の発話のきっかけにする構文である。このような構文は、実際の対話ではしばしば現れる。

②

年も暮れぬ。内裏の宿直所に（源氏が）おはしますに、大輔の命婦参れり。（源氏の）御けづり櫛などには、懸想だつすぢなう心安きものの、さすがに（命婦に）のたまひ戯れなどして、（源氏が）使ひならしたまへれば、（源氏の）召しなき時も、（源氏に）聞こゆべきことある折は、参うのぼりけり。(a)（命婦）「あやしきことのはべるを、聞こえさせざらむもひがひがしう、思ひたまへわづらひて。」と、微笑みて聞こえやらぬを、(b)（源氏）「何ざまのことぞ。われにはつつむことあらじとなん思ふ。」とのたまへば、(c)（命婦）「いかがは。みづからの憂へはかしこくとも（源氏に）まづこそは。これはいと聞こえさせにくくなん。」と、いたう言こめたれば、(d)（源氏）「例の艶なる。」と、憎みたまふ。(e)（命婦）「かの宮よりはべる御文。」とて、取り出でたり。(f)（源氏）「まして、これは取り隠すべきことかは。」とて取りたまふも、（命婦は）胸つぶる。（源氏物語・末摘花）

御所の宿直所にいた源氏を、御所にお仕えし、また末摘花にも仕え、源氏も親しくしている大輔の命婦が訪ねてきて、末摘花からの手紙と新年の装束とを源氏に出し渋っているところである。この文章から導き出されてくる対話の文の特色となる表現を整理してみる。

（ア）(a)には、「あやしきことのはべる」の「はべり」、「聞こえさせざらむ」の「聞こゆ」、「思ひたまへ」の

「たまふ」などの聞き手に対してかしこまりの気持ちを表現する敬語が用いられている。このように、対話においては聞き手を意識した敬意表現が多かれ少なかれ用いられる。

(イ) (a)「わづらひて（はべり）」、(c)「いかがは（つつみはべらむ）」「まづこそは（聞こえん）」「聞こえさせにくくなん（はべる）」、(d)「艶なる（ことよ）」、(e)「御文（なり）」などのように、（ ）内の表現によって文統括されずに、言いさし表現になる例が多く見られる。

(ウ) (b)「何ざまのことぞ」は、(a)の「あやしきことのはべる」を受けた表現、(c)「いかがは」は(b)「われにはつつむことあらじとなん思ふ」を受けた表現、(d)「例の艶なる」は(c)「これはいと聞こえさせにくくなん」という相手の発話態度に対する非難、(f)「ましてこれは取り隠すべきことかは」は(e)「かの宮よりはべる御文」を受けた表現である。このように、必ず相手の発話態度あるいは発話内容を受けて、自分の発話を展開していくのである。①の例文における蔵人の少将の発話「とは」も同じ性格のものである。

(エ) (c)「これ」、(e)「かの宮」、(f)「これ」などのように、地の文における指示語はほとんど文脈指示語であるのに対して、対話における指示語は場面指示語である場合が多い。①の例文における三の君の「さ言ふあり」の「さ」も同じ性格のものである。

(オ) ところが、普通は、(ウ)のように、相手の発話をそのまま受け止めて、その延長線上に話を展開していくのであるが、時には、ひとつの題材を巡って、敢えて相手の発話内容を曲解したり、反論したりして対話が展開していく場合もある。

③ またの日、（大輔の命婦が）上にさぶらへば、（源氏が）台盤所にさしのぞきたまひて、(a)（源氏）「くはや。昨日の返り事あやしく心ばみ過ぐさるる。」とて、（文を）投げたまへり。女房たち、「何事ならん。」と、ゆかしがる。(b)（源氏）「ただ、梅の花の色のごと、三笠の山の少女をば捨てて。」と、うたひすさびて、出でたまひぬ

るを、命婦は、「いとをかし。」と思ふ。(c)心知らぬ人々は、「なぞ、(源氏の)御独り笑みは。」と、とがめあへり。(d)(命婦)「あらず。寒き霜朝に、掻練好める鼻の色あひや見えつらむ。御つづしり歌のいとをかしき。」と言へば、(e)(女房たち)「あながちなる御言かな。この中には匂へる花もなかめり。左近の命婦、肥後の采女や交じらひつらん。」など、心も得ずいひしろふ。

(源氏物語・末摘花)

②の場面に続く翌日、源氏と大輔の命婦と女房たちとの会話である。「ただ、梅の花の色のごと、三笠の山の少女をば捨てて」は、当時の風俗歌である。「左近の命婦、肥後の采女」は、宮中に仕えている鼻の赤い女官の名である。

源氏と命婦の真意をはかりかねた女房たちの会話が面白い。源氏は、(b)において、風俗歌「梅の花」に末摘花の鼻を暗示させ、どうしてすばらしい女性を捨てて、こんな見劣りする女にかかわりを持ったのであろうかといった心情を表明しているのであるが、その真意をはかりかねた女房たちは、源氏の微笑みには何か深い意味があるのかと思うが、それがなんであるかはわからずに、ただ(c)「なぞ」と不審がっている。それに対して、命婦は何らかの釈明をする必要があって、まず、女房たちの思惑を(d)「あらず(御独り笑みはなんでもないのです)」とはっきり否定し、さらに、「寒い霜の朝であるから、赤い掻練の衣を着て、赤い鼻をしている姿をご覧になったのであろう」と、あえて源氏の真意をはぐらかした説明をする。このはぐらかしにも女房たちは気づくはずはなく、(e)「台盤所にいる女房の中に赤い鼻をした人はいないのに、源氏様は赤鼻の女房などとお笑いになるなんてひどいお言葉ですよ」というような反発をする。源氏の「梅の花の色」→命婦の「掻練好める鼻の色あひ」→女房たちの「匂へる花」、「左近の命婦・肥後の采女」と展開していく対話には、一貫して「花の色」が共通の題材として三者の発話をつないでいくが、それぞれの思惑は食い違っている。

(2) 歌の贈答による対話

この共通の題材による対話の展開がもっとも高度に洗練されたのが贈答歌である。贈答歌は歌による対話と見ることができる。

① （兼家からの文を）見れば、紙なども例のやうにもあらず、至らぬところなしと聞き古したる手も、あらじと覚ゆるまで悪しければ、いとぞあやしき。ありけることは、

（兼家）音にのみ聞けば悲しなほととぎすこと語らはんと思ふ心あり

とばかりぞある。「いかに返事はすべくやある。」など定むるほどに、古代なる人ありて、「なほ。」とかしこまりて書かすれば、

（作者）語らはん人なき里にほととぎすかひなかるべき声な古しそ

（蜻蛉日記・上）

兼家と作者との贈答歌である。両者に共通していることばは「ほととぎす」と「語らはん」とである。この二つのことばを素材として、兼家の歌は単刀直入に結婚の申し込みをした歌であり、それに対して、作者の歌は、そのことばを受けてやんわりと拒否した歌である。相手のことばを取り込んで歌うのが返歌の手法である。しかし、ここでは相手の言い分をそのまま受け入れたのではなく、「語らはんと思ふ心あり」という相手のことばをいったんは取り上げながらも、「心あり」に対して「語らはん人なき」と切り返すことによって、内実は相手の要求を拒否しているのである。しかし、単刀直入に拒否しているのではない。初二句において「あなたの相手になれるような人はここにはいない」というようにへりくだった言い方によって拒否の態度を表明しているのである。拒否とはいっても、結婚の申し込みに対しては、一旦辞退するのが当然の返事であり、また当時の慣わしでもあった。

② （源氏からの消息）「夕霧の晴るる気色もまだ見ぬにいぶせさ添ふる宵の雨かな

雲間待ち出でむほどいかに心もとなう。」とあり。(源氏が) おはしますまじき御気色を人々胸つぶれて思へど、(末摘花の女房たち)「なほ(返事を) 聞こえさせたまへ。」とそそのかしあへれど、(末摘花は) いとど思ひ乱れたまへるほどにて、え型のやうにも続けたまはねば、「夜更けぬ。」とて、侍従ぞ例の教へきこゆる。

(末摘花) 晴れぬ夜の月待つ里を思ひやれ同じ心にながめせずとも　(源氏物語・末摘花)

この贈答歌の共通の題材は「晴る」である。と同時に、源氏の「雲間待ち出でむ」に対して、末摘花の「(その雲間に出る) 月待つ」すなわち源氏のおいでになるのを「待つ」という応答もこの贈答の共通の題材ということになる。

このように、相手のことばを取り上げながら、それに即してこちらの意思を表現するというのが対話の基本的態度である。そして、相手との共感を表現する場合には、さしたる問題は生じないが、相手の意思に反する返答をする場合には、相手の感情を傷つけないような表現を凝らすのが対話における礼儀でもある。しかし、ごく親しい男女の仲では、相当きつい反論であってもかえって赤裸々な愛情の表現として許されることもある。

③　つごもりがたに、(帥の宮)(a)「いとおぼつかなくなりにけるを、などか時々は。人数に思さぬなめり。」とあれば、女

(b)　寝覚めねば聞かぬなるらん荻風は吹かざらめやは秋の夜な夜な

と聞こえたれば、立ち返り、(帥の宮)(c)「あが君や。寝覚めとか。物思ふ時はとぞ。をろかに

(d)　荻風は吹かばいも寝で今よりぞおどろかすかと聞くべかりける」　(和泉式部日記)

帥の宮と和泉式部との手紙のやり取りによる、(a)に対する(b)、(b)に対する(c)(d)の対話である。(a)「時々はお手紙を下さい」という宮の要求に対して、式部が(b)「あなたは何の悩みもなく目が覚めないから、聞こえないのでしょう。毎夜あなたを招いております荻風を」と反論している。「荻風」は「招ぎ風」の意を掛けている。その

(b)の式部の反論に対して今度は、(b)の「寝覚めねば」を取り上げて、宮は、(c)において、「物思ふ時は（寝るところではないということですよ）」と「寝る」こと自体を否定して反論している。そして、さらに改めて、宮は(d)の歌において、(b)の式部の歌の「寝覚めねば」「聞かぬなるらん」「荻風は吹かざらめやは」という表現をそっくり取り込んではいるが、内実は式部の「荻風は吹かざらめやは」という言い分に対して、もしあなたが本当に「荻風は吹かば」というならば、と念を押して相手の気持ちに疑いをさしはさんでみたり、さらに「寝覚めねば聞かぬなるらん」という非難に対しては、本当にあなたが私を招いてくれるならば、「いも寝で聞くべかりける」と反論しているのである。ごく親しい男女の仲だからこそ、このようなきつい反論も許されるのであろう。

このような応答がさらに洗練されてくると、言外のことばによる対話の形式が生まれてくる。それを媒介するのは多くは古歌である。

④ （源氏）「今年だに声少し聞かせたまへかし。待たるるものは、さしおかれて、御気色の改まらんなんゆかしき。」とのたまへば、（末摘花）「さへづる春は。」と、辛うじて（声を）わななかし出でたり。（源氏物語・末摘花）

源氏の「待たるるもの」とは「鶯」である。「新玉の年たちかへるあしたより待たるるものは鶯の声」（拾遺集・五）という古歌を媒介とする。「鶯」ということばが歌に詠まれてはいなくとも、末摘花はとっさにそれを了解する。そこでその「鶯」に託して自分の思いを応答するのであるが、これも「鶯」ということばは一切詠まずに、「待たるるものは」に対して、「さへづる春は」と応ずるのである。これを媒介するのも「百千鳥さへづる春はものごとに改まれどもわれぞ古り行く」（古今集・二八）という古歌である。このように古歌を媒介として言外のことばで語り合うのもまたこの時代の対話の特色である。

同じ贈答歌による対話でも、次のような対話もある。

⑤ （左近少将）女君の臥したまへる所に寄りたまひて、「かくばかりあはれにて来たりとて、（私を）ふとかき抱

きたまはばこそあらめ。」とて、(落窪の姫君を) かいさぐりたまふに、(女君の) 袖の少し濡れたるを、(女君は) 男君来ざりつるを思ひけるに、あはれにて、

(少将)「何事を思へるさまの袖ならん」

とのたまへば、女君

(女君)「身を知る雨のしづくなるべし」

とのたまへば、(少将)「今宵は身を知るならば、いとかばかりにこそ。」とて臥したまひぬ。(落窪物語)

大雨の中を苦難を乗り越えて姫君を尋ねてきた少将と姫君との対話を描写したところである。少将が「このように濡れているのはどんなことを思って濡れた袖なのでしょう」という意味の上の句を詠み、それに対して姫君が「あなたが来てくださらないわが身の不幸を思い知る雨（涙）のしずくで濡れたのでしょう」という意味の下の句を詠み次ぐという問答形式の連歌の形をとった対話である。

⑥　花の木どもの咲き乱れたる、いと多く散るを見て、

(源中将)「あかで散る花見る折はひたみちに」

とあれば、佐

「わが身にかつはよわりにしかな」

とのたまふ。(堤中納言物語・花桜折る少将)

ここも、源の中将と兵衛の佐との連歌式の対話である。

(3) 応答詞

対話では、相手の発話内容をそらして、別の話題に転換していくようなことはあまり好まれない。特別な意図

がない限り、できるだけひとつの話題で通していこうとする意識が働くのが普通である。したがって、話し手は常に相手の発話内容を受け継いで、それを自分の発話の発端にしようとする。そのような働きを果たす表現として、勧誘・呼びかけ・応答などに関わる表現（これを一括して「応答詞」と呼ぶことにする）「いざ・いさや・いでや・いな・げに・さても・さはれ・さらば・よし」など、そのほか指示語がある。

① （左近少将）「ここはいみじう参り来たるも人気なき心地するを、渡したてまつらむ所におはしなんや。」とのたまへば、（落窪の姫君）「御心にこそは。」とのたまへば、（左近少将）「さらばよ。」などのたまひて臥したまへり。（落窪物語）

少将が姫君に向かって「別な場所においでになりませんか」と誘ったのに対して、姫君が「少将様の御心にお任せしましょう」と応諾したので、さらに少将が「そういうお気持ちならばこの邸を出ましょう」と答えたのである。「さらば」は姫君の「御心にこそは」を受けて「『御心にこそは』とおっしゃるならば」という意味の発話ということになる。

② 夜深き月の、明らかにさし出でて、山の端近き心地するに、念誦いとあはれにしたまひて、（八の宮が薫と）昔物語したまふ。（八の宮）「このごろの世はいかがなりにたらむ。宮中などにて、かやうなる秋の月に、御前の御遊びの折に、（人々の）さぶらひあひたる中に、物の上手と思しき限り、とりどりに打ち合はせたる拍子ことごとしきよりも、よしありと覚えある女御・更衣の御局々の、おのがじしはいどましく思ひ、うはべの情けをかはすべかめるに、夜深き程の人の気しめりぬるに、心やましくかい調べ、ほのかにほころび出でたる物の音など、聞き所あるが多かりしかな。なにごとにも、女は、もてあそびのつまにしつべく、ものはかなきものから、人の心を動かすくさはひになむあるべき。されば、罪の深きにやあらむ。子の道の闇を思ひやるにも、男は、いとしも親の心を乱さずやあらむ。女は、限りありて、言ふかひなき方に思ひ捨つべきにも、なほいと

心苦しかるべき。」など、（姫君のことを）大方のことにつけてのたまへる、（八の宮が）いかがさ思さざらむ。心苦しく思ひやらるる（八の宮の）御心のうちなり。（薫）「すべてまことにしか思ひたまへ捨てたる気にやはべらむ。みづからのことにては、いかにもいかにも深う思ひ知る方のはべらぬを。げに、はかなきことなれど、声に愛づる心こそ、そむきがたきことにはべりけれ。さかしう聖だつ迦葉も、さればや、起ちて舞ひはべりけむ。」など、聞こえて、（以前に）あかず一声聞きし（大君の）御琴の音をせちにゆかしがりたまへば、（八の宮）「（薫に）うとうとしからぬはじめにも」とや思すらむ、御自らあなたに入りたまひて、（姫たちを）せちにそそのかしきこえたまふ。

（源氏物語・椎本）

薫の発話の「げに、はかなきことなれど」は、八の宮の「女は、もてあそびのつまにしつべく、ものはかなきものから」を受けた応答のことばである。「げに」という応答詞はある事態を受けて、それを確認したり、納得したり、あるいは賛同したりする気持ちの表現として用いられる。しかし、ここで八の宮が「ものはかなきものから」といったのは「女は」という提示語があるから、当然「女」を「ものはかなきもの」と評価しているのである。ところが、薫の「はかなき」は、「はかなきことなれど、声に愛づる心こそ、そむきがたきことにはべりけれ」という発話から見て、音曲について「はかなき」と評価しているととらえるべきである。「あなた様がおっしゃる通り、音曲などはつまらないものではございますが、すべて俗世を捨てた私ではありますが、音楽を楽しむ心だけは捨てかねているのです」というような意味構造になる。そうすると、薫は「げにはかなきことなれど」という表現によって、八の宮の「ものはかなきものから」という発話を受け止めてはいるけれども、その意味する内容については、八の宮の意味する内容を取り違えているということになる。しかし、まさか、そんな勘違いをする薫でもなかろう。

八の宮の発話は、三つの部分に分かれる。第一段においては、宮中の思い出を語り、その中で、後宮の女性の帝に召されぬ妃について、「夜深き程の人の気しめりぬるに、心やましくかい調べ、ほのかにほころび出でたる物の音など、聞き所あるが多かりしかな」と語っている。それを受けて、次に「なにごとにも、女は、もてあそびのつまにしつべく、ものはかなきものから、人の心を動かすくさはひになむあるべき」と女の性《さが》を語り、さらにそれを受けて、表面上は、女性一般の傾向として語っているが、内実はわが娘の将来を心配する八の宮の心情を語っている。薫は、八の宮のわが娘の将来を心配する心情を理解し、それを少しでも和らげるために、「（女は）ものはかなきもの」を「げに（物の音）はかなきことなれど」と八の宮の第二段から第三段に展開する発話の流れを逆に第一段に戻している。話題を女の性から音楽のほうに転換させようとしているのである。ここは、「あなたのおっしゃるとおり、『ものはかなき』ものであるけれども、それゆえにこそ、女の『ほのかにほころび出でたる物の音など聞き所あるが多かりしかな』ということになるのです。私も女の情趣溢れる楽の音を聞きたいものです」という発話内容になる。そうして、暗に姫宮たちの琴の音を聞きたいと所望もしているのである。八の宮もそのような薫の意図を察知して、姫宮たちに琴を弾くことを勧める。

また、対話においては、相手の発話内容の中からあるひとつの情報に限定してそれを取り上げて指示する表現「その＋体言相当語」も用いられる。相手の発話内容を受ける指示語は中称の「そ」系統のものが多い。

③　あはれにもののおぼゆるほどに、（小舎人童が）来たれば、（式部）「などか久しく見えざりつる。遠ざかる昔の名残にも思ふを。」など言はすれば、（童）「(a)そのこととさぶらはでは、馴れ馴れしきさまにやとつつましうさぶらふうちに、日ごろは山寺にまかり歩きてなん。いと頼りなくつれづれに思ひたまふらるれば、（故為尊親王の）御代はりにも見たてまつらんとてなん帥の宮に参りてさぶらふ。」と語る。（式部）「いとよきことにこそあなれ。(b)その宮はいとあてにけけしうおはしますなるは。昔のやうにはえしもあらじ。」など言へば……

（和泉式部日記）

(a)「そのこと」の指示内容は、この後の「馴れ馴れしきさまに」参るような用事ということである。いわゆる場面指示語である。次に、童が「帥の宮に参りてさぶらふ」ということを語ったのを聞いて、帥の宮の兄君故為尊親王と恋愛関係にあった式部は当然その弟君の帥の宮に強い関心を寄せる。そこで、童の発話内容の中の「帥の宮」を(b)「その宮」と指示して改めて取り上げ、それを「は」という係助詞によってさらにはっきりと提示した表現をとる。式部の帥の宮に寄せる関心の強さが表現されている。単に相手の発話内容の一部を指示するだけならば、「その」という指示語を標示しないで、「帥の宮は」という表現だけでも可能なのである。しかし、それを指示語によってことさら取り上げることによって、そのことに対する話し手の興味・関心の強さを相手に訴えて相手の注意をそこにひきつけておいて、それを受ける発話内容をその後に展開しようとする意図を持った表現となるのである。

④　近き御厨子なる色々の紙なる文どもを引き出でて、中将わりなくゆかしがれば、（源氏）「(a)さりぬべき少しは見せん。かたはなるべきもこそ。」と許したまはねば、（中将）「(b)そのうちとけてかたはらいたしと思されんこそゆかしけれ。おしなべたる大方のは、数ならねど、ほどほどにつけて書き交はしつつも見はべりなん。おのがじし恨めしき折々待ち顔ならん夕暮れなどのこそ見所はあらめ。」と怨ずれば、……　（源氏物語・帚木）

(a)「さりぬべき」という指示表現は、中将がしきりに見たがっている女からの文のうちの、他人に見られても差し支えのない文だけに限定して取り上げ、それだけは見せてあげようという意思の表現である。ここには中将の発話内容が具体的に叙述されてはいないが、当然何らかの発話があったはずである。「さ」はその発話内容を受けた指示語である。(b)「そのうちとけてかたはらいたしと思されん（文）」という発話は、源氏の発話の「かたはなるべき（見られては困るような体裁の悪い文）」を受けて、それを言い換えたのに過ぎないものであるから、「その」という指示語がなくともよいはずである。それなのに、あえて「その」という指示語を冠したのはいかなる意図によるものであろうか。「色々の紙なる文ども」には、「さりぬべき（文）」と「かたはなるべき（文）」とがある。中将が見たいのは、そのうちの「かたはなるべき（文）」のほうである。それ以外の「さりぬべき（文）」などは、自分も女と取り交わしている文であるから興味はないと言う。中将は、「その」によって源氏の発話内容「かたはなるべき（文）」をことさら取り上げて指示することによって、私の見たいのは「うちとけてかたはらいたしと思されん（文）」に限定されるということを源氏に向かって強く訴えようとしているのである。

⑤　（紀伊守）「（父）伊予の守の朝臣の家に慎むことはべりて、女房なん（私の邸に）まかり移れる頃にて、狭き所にはべれば、（源氏にとって）なめげなることやはべらん。」と、下に嘆くを聞きたまひて、（源氏）「(a)その、人近からんなむうれしかるべき。女遠き旅寝はもの恐ろしき心地すべきを。ただ(b)その（女房たちの）几帳の後ろに。」とのたまへば、（供の人々）「(c)げによろしき御座所にも。」とて、（紀伊守の邸に）人走らせやる。

（源氏物語・帚木）

(a)「その、人近からん（所）」は、紀伊の守の発話「女房なんまかり移れる頃にて、狭き所にはべれば」を受けて、そういう状況にある場所を特に取り上げて指示した表現である。単に、相手の発話内容の一部を指示しているのではなく、「その」という指示語によってそれを特に取り上げ、しかも、「狭き所にはべれば」という相手の発話内容を、「人近からん」という自己の認識した表現によって実質的に繰り返すことによって、そういう状況にある場所であるということを改めて確認する。さらに「なん」という強調表現によって、そういう状況をはっきりと確認する。そうすることによって、そういう状況にあることに対する源氏の「うれしかるべき」という心情を相手により強く納得させようとしているのである。(b)「その」も、紀伊の守の発話を受けて、女の寝所に近い場所を特に強く取り上げた表現である。(c)「げに」は、源氏の「人近からんなむうれしかるべき」という発話を受けて、「なるほど源氏のおっしゃる通り悪くはない御座所です」と同意した表現である。さすが源氏のお供の人だけあって、源氏の好色めいた態度に敏感に反応し、それを受けて早速「人走らせやる」という行動に移るのである。

　このように、指示語は、単に先行叙述・相手の発話内容を指示しているだけではなく、その指示対象を特に取り上げることによって、それに対する話し手の何らかの心情を相手に訴えようとする意図をこめた表現なのである。

⑥　なほいとあさましきに、(空蟬)「現ともおぼえずこそ。(私は)数ならぬ身ながらも、(私を)思しくたしける(源氏の)御心ばへのほどもいかが浅くは思うたまへざらん。いとかやうなる際は際とこそはべるなれ。」とて、(源氏が)かく押したちたまへるを、(空蟬が)深く「情けなく憂し」と思ひ入りたる様も、(a)げにいとほしく、心恥づかしきけはひなれば、(源氏)「(私は)(b)その際々をまだ思ひ知らぬ初事ぞや。(私を)なかなかおしなべたるつらに思ひなしたまへるなんうたてありける。(私のことを)おのづから聞きたまふやうもあらん。(私は)あながちなる好き心はさらにならはぬを、さるべき(宿縁)にや。(c)げに、(空蟬に)かくあはめられたてまつるも、ことわりなる(私の)心惑ひを、みづからもあやしきまでなむ。」など、まめだちてよろづにのたまへど、……　(源氏物語・帚木)

　源氏が強引に空蟬と契ったことを巡っての空蟬の非難とそれに対する源氏の弁解の応答である。(a)の「げに」は、空蟬の「深く、情けなく憂しと思ひ入りたる様」を見て、源氏が心から「いとほしく、心恥づかしきけはひ」であると納得したということの表現である。これは対話における応答詞としての「げに」ではなく、その場におけるひとつの状況を確認する表現である。(b)の「その際々」は、空蟬が「かやうなる際は際とこそはべるなれ(私のような下々の者は下々の者と結ばれるべきです)」と言った発話を特に取り上げて、「あなたは際は際とおっしゃるが、私はその際と際との契りを知らない初心のことです」と応答している。源氏は、自分は恋の初心者であって、熟練した浮気者の恋に思われるのは心外であると強く訴えようとしているのである。そこで先ず、相手の非難点として取り上げた「際は際」ということを受けて、それを「その」という指示語によって特に取り上げて、そこに話題を限定する。しかし、空蝉が「際は際」といって源氏を非難するのに対して、そのことをそのまま議論の中心に据えたとしても、非はこちらにあるわけであるから、空蝉の非難に対して反論する力もないし、かえって空蝉の論を認めてしまうような始末になったのでは、空蝉の愛を失うことにもなりかねないので、わざわざ論点をそらして、「初事」を「ぞや」という係助詞によって強く前面に出してそれを話題とすることによって、自分の初々しさゆえの過ちであると弁解して、空蝉の許しを請おうとしたわけである。(c)の「げに」も、空蝉の「数ならぬ身ながらも、思しくたしける御心ばへのほどもいかが浅くは思うたまへざらん。いとかやうなる際は際とこそはべるなれ」という非難の発話を受けて、そういう非難を自分も取り上げて、改めてそういう非難を「ことわりなる」と容認することによって、自分の行為が「初事」であるゆえの取り乱した行為であると弁解して、空蝉の許しを請おうとしているのである。

(4) 直接話法と間接話法

① さて、かぐや姫、かたちの世に似ずめでたきことを、帝聞こし召して、内侍中臣の房子にのたまふ。「多くの人の身をいたづらになしてあはざなるかぐや姫は、いかばかりの女ぞと、まかりて見て参れ。」とのたまふ。房子、うけたまはりてまかれり。竹取の家にかしこまりて請じ入れて会へり。女に内侍のたまふ。「仰せごとに、『かぐや姫のかたち優におはすなり、よく見て参るべき』よし（帝が）のたまはせつるになむ参りぬる。」と言へば、（嫗）「さらばかく申しはべらむ。」と言ひて入りぬ。（竹取物語）

内侍の発話全体及び嫗の発話はどちらも「と言ふ」という構文になっている。このように、「と言ふ」という形をとって、登場人物の発話内容をそのまま客観的に引用する話法を「直接話法」と呼ぶ。それに対して、内侍の発話のうち、「仰せごとに、かぐや姫のかたち優におはすなり、よく見て参るべきよしのたまはせつる」は、「仰せごとに、『かぐや姫のかたち優におはすなり。よく見て参るべし。』とのたまはせつる」という客観的な立場からの表現構造をとらずに、「参るべし」という帝の発話が「よし」という表現を介して内侍自身の発話に転換している。このように、元の発話内容が語り手あるいは引用者の立場に立って引用される話法を「間接話法」と呼ぶ。間接話法は引用者の認識を通した引用であるから、元の発話内容をそのまま忠実に引用するというわけではなく、多かれ少なかれそこに何らかの形で引用者の主観が介入した発話内容となる。したがって、人称・時・所のとらえ方、敬意表現の仕方などが元の発話とは違ったものになったり、元の発話が要約されて引用されたり、時には、引用者の都合のよいように改変されたりすることすらある。

内侍中臣の房子の発話に引用された帝の発話の「おはす」というかぐや姫に対する為手尊敬表現や「参る」という嫗に対する受手尊敬表現は、帝自身の敬意表現ではなく、内侍の敬意表現であるととらえることができる。また帝の命令もこのままの形で発せられたものではなく、内侍の要約によるものである。もちろん、帝の内侍に対する発話も、竹取物語の語り手の立場からの引用であるから、実際にはこんな簡単な発話ではなく、語り手の要約した引用であることは明らかである。

② (靫負命婦)「上もしかなむ。『わが御心ながら、あながちに人目驚くばかり思されしも、長かるまじきなりけりと、今はつらかりける、人の契りになむ。世にいささかも人の心をまげたることはあらじと思ふを、ただこの人の故にて、あまたさるまじき人の恨みを負ひし果て果ては、かううち捨てられて、心をさめむ方なきに、いとど人わろう、かたくなになり果つるも、前の世ゆかしうなむ』とうち返しつつ御しほたれがちにのみおはします。」と語りて尽きせず、……

(源氏物語・桐壺)

更衣の母君を弔問した命婦が帝の発話を母君に伝えているところである。『　』内が帝の発話内容であるが、「御心」「思さる」という為手尊敬語は、帝の自分自身に対する敬意表現ではなく、命婦の帝に対する敬意表現としてとらえることができる。すなわち、ここは間接話法となっている。実際の帝の発話は、「人の心をまげたることはあらじと思ふを」の「思ふ」のように敬意なしの表現であったろう。ところが、命婦が帝の発話を母君に伝える段階になって、発話の冒頭において「上もしかなむ」という表現をとったので、それに引かれて帝に対する敬意表現の意識が強く働いて、最初のうちは「御心」「思さる」という敬意表現をとったものと思われる。

③　(宇多法皇が)鳥飼院におはしましたるに、例の遊女ども数多参りたる中に、大江玉淵が女の、声よくかたちをかしげなれば、あはれがらせたまひて、上に召し上げて、(宇多法皇)「玉淵はいと労ありて、歌などよく詠みき。この『とりかひ』といふ題を人々の詠むに、同じ心につかうまつりたらば、まことの玉淵が子とは思し召さん。」と仰せたまふを承りて……　(大鏡)

「同じ心につかうまつりたらば」も「まことの玉淵の子とは思し召さん」も、宇多法皇の発話である。「つかうまつる」は宇多法皇自身に対する受手尊敬表現、「思しめす」は、宇多法皇自身に対する為手尊敬表現である。しかし、ここも語り手の宇多法皇に対する敬意が表現された間接話法の一種としてとらえることができる。

このように、帝や上皇・法皇などの高貴な人の発話においては、自分自身に対する敬意表現がしばしば見られる。それを自敬表現と呼ぶこともあるが、語り手の敬意が表現された間接話法の一種としてとらえることができる。

④　三の君、この文を北の方に「しかじかしてありつる。」とて見せたてまつりたまはば、……　(落窪物語)

「しかじかしてありつる(これこれのことで手に入れたのです)」は、三の君が母君に対して、落窪の姫君の召使阿漕の夫帯刀が落とした手紙を三の君の夫蔵人の少将が拾ったのであるということを説明している発話である。もちろん読者はその間の事情を既に承知しているところであるから、「しかじか」という間接話法でも具体的にその発話内容は了解されるわけである。

⑤　（頭中将）「誰がぞ。」と抓み捻り問ひたまへり。（頭中将の随身）「しかじかの人のもとになむ。なほざりにやはべる。」と聞こゆ。　（堤中納言物語・ほどほどの懸想）

「しかじかの人のもとになむ（これこれの人のところに手紙を遣った、その返事です）」は、随身の所に来たある女房からの手紙を頭中将に取り上げられ、誰からの懸想文かとうるさく聞かれたので、それについて随身が説明をしている発話である。ここも読者はその手紙がどういうものであるかということは既に知っているので、このような要約された発話の叙述でも了解できるのである。

⑥　この御子、おほやけ使を召して、(a)「我さるべきにやありけむ、この男の家ゆかしくて、率て行けと言ひしかば、率て来たり。いみじくここありよくおぼゆ。この男罪しれうぜられば、我はいかであれと。これも前の世にこの国にあとをたるべき宿世こそありけめ。はや帰りておほやけにこの由を奏せよ。」と仰せられければ、言はむ方なくて上りて、帝に(b)「かくなむありつる。」と奏しければ、（帝より）(c)「言ふかひなし。その男を罪しても、今はこの宮を取り返し、都に返したてまつるべきにもあらず。竹芝の男に、生けらむ世の限り武蔵の国を預けとらせて、おほやけごともなさせじ、ただ宮にその国を預けたてまつらせたまふ由の宣旨下りければ、……　（更級日記）

ここは、作者が上総の国から都に上ってくる途中、竹芝寺にまつわる伝説を土地の者が語った、その語りの部分である。(a)の発話は直接話法である。(b)の発話は、「と奏し」という形をとっているので、一応は直接話法ということになるが、その「かく」という発話内容から見れば間接話法になる。(c)の発話は、最後の「預けたてまつらせたまふ」という話の文から「由の宣旨下りければ」という地の文に流れ込んでいる形になっているので、間接話法ということになる。

Ⅱ　話の文・地の文の流れ込み構文

心の文と同じように、話の文にも、次のような流れ込み構文が見られる。

(1)　地の文から話の文に流れ込む構文
(2)　話の文から地の文に流れ込む構文
(3)　話の文の中に地の文の要素が流れ込んでいる構文

(1)　地の文から話の文に流れ込む構文

①　（源氏が）少し立ち出でつつ見わたしたまへば、高き所にここかしこ僧坊どもあらはに見下ろさる。「ただこのつづら折の下に、同じ小柴なれど、うるはしうしわたして清げなる屋・廊など続けて、木立いとよしあるは、何人の住むにか。」と問ひたまへば、御供なる人、「これなんなにがし僧都のこの二年籠りはべる方にはべりける。」（源氏）「心恥づかしき人住むなる所にこそあなれ。（私は）あやしうもあまりやつしけるかな。聞きもこそすれ。」などのたまふ。……（源氏）「はるかに霞みわたりて四方の梢そこはかとなうけぶりわたれるほど、絵によくも似たるかな。かかる所に住む人、心に思ひ残すことはあらじかし。」とのたまへば……（源氏物語・若紫）

「何人の住むにか」と問うた人が源氏であるということは、「問ひたまへば」という為手尊敬の表現から明らかである。ところで、その問いの発話はどこからか。「木立いとよしあるは」という提示成分は「何人のすむにか（あるらむ）」に係るものととらえることができる。また、「木立いとよしある」は、「ただこのつづら折の下に、同じ小柴なれど、うるはしうしわたして清げなる屋・廊など続けて」に続く構造になっているので、源氏の発話部分は「ただこのつづら折の下に」から「何人の住むにか」までということになる。しかし、それでは、一緒にいる供人たちも実際に目にしている「ただこのつづら折の下に」から「木立いとよしある」までの情景を源氏が改めて供人たちに説明しているということになって、この場の描写としては冗長な話の文となってしまう。したがって、ここは「ただこのつづら折の下に」から「木立いとよしある」までは地の文としてとらえ、そこまでの地の文が「何人の住むにか」という話の文に流れ込んだ構文としてとらえるほうがこの場の描写としてはよいのではなかろうか。「絵によくも似たるかな」は「かな」という話し手の詠嘆の心情を表現する発話性の終助詞によって文統括されており、「かかる所に住む人、心に思ひ残すことはあらじかし」も「かし」という話し手の聞き手に対して確認するという発話性の終助詞によって文統括されており、かつ「とのたまへば」という直接話法の標示があるので、少なくとも「絵によくも似たるかな。かかる所に住む人、心に思ひ残すことはあらじかし」は話の文であるととらえることができる。「はるかに霞みわたりて四方の梢そこはかとなうけぶりわたれるほど」は「絵にいとよくも似たるかな」に係る連用成分であるから、これも話の文の一部ということになる。しかし、それを話の文としてとらえるということになると、一緒にいる供人と共有している情景を源氏が改めて説明しているということになって、不自然でもあろう。ここも、「はるかに霞みわたりて四方の梢そこはかとなうけぶりわたれるほど」という地の文から「絵によくも似たるかな。かかる所に住む人、心に思ひ残すことはあらじかし」という話の文に流れ込む構文としてとらえるのがよいであろう。

現代人は、物語を読む対象としてとらえ、文章の展開を目で追っていくから、このような流れ込みの表現に接すると奇異に感ずるのである。しかし、物語というものを文字通り物語るもの、耳から享受するものというとらえかたをすると、読者もまた登場人物と一体となって、その場面に臨んでいるということになるので、地の文によって描写されている情景を目で眺め、ふと発する登場人物の話の文を耳で聞きながら、その場の進行に自然に乗っていく。したがって、このような流れ込みに対して、ことさら奇異な感じは持たなかったのである。

② 七月にぞ、(藤壺が)后、居たまふめりし。源氏の君、宰相になりたまひぬ。帝、(帝位を)降り居させたまはんの御心づかひ近うなりて、(帝)「この若宮を坊に。」と思ひきこえさせたまふに、御後見したまふべき人おはせず。御母方みな皇子たちにて、源氏の公事知りたまふ筋ならねば、母宮をだに動きなきさまにし置きたてまつりて、つよりにと思すになむありける。弘徽殿いとど御心動きたまふ、ことわりなり。されど、(帝)「春宮の御世いと近うなりぬれば、(弘徽殿は)疑ひなき(皇太后の)御位なり。思ほしのどめよ。」とぞ聞こえさせたまひける。

(源氏物語・紅葉賀)

藤壺女御の立后と源氏の宰相昇任とにより、藤壺の御子が皇太子になり、天下の権勢は藤壺方に移るのではないかと弘徽殿の女御は恐れる。帝はそういう弘徽殿女御の気持ちを察して、皇太子である弘徽殿の御子が即位すれば、弘徽殿女御は皇太后になるのだから安心しなさいと慰めているところである。「されど」は、意味構造上、「弘徽殿いとど御心動きたまふ、ことわりなり」を受けて、「春宮の御世いと近うなりぬれば、疑ひなき御位なり」に係っていくものとしてとらえることができる。そのようなとらえ方をすると、帝の発話内容は「弘徽殿いとど御心動きたまふ」から始まるということになる。しかし、「弘徽殿」という表現は、帝の発話としては不自然である。そこで、あくまでも「弘徽殿いとど御心動きたまふ、ことわりなり」を地の文としてとらえることになるが、それでは「されど」の表現する逆接的接続関係が不分明になる。したがって、ここはあくまでも「されど」を、「春宮の御世いと近うなりぬれば、疑ひなき御位なり」という帝の発話に係って行くものとしてとらえ、「弘徽殿いとど御心動きたまふ、ことわりなり」という地の文から「されど」という話の文に流れ込む構文としてとらえておくのがよい。

地の文と話の文との流れ込みの特別な例として、手紙の本文（地の文）から歌（話の文）に流れ込む構文も多く見られる。

③　（作者の母が）弱くなりたまひしとき、忌むこと受けたまひし日、ある大徳の袈裟を引きかけたりしままに、やがて穢らひにしかば、物の中より（人徳の袈裟を）今ぞ見つけたる。これやりてむ、まだしきに起きて、「この御袈裟」と書き始むるより、涙にくらされて、

「これゆへに、

はちすばの玉となるらん結ぶにも袖濡れまさるけさの露かな

とかきてやりつ。　（蜻蛉日記・上）

母が大徳の袈裟をかけたまま亡くなった後で、遺品の中からその袈裟を見つけ出し、それを大徳に返却しようと、作者が手紙を書いている場面である。手紙の本文の「これゆへに（この袈裟のおかげにて）」が、意味構造上次の歌の「はちすばの玉となるらん（今頃は極楽の蓮の葉の露の玉となっていることでしょう）」に係っていく構文になっている。

④　（阿漕）「少将の君おはしたり。かくなんと聞かせたまひて、ただ泣きに泣きたまふ。かうかうなむはべりつる。」と申せば、（落窪の姫君は）いとあはれと思して、「『さらに物も覚えぬほどにて、え聞こえず。対面は

消えかへりあるにもあらぬわが身にて君をまた見んこと難きかな』

と聞こえよ。」と、……　（落窪物語）

『さらに』以下の発話は、落窪の姫君が継母によって、物置のような部屋に閉じ込められ、そのため左近少将は姫君と逢うことができないので、召使の阿漕に、姫君となんとかして逢いたいという伝言を託したことに対する姫君の返事である。「対面は」という発話はそのまま歌の「難きかな」という文統括成分にまで係っていくと

いう構文である。

⑤ （帥の宮）「ひたぶるに待つともいはばやすらはで行くべきものを君が家路に

おろかにやと思ふこそ苦しけれ。」とあるを、（式部）「なにか。ここには

かかれどもおぼつかなくも思ほえずこれも昔のえにこそあるらめ

と思ひたまふれど、慰めずはつゆ。」と聞こえたり。おはしまさんと思し召せど、初々しうのみ思されて、日ごろになりぬ。

（和泉式部日記）

帥の宮の訪れが絶えたある夜、宮から「あなたが一途に私を待っているというのであれば、ためらわずにあなたの家に行くのに、私のあなたに対する愛情がいい加減であると思われるのがつらい」という趣旨の手紙が来た。それに対して、式部が「あなたのおいでがないけれども心細くはありません。これも故宮様との縁があるからなのでしょう」と切り返したのである。式部の手紙本文の「ここには（私のほうでは）」は連用成分であるから、一応は、同じ手紙本文の「思ひたまふれ」に係るものととらえることができる。しかし、歌の主旨は上の句にあるのであるから、歌の本文と歌とを一連の流れとしてとらえてみると、「ここにはおぼつかなくも思ほえずと思ひたまふれ」という文脈になる。すなわち、意味構造上、「ここには」は歌の「おぼつかなくも思ほえず」に係るものとしてとらえることも可能である。手紙全体が一連の流れになっているのであるから、書き手である式部はもちろん、手紙を受け取った宮にしても、「ここには」は、その直後に現れてくる「おぼつかなくも思ほえず」に係るものとしてとらえるのが自然であろう。したがってここは、手紙の本文から歌に流れ込む構文としてとらえるべきである。このように、手紙の本文も歌も同じ書き手の思いを伝える文言であるから、本文と歌がお互いに補い合って自分の意志を相手に伝えようとしているのは当然なことである。

⑥ 宮より「いとおぼつかなくなりにければ、参りてと思ひたまふるを、いと心憂かりしにこそ物憂く恥づかし

うおぼえて、いとおろかなるにこそなりぬべけれど、日ごろは過ぐすをも忘れやするると程経ればいと恋しきに今日は負けなん浅からぬ心のほどを、さりとも。」とある、……（和泉式部日記）

宮の訪れが二、三日なかった後、宮がおいでになったけれども、式部が寺参りの精進をしていたためお逢いしなかった。その後さらに三日ほど過ぎて、宮から「日数が過ぎればあなたを忘れることができるかと思ったが、今日はどうしてもお逢いしたいのでお伺いします」という趣旨の手紙が来た。手紙本文の「日ごろは」という提示成分は連用成分としてどこかに係っていかなければ文の構造として不完全である。意味構造上から見て、歌の「忘れやする」に係る以外に係り先は見当たらない。ここも、手紙の本文から歌に流れ込む構文としてとらえるべきである。

(2)　話の文から地の文に流れ込む構文

①　かぐや姫の言ふやう、「親ののたまふことひたぶるに辞びまうさんことのいとほしさに、取りがたきものを。」かくあさましくてもて来たることを（かぐや姫は）ねたく思ひ、翁は閨の内しつらひなどす。（竹取物語）

かぐや姫から要求された「蓬萊の玉の枝」をくらもちの皇子が持参した時の姫と翁の対応を描写したところである。「かぐや姫の言ふやう」とある、その発話部分は「親ののたまふこと」からどこまでか、判定に迷う。意味構造上から見ると、「取りがたきものを（手に入れがたい物を）」の後に「給へと申したるなり（持ってきてくださいと申したのです）」というようなことばが想定される言いさし表現の話の文としてとらえることもできる。あるいは、「かくあさましくてもて来たる」までを話の文としてとらえ、「親ののたまふことをひたぶるに辞びまうさんことのいとほしさに、取りがたきものを（給へと申したるに、）かくあさましくてもて来たる」という話の文から「ことを」を介して「ねたく思ひ」以下の地の文に流れ込む構文としてとらえることもできる。どちらの場合も、「給へと申したる」の部分はすでに語られている事実であるから、読者も違和感なく想定できるところである。

話の文から地の文に流れ込む構文の特別な例として、手紙や対話の中で、歌（話の文）から本文（地の文）に流れ込む構文も多く見られる。

② （帥の宮）「思ふやうなりと聞こえんも見知り顔なり。あまりぞ推し量り過ぐいたまふ、憂き世の中とはべるは。

うち捨てて旅行く人はさもあらばあれまたなきものと君し思はば

ありぬべくなん。」とのたまへり。（和泉式部日記）

遠くに旅立つ人への餞別の歌の代作を帥の宮から頼まれて、式部がその歌を差し上げたのに対する宮からの返事である。「うち捨てて」の歌の趣旨は、「旅に行く人はどうでもよい。あなたさえ私を二人とないものとして思ってくださるならば」というものである。「君し思はば」という接続成分を受ける成分は歌の中にはない。手紙の本文のほうの「ありぬべくなん（憂き世の中でも生きながらえていけるでしょう）」に係るものとしてとらえるべきである。

③ （中将を）見返りたまひて、（源氏は）隅の間の勾欄に（中将を）しばし引き据ゑたまへり。「（中将の）うちとけたらぬもてなし、髪の下がりば、めざましくも」と（源氏は）見たまふ。

（源氏）「咲く花に移るてふ名はつつめども折らで過ぎ憂き今朝の朝顔

いかがすべき。」とて、（中将の）手をとらへたまへれば、……（源氏物語・夕顔）

六条の御息所とともに夜を過ごした翌朝、見送りに出てきた女房中将の君に源氏が戯れる場面である。源氏の歌の趣旨は、「御息所の手前、ほかの女に懸想することは慎まなければならないが、中将の今朝の顔の美しさを見ると、このまま見過ごして帰ることはできない」という意味の戯れである。したがって、「いかがすべき」というのも、その朝顔を折ろうかどうしようかという意味の戯れである。歌とその後の発話を結びつけると、「今朝の朝顔（ハ）いかがすべき」という流れ込みとしてとらえることができる。

④（作者が）清水に籠もりたりしに、（中宮が）わざと御使して賜はせたりし、唐の紙のあかみたるに、草にて

「山近き入相の鐘の声ごとに恋ふる心の数は知るらん

ものを、今宵の長居や。」とぞ書かせたまへる。

（枕草子・第二四一段）

中宮から、私がこんなにあなたのことを恋しがっているのに、あなたの清水参籠も長いことですねという趣旨の手紙が来たのである。歌の「数は知るらん」はすぐに手紙の本文の「ものを」という接続助詞につながって、「（私の）恋ふる心の数は知るらんものを、今宵の長居や」という構文になっている。

(3)　話の文の中に地の文の要素が流れ込んでいる構文

この例はほとんど見られない。

右衛門の佐宣孝といひける人は、「あぢきなきことなり。ただ清き衣を着てまうでんに、なでふことかあらん。『必ず、よも、あやしうてまうでよ。』と御嶽さらにのたまはじ。」とて、三月、紫のいと濃き指貫、白き襖、山吹のいみじうおどろおどろしきなど着て、隆光が主殿の助には、青色の襖、紅の衣、すりもどろかしたる水干といふ袴を着せて、うち続き（御嶽に）まうでたりけるを、帰る人も今まうづるも、めづらしうあやしきことに、すべて昔よりこの山にかかる姿の人見えざりつと、あさましがりしを、四月一日に帰りて、六月十日のほどに、筑前の守の死せしに（後任として筑前の守に）なりたりしこそげに（宣孝の）言ひけるに違はずもと聞こえしか。

（枕草子・第一一九段）

宣孝の発話はその中に御嶽の話の文が引用されているという二重の構造をとっているので、ここでは、宣孝の発話の部分を地の文、御嶽の発話の部分を話の文として考えてみる。御嶽の話の文の中の「必ず」は意味構造上「あやしうてまうでよ」に係るはずである。ところが、「よも」を受ける成分が御嶽の話の文の中には見当たらない。「よも」は「じ」と呼応して、「決して」というような意味を表現するものであるから、むしろ宣孝の地の文の「じ」に係るはずである。「じ」は「さらに」と呼応したものとしてもとらえることができるが、そうなると、「よも」を受ける成分が全然見当たらないということになる。やはり、「じ」が地の文にある以上は、「よも」も地の文でなければならない。意味構造上、「よも、『必ずあやしうてまうでよ』と御嶽さらにのたまはじ」という構造になるはずである。宣孝には、御嶽参りは必ず粗末な服装でしなければならないという常識を強く否定するという意識が働いたために、「必ず」という話の文の要素が地の文の「よも」の前に飛び出してきたのであって、結果的に話の文の中に地の文の要素が流れ込んでいる構文になったのである。御嶽の話の文は直接話法の形をとって引用されてはいるが、それはあくまでも宣孝の主観を通しての引用であるから、当然そこには引用者である宣孝の意識が働いているのは当然なことである。

第四章　語りの視点

第一節　語りの視点の表現構造

古典文学作品には、その様式上いろいろな種類がある。歌謡・和歌・俳句などの韻文と日記・随筆・物語などの散文とがある。そのうち、日記・随想などは、作者が文字によって書いたものである。それに対して、物語は、作者が文字によって書いたものではあるが、物語には文字通り「語り」の性格が備わっている。

物語には、語りの性格によって、いろいろな作品が見られる。ひとつには、その物語が古来から伝承されてきたという構想で物語られるものがある。「今は昔、竹取の翁といふ者ありけり」（竹取物語）というような表現となって現れる。また、作品の中に語り手を登場させて、作者が語り手に物語を語らせるという構想をとる作品もある。

光源氏、名のみことごとしう、言ひ消たれたまふとが多かなるに、「いとどかかる好きごとどもを、末の世にも聞き伝へて、軽びたる名をや流さむ」と忍びたまひける隠ろへごとをさへ語り伝へけむ、人の物言ひさがなさよ。（源氏物語・帚木）

ここに叙述されているように、「源氏物語」は、光源氏にまつわる話を、光源氏の周辺に仕えていた人で、後の世まで生き残っていた女房が語り伝えるという構想で展開させている。その他の物語も、大なり小なり語り手が登場してきて物語るという構想になっている。「昔……けり」という形式もその一つの現れである。したがって、物語の中には、作者・語り手・登場人物が存在し、しかも一々誰の目・心情を通して叙述しているのか、はっきりした標示がなく、しかも語る視点が途中で変わったり、二つ以上の視点が交じり合ったりする場合もあるので、誰の立場から叙述されているのかがはっきり判別できないことが多く見られる。また、語る視点がはっきりしている場合でも、なにについて語っているのかという語る対象が途中で転換する場合もある。むしろ、このように、語りの視点が転換したりあるいはひとつの叙述に複数の視点が交じり合ったりするのが古典文の特色のひとつでもある。そのため、地の文は語り手の視点からの描写であるが、純粋に語り手の認識したことを語っているとは限らず、登場人物の認識を通した表現である場合も多いのである。

(源氏は)かの空蝉をものの折々にはねたう思し出づ。　(源氏物語・末摘花)

「かの」という指示語は誰の視点からの表現であるのか。もちろん、語り手にとっては「空蝉」は自分の語っている物語の「この」世界の人である。ところが、「思し出づ」という表現から見て、空蝉は光源氏にとっては「かの」世界の人である。すなわち、「かの」という指示語は光源氏の視点に立った表現であるということになる。部分部分の語り手を( )で示すと、「かの空蝉を(光源氏)、ものの折々には(物語の語り手)、ねたう(光源氏)、思し出づ(物語の語り手)」という形になる。

このように、その視点が物語の語り手の視点なのか、登場人物の視点なのかによって解釈が異なってくる。したがって、古典文を読む場合、語りの視点がどこにあり、その視点にはどのような認識が表現されているのかをとらえる必要がある。

第二節　視点の転換構文

①
(童)「さらば参りなん。(帥の宮に)いかが聞こえさすべき。」と言へば、(式部)ことばにて聞こえさせんもかたはらいたくて、(式部)「何かは、あだあだしくもまだ聞こえたまはぬを、はかなきことをも」と思ひて、

薫る香によそふるよりはほととぎす聞かばや同じ声やしたると

と(帥の宮に)聞こえさせたり。(帥の宮が)まだ端におはしましけるに、この童隠れの方に気色ばみけるけはひを(帥の宮が)ご覧じつけて

同じ枝に鳴きつつをりしほととぎす声は変はらぬものと知らずや

と書かせたまひて、(童に)賜ふとて、(宮)「かかることゆめ人に言ふな。好きがましきやうなり。」とて入らせたまひぬ。(童が式部の所に)持て来たれば、(式部は)をかしと見れど、常はとて御返り聞こえさせず。

(和泉式部日記)

「和泉式部日記」は、作者和泉式部の書いた日記ではあるが、作者自身を「女」と客観化した構成で描かれている。この場面は、それぞれ別の屋敷に住んでいる女と帥の宮、その間を取り持つ小舎人童の三人によって展開されている。為手三人の行為が一々主語の標示がなく描写されている。しかし、この文章は、一応は客観的な視点からの描写であるが、あくまでも作者に偽装された「女」の視点からの描写であるから、場面の展開や敬語の使い方によって、一々主語を標示しなくとも、為手・受け手が誰であるかは判定できる。

②
年月に添へて、御息所の御事を思し忘るる折なし。慰むやとさるべき人々を参らせたまへど、「なずらひに

思さるるだにいと難き世かな」と、（帝は）うとましうのみよろづに思しなりぬるに、先帝の四の宮の、御かたちすぐれたまへる聞こえ高くおはします、母后世になくかしづききこえたまふを、上に侍ふ内侍のすけは、先帝の御時の人にて、かの宮にも親しう参り馴れたりければ、（四の宮が）いはけなくおはしまし し時より見たてまつり、今もほの見たてまつりて、「失せたまひにし御息所の御かたちに似たまへる人を、三代の宮仕へに伝はりぬるに、え見たてまつりつけぬに、（先帝の）后の宮の姫宮こそ（桐壺の更衣に）いとようおぼえて生ひいでさせたまへりけれ、ありがたき御かたち人になむ。」と奏しけるに、（帝は）まことにやと御心とまりて、懇ろに（入内を）聞こえさせたまひけり。母后、「あな恐ろしや。春宮の女御の、いとさがなくて、桐壺の更衣のあらはに、はかなくもてなされし例もゆゆしう」と思しつつみて、（四の宮入内を）すがすがしうも思し立たざりけるほどに、后も失せたまひぬ。（四の宮が）心細きさまにておはしますに、（帝）「ただわが女御子たちと同じ列に思ひきこえん。」と、いと懇ろに聞こえさせたまふ。侍ふ人々、御後見たち、御兄の兵部卿の親王など、（四の宮が）とかく心細くておはしまさむよりは、内裏住みせさせたまひて、御心も慰むべく思しなりて、（四の宮を）参らせたてまつりたまへり。『(a)藤壺と聞こゆ。(b)げに御かたち有様、あやしきまでぞ（桐壺更衣に）おぼえたまへる。これは人の際優りて、思ひなしめでたく、人もえおとしめきこえたまはねば、うけばりて飽かぬことなし。(c)かれは人も許しきこえざりしに（帝の）御心ざしあやにくなりしぞかし。（帝の嘆きは）思し紛るるとはなけれど、おのづから御心移ろひて、こよなく思し慰むやうなるも、(d)あはれなるわざなりけり。

（源氏物語・桐壺）

帝の寵愛していた更衣がなくなり、悲嘆にくれていた帝を慰めるために新しく藤壺が入内した際の事情を語っているところである。』の後の語り手は、それまでの客観的な立場から語っていた語り手とはちがって、自己の心情を直接語るという主観的な立場から語る語り手として現れてくる。その語り手は、帝にお仕えしている女房である。(a)「藤壺と聞こゆ」という言い方は、四の宮を迎え入れた帝側の女房の立場からの言い方である。さらに、(b)「げに御かたち有様あやしきまでぞおぼえたまへる」と語るのは、桐壺の更衣をよく見知っている帝側の女房であるということになる。しかも「げに」は、「上に侍ふ内侍のすけ」の「失せたまひにし御息所の御かたちに……后の宮の姫宮こそいとようおぼえて生ひ出でさせたまへりけれ」の発話内容を受けた表現であるから、ここの語り手は、「上に侍ふ内侍のすけ」と近い関係にある女房であることも明らかである。しかも、(c)「かれ(桐壺更衣)は人の許しきこえざりしに、御心ざしあやにくなりしぞかし」の「し(き)」の、過去において起こった事態を取り上げて、それが確かに実現した事態であると認識できるという判断を表現する、いわゆる体験過去の用法から見ても直接桐壺更衣の身近、すなわち帝にお仕えしていた女房であることが明らかである。このように、桐壺帝と更衣に親しくお仕えしていた女房であるからこそ、二人のこととなると第三者的立場をとり続けることができず、時々語り手であるところの自分の立場を忘れて、直接生の声を出してしまうのである。そういう点から見れば、(c)「御心ざしあやにくなりしぞかし」の、「かし」という直接聞き手に向かって念を押すという表現も(d)「あはれなるわざなりけり」の「けり」の詠嘆表現も同じ発想の表現ということになる。このように、語り手というものは、元来客観的な立場から語るべきなのに、時には感極まって、読者に対して呼びかけたり、自分自身感動したりするということが時々起こりうるのである。

③ (a)君は入りたまひて、(女が)ただ一人臥したるを、心安く思す。床の下に(女房が)二人ばかりぞ臥したる。(女の)衣を押しやりて寄りたまへるに、ありし(空蟬の)気配よりは物々しくおぼゆれど、(b)(人違いとは)思ほしも寄らずかし。(女の)いぎたなきさまなどぞ、(空蟬と)あやしく変はりて、やうやう(人違いと)見顕したまひて、(c)あさましく心やましけれど、(源氏)「人違へとたどりて見えんもをこがましく、(女は)あやしと思ふべし。本意の人をたづね寄らむも、(空蟬は)かばかり逃るる心あめれば、かひなく、をこにこそ思はめ」と

思す。（源氏物語・空蝉）

ここは、源氏が空蝉の寝所に忍び入ったが、人違いの軒端荻と契ってしまうところである。この文章は、(a)(b)(c)の三つに区切ることができる。全体として、源氏に対する為手尊敬語の使い方から見て、第三者的立場にある語り手が語る形をとっている。

(a)の部分では、「君は」「思す」「おぼゆれ」という客観描写の語り口であると同時に、「ただ一人臥したる」のを空蝉と思い、「心安く」思うというのは光源氏の目や心の中に入り込んだ語り方である。「床の下」は源氏の目から見ての言い方であり、「(二人)ばかり」も夜目でよくわからない源氏の目から見ての描写であり、「衣を押しやりて」も源氏自ら感ずる感触であり、「ありし」の「し(き)」の用法も源氏自身が直接体験したものとしての表現である。(b)の「思ほしも寄らず」は源氏の視点ではなく、第三者的立場からの解説的な語り口である。「いぎたなきさまなどぞあやしく変はりて」のところは一旦源氏の視点に戻るが、またもや「やうやう見顕したまひ」と第三者的立場からの語りに逆戻りする。したがって、「思ほしも寄らずかし」の「かし」は、源氏の心情表現ではなく、語り手の生の声である。語り手としてすべての事情を知っているものの、源氏とともに胸をときめかして行動をともにしている影の女のような語り手の口吻が感じられる。(c)の「あさましく心やましけれども」は、地の文としてとらえることができるが、その叙述内容は源氏自身の認識である。

このように、語り手が登場人物と行をともにしながら、時には登場人物の目や心の中に入り込んで行ったり、時には全く客観的な立場から登場人物の行動を監視したり、あるときには登場人物と不即不離の距離にまで近づいていって感想を吐露したりする変幻自在な語り方が古典文の大きな特色である。

④　(a)御車入るべき門は鎖したりければ、(源氏は)人して惟光召させて待たせたまひけるほど、むつかしげなる大路のさまを見渡したまへるに、(b)この家のかたはらに、檜垣といふもの新しうして、上は半部四、五間ばか

り上げ渡して、簾垂などもいと白う涼しげなるに、（女の）をかしき額つきの透き影あまた見えて、（車のほうを）覗く。(c)（女の）立ちさまよふらむ下つかた思ひやるに、あながちに（女が）たけ高き心地ぞする。「いかなる者の集へるならん」と、（源氏の生活と）やう変わりて思さる。（源氏は）御車もいたくやつしたまへり。先も追はせたまはず。「誰とか知らむ」とうちとけたまひて、少し（女の家を）さし覗きたまへれば、(d)門は蔀のやうなるを押し上げたる、見いれの程なくものはかなき住まひを、（源氏は）あはれに、「いづこかさして」と思ほしなせば、玉の台も同じことなり。切懸だつものに、いと青やかなるかづらの心地よげに這ひかかれるに、白き花ぞおのれひとり笑みの眉開けたる。（源氏物語・夕顔）

乳母の見舞いに行った源氏が夕顔の家を覗き見る場面である。(a)「見渡したまへるに」までは語り手の視点からの描写である。(b)「この家（乳母の家）のかたはらに」から「あまた見えて覗く」までは「この」という近称の指示語表現から見て「見渡したまへる」源氏の視点からの描写である。(c)「立ちさまよふらむ下つかた」から「少しさし覗きたまへれば」まではまた語り手の視点からの描写ではあるが、その中の「あながちにたけ高き心地ぞする」は源氏の視点に立った認識である。(d)「門は蔀のやうなるを」から「笑みの眉開けたる」まではまた「さし覗きたまふ」源氏の視点からの描写になっている。ただし、「あはれに『いづこかさして』と思ほしなせば（無常なこの世では、どこが自分の指定した家であろうか、たまたま行き着いた所が自分の家であると思って見ると）」は、「思ほし」という源氏に対する為手尊敬語の表現から見て、語り手の視点からの描写である。このように、語り手の視点と登場人物の視点とが交互に転換しながら文章が展開していくことによって、むしろ生き生きとした臨場感を持った描写となっていくのである。

⑤　御心ざしの所には、木立・前栽などなべての所に似ず、いとのどかに心にくく住みなしたまへり。（御息所の）うちとけぬ御有様などの気色異なるに、（夕顔の）ありつる垣根思ほし出でらるべくもあらずかし。（源氏は）

つとめて、少し寝過ぐしたまひて、日さし出づるほどに出でたまふ。朝明の御姿はげに人のめできこえむもことわりなる御さまなりけり。（源氏物語・夕顔）

源氏が六条の御息所の邸から帰るところの描写である。第一文・第三文は客観的な立場からの描写である。それに対して第四文の語り手は、源氏の「朝明の御姿」を見て感動している女房である。その感動の心を「けり」という助動詞で表現している。ところが、第二文の「うちとけぬ御有様などの気色異なる」とか「ありつる」という表現は、源氏の視点からの語り方である。しかし、だからといって、源氏の認識をそのまま表現しているわけではない。「思ほし出でらるべくもあらずかし」という表現は決して源氏の認識の表現ではない。なぜならば、「ず」という否定語の使い方から見て、「ありつる垣根」を思い出していないことは明らかである。普通、思い出してもいない事柄を本人が意識するわけはない。したがって、「ありつる垣根思ほし出でらるべくもあらず」は第三者としての物言いである。「かし」は語り手の女房が読者に語りかけているか、あるいは自分自身に言い聞かせているかどちらかであろう。語り手は、この場面では当然源氏が「ありつる垣根」を思い出すものと読者が予想したのではなかろうかと判断して、あえて「ず」によってそれを否定したともとらえられる。それならば、ここの「かし」は語り手が読者を意識して、読者に対して念を押したものであるととらえることができる。

⑥　日もいと長きに、つれづれなれば、夕暮れのいたう霞みたるに紛れて、かの小柴垣のもとに（源氏は）立ち出でたまふ。人々は帰したまひて、惟光の朝臣と覗きたまへば、ただこの西面にしも持仏据ゑたてまつりて行ふ、尼なりけり。（尼君）簾垂少しあげて花奉るめり。中の柱に寄り居て、脇息の上に経を置きていとなやましげに読みゐたる尼君、ただ人と見えず。（源氏物語・若紫）

わらわ病みの療養のため北山に来た源氏が、一つの僧坊を見つけて覗き見る場面である。「ただこの西面にしも」以下の描写は、「この」という近称指示語から見ても、「覗きたまへば」という枠内においての光源氏の目を通しての叙述であることは明らかである。つまり、語りの視点は光源氏にある。もちろん、物語それ自体の語り手は存在するのであるから、純然たる語り手として光源氏が設定されているわけではない。物語の語り手の視点と光源氏の視点が重なっているというべきなのか、それとも登場人物である光源氏の視点が物語り手の視点の肩代わりをしているといったほうがよいのか、いずれにしろ、光源氏の認識を通しての描写である。尼君の素性を一切知らないこの段階では、尼君に対する源氏の敬意の意識は働いていないので、尼君に対する敬意表現は見られない。ところが、やがて僧都の口から「その北の方なむ、なにがしが妹にはべる。かの按察かくれて後、世を背きてはべるが」と尼君の素性を知らされた後の叙述では、「尼君、『（源氏が）ひがごと聞きたまへるならむ』と、いと恥ずかしき（源氏の）御気配に『何事をかはいらへ聞こえむ』とのたまへば」と、尼君に対する敬意が表現されることになる。

⑦　（夕霧は）ひぐらしの声に驚きて、「山の陰いかに霧ふたがりぬらん。あさましや。今日この返事をだに」と（御息所を）いとほしうて、ただ知らず顔に硯おしすりて、「（御息所からの文を）いかになしてしにか、（返事を）とりなさむ」と、(a)ながめおはする。（雲井の雁の）おましの奥の、少し上がりたる所を試みに引き上げたまへれば、「これに（御息所の文を）差し挟みたまへるなりけり」と、うれしうもをこがましうもおぼゆるに、うち笑みて見たまふに、(b)かう心苦しきことなむありける。（夕霧は）胸つぶれて、「一夜のことを心ありて（御息所が）聞きたまうける」と思すに、(c)（御息所が）いとほしう心苦し。（源氏物語・夕霧）

落葉宮の母御息所からの手紙を雲井雁に取り上げられてしまった夕霧が、何とかして手紙を取り返して返事を書かなければならないと、密かに手紙を探している場面である。

傍線部は物語の語り手の立場からの描写ではない。現代の小説などの手法であれば、(a)の部分は、「ながめおはするに、おましの奥の少し上がりたる所あり。そこを試みに引き上げたまへれば文あり。それを見て……」というような叙述になるところであろう。そのような第三者的な描写ではなく、「ながめおはする」と「おましの……」との境目から夕霧という登場人物の視点からの描写となっている。物語の語り手も聞き手も登場人物と一体となっている。「ながめおはする」を「おましの奥」の連体修飾語としてとらえることもできるが、それではあまりにも説明的になってしまう。ここはやはり、「ながめおはする」を連体形止めの詠嘆表現としてとらえ、何とかして手紙を取り返そうとしている夕霧の心理的緊張感をとらえたほうがよい。次いで「引き上げたまへれば」という表現のところには、その条件成分を受ける帰結成分が見当たらない。ということは、実際には、「試みに引き上げたまへれば文あり」という事態が夕霧にとっさに認識されたということであり、語り手も聞き手もその場面の当事者になって、夕霧と同じように「文あり」という事態をとっさに認識したのであるから、わざわざ「文あり」という叙述は必要ないのである。(b)の部分も、現代小説ならば、「かう心苦しきことなむありける」と胸つぶれて」という地の文としての叙述になるべきところである。ところが、ここでは「かう心苦しきことなむありける（こんな気がかりなことが書いてあったんだなあ）」という夕霧の認識したことの描写がそのまま地の文になっている。ここも語り手が夕霧と一体となった描写なのである。(c)「いとほしう心苦し」も夕霧の御息所に対する心情の描写であるけれども、語り手が夕霧の立場に立ってその心情を吐露しているところである。

⑧ このありつる童、「東の御方渡らせたまふ。それ隠させたまへ。」と言へば、塗り籠めたる所に、みな取り置きつれば、つれなくてゐたるに、はじめの君よりは少し大人びてやと見ゆる人、山吹・紅梅・薄朽葉、あはひよからず、着ふくだみて髪いとうつくしげにて、丈に少し足らぬなるべし。（母のない姫君より）こよなくおくれたると見ゆ。

（堤中納言物語・貝あはせ）

母のない姫君と東の姫君との異腹の姫君同士が貝合わせをしようと準備をしていたときに、蔵人少将が母のない姫君に同情して何とか勝たせてやろうとして中の様子を物陰から覗いている場面である。「このありつる童」

から「つれなくてゐたるに」までは語り手の視点からの描写であり、それに続く「はじめの君よりは」から「足らぬなるべし」までは、蔵人少将の認識した「東の御方」の様子を叙述した部分である。さらに、それに続く「こよなくおくれたると見ゆ（くらべものにならぬほど見劣りがすると少将には見える）」は語り手の視点からの描写である。語り手の視点からの描写から登場人物蔵人の少将の視点からの描写へ、さらにまた語り手の視点からの描写へと、視点が転換していく流れになっている。

第三節　古歌の引用構文

有名な古い歌の一、二句を組み入れて新しい歌に仕上げる、いわゆる「本歌取り」や、物語叙述の中に有名な古い詩歌を導入する、いわゆる「引き歌」などは、いずれも作者と読者との共通な連想作用によって歌・物語の世界を深めていく手法であるが、引用された古歌は、形の上では視点が違う世界であるので、これも語りの視点の転換という構文として考察してみたい。

本歌取りや引き歌が成立するには、次のような前提条件が必要である。

(1)　本歌が話し手（作者）・聞き手（読者）両方によく知られている古歌でなければならない。

(2)　特定な本歌が想起されるような表現を引用しなければならない。

(3)　描写しようとしている情景・情緒と本歌に歌われている情景・情緒とになんらかの結びつきがなければならない。

① 若菜摘む袖とぞ見ゆる春日野の飛火の野辺の雪のむら消え　（新古今集・一三）

作者の現実に見ているのは、「春日野の飛火の野辺の雪のむら消え」だけである。しかし、作者はそこで、「春日野の若菜摘みにや白妙の袖ふりはへて人の行くらむ」（古今集・二二）、「春日野の飛火の野守出でて見よいま幾日ありて若菜摘みてむ」（古今集・一九）を連想し、両者の作者の視点に立って、「春日野の飛火の野辺の雪のむら消え」に、やっと訪れた春を喜びいそいそと若菜を摘んでいる乙女たちの袖を幻想するのである。

本歌の二つの歌は、古今集に収録されている歌であるから、当時の歌人にとっては誰知らぬものもない有名な歌である。新古今集の歌の「若菜摘む袖」「春日野の飛火の野辺」はいずれも古今集の二つの歌の表現と同一の表現になっている。新古今集の歌には、乙女たちのいそいそと若菜を摘んでいる姿は特に詠まれてはいないけれども、「若菜摘む袖」という表現には、古今集・二二の「春日野の若菜摘み」「（白妙の）袖」との同一表現によって、そのような乙女たちの姿が必然的に連想される。さらにまた新古今集の歌において「春日野の飛火の野辺の雪のむら消え」がなぜ「若菜摘む袖とぞ見ゆる」ということになるのだろうかということを考察してみたい。ひとつには、春日野が若菜摘みなどの春の行楽地として有名であるから、「若菜摘む」ことを連想させるのである。しかし、そればかりではない。新古今集の「春日野の飛火の野辺」という、古今集・一九の「春日野の飛火の野」と同一の表現をとることによって、古今集・一九に詠まれている「いま幾日ありて若菜摘みてむ」という春の訪れをひたすら待ち望む心を連想し、その結果、まだ雪の残っているところに春の訪れを待ち望む心情を「若菜摘む袖とぞ見ゆる」と詠んだのである。

② 雨うち降りていとつれづれなる日ごろ、女は雲間なき眺めに、世の中をいかになりぬるならんとつきせずながめて、「好きごとする人々はあまたあれど、（私は）ただ今はともかくも思はぬを。世の人はさまざまに言ふめれど、身のあればこそ」と思ひて過ぐす。　（和泉式部日記）

「身のあればこそ」という言いさし表現は、「いづ方に行き隠れなん世の中に身のあればこそ人もつらけれ（どこかに行って隠れてしまおうか。この世の中に生きているからこそあの方もつれない態度をとるのだ）」（拾遺集・九三〇）の視点の助けを借りて、本歌の下の句の一部を引用することによって、むしろ上の句に詠まれている「いづ方に行き隠れなん」という願望の思いを表現しているのである。

③　絵に書きたる楊貴妃のかたちは、いみじき絵師といへども、筆限りありければ、いとにほひなし。太液の芙蓉、未央の柳も、げにかよひたりしかたちを、唐めいたる粧ひは、うるはしうこそありけめ、なつかしうらうたげなりしを思し出づるに、花・鳥の色にも音にもよそふべき方ぞなき。朝夕の言ぐさに、「羽を並べ、枝を交はさむ」と、契らせたまひしに、かなはざりける命のほどぞ尽きせず恨めしき。風の音、虫の音につけて、物のみ悲しう思さるるに、弘徽殿には、久しう上の御局にも参う上りたまはず、月のおもしろきに、夜更くるまで遊びをぞしたまふなる。（源氏物語・桐壺）

「花・鳥の色にも音にもよそふべき方ぞなき（比べようもない）」には、同じ表現を持った「花鳥の色をも音をもいたづらにもの憂かる身はすぐすのみなり（物憂きわが身は、花の色や鳥の声ともかかわりなく、空しく日々を過ごしている）」（後撰集・二一二）の視点を借りている。本歌を連想することによって、表面は更衣の優しく愛らしかったことが花の色や鳥の声にも数段勝っているということを暗示しながらも、最愛の更衣を失った失意の帝にとっては、花の色や鳥の声が美的感動の対象ではなく、単なる季節の推移を感じさせる程度のものでしかなかった、それほどに帝の落胆ぶりが強かったということをも暗示しようとしているのである。だからこそその後に、「風の音、虫の音につけて、物のみ悲しう思さる」と、その空しい日々が語られてくるのである。

④　今日さへかくて（宇治に）籠り居たまふべきならねば、（匂宮は）出でたまひなんとするにも、袖の中にぞ留めたまへらんかし。（源氏物語・浮舟）

浮舟と契った匂宮が浮舟と別れて京に帰ろうとしているところである。「袖の中にぞ留めたまへらんかし」という表現は、「飽かざりし袖の中にや入りにけむわが魂のなき心地する（私の魂は十分語りつくせず別れたあなたの袖の中に入ってしまったのでしょうか、私の魂はここにはないような気がします）」（古今集・九九二）という古歌の視点を導入することによって、匂宮の浮舟に対する名残惜しさを表現しようとしているのである。わずか「袖の中に」という六音の引き歌ではあるが、その六音の部分だけが物語に引かれているのではなく、引き歌全体が物語の展開に関与してくるのである。もちろん、当時の人々にとっては、古今集の歌が広く知られた歌であるから、このような物語の世界を広げていくことができるのである。

⑤
（帥の宮）「開けざりし槙の戸口に立ちながらつらき心のためしとぞ見し
憂きはこれにやと思ふもあはれになん。」とあり。（宮が）よべおはしましけるなめりかし、心もなく寝にけるものかなと思ふ。御返し、
（女）「いかでかは槙の戸口を鎖しながらつらき心のありなしを見ん
推し量らせたまふめるこそ。見せたらば。」とあり。（和泉式部日記）

帥の宮の訪れも知らずに、宮を邸内に入れなかった翌朝の手紙の贈答である。「見せたらば」というのは、何を「見せたらば」というのか、この言いさし表現だけでも相手は理解できるはずである。女は「人知れぬ心のうちを見せたらば今までつらき人はあらじな（心に秘めた私の深い恋の思いを見せたならば今に至るまでつれない態度を取る人はおるまいに）」（拾遺集・六七二）という古歌の作者の視点を持ち込むことによって、「人知れぬ心のうちを見せたらば」の歌にこめられている心情を暗示しているのである。もちろん相手の宮もこの古歌によって女の自分に寄せる思いを理解することができたのである。本歌を想起すれば、「見せたらば」というわずか一句の引用によって、「人知れぬ心のうちを見せたらば」であるということが理解できるだけではなく、本歌の下の句の意図する

「私の思いを必ずわかってくださるでしょう」という心情までも伝えることができるのである。

次の例は、直接自分のことばによって自分の心情を表明せずに、古い歌を借りて暗示するという点においては「引き歌」と同じであるが、引き歌が古歌を自分の発話の一部分として利用するという手法であるのに対して、古歌それ自体を独立した発話として口ずさむことによって、自分の何らかの心情を相手に伝えようとするものである。

⑥（源氏は明石の上からの手紙を）うち返し見たまひつつ、「あはれ。」とながやかにひとりごちたまふを、女君後目に見おこして、「浦よりをちに漕ぐ舟の」としのびやかにひとりごちながめたまふを、（源氏）「まことにかくまでとりなしたまふよ。こは、ただかばかりのあはれぞや。（明石・須磨の）ところのさまなどうち思ひやる時々、来し方のこと忘れがたき独り言をようこそ過ぐいたまはね。」など、恨みきこえたまひて、（手紙の）上包みばかりを（紫の上に）見せたてまつらせたまふ。　（源氏物語・澪標）

明石の上に姫君が誕生し、明石の上から源氏への手紙が届いたことに紫の上が嫉妬する場面である。「浦よりをちに漕ぐ舟の」は、「古今和歌六帖」にある伊勢の歌「み熊野の浦よりをちに漕ぐ舟のわれをばよそに隔てつるかな（熊野の浦から遠くに漕いで行く舟のように、あなたは私をよそに隔ててしまわれたことですね）」の一節を紫の上が口ずさんだのである。紫の上としては、この歌を口ずさむことによって、この歌の下の句「われをばよそに隔てつるかな」に詠まれているような、自分だけが源氏から疎外されていく悲しみの心情をそれとなく源氏に訴えたのである。紫の上は、伊勢の立場から詠まれた悲しみを自分の立場に置き換えて源氏への恨みを訴えようとしているのである。そういう点において、このような手法も視点の転換の一種としてとらえることができる。

⑦（帥の宮は）物のたまはでただ御扇に文を置きて、「御使の取らで参りにければ。」とて差し出でさせたまへり。女、物聞こえんにもほど遠くて便なければ、扇を差し出でて取りつ。宮も（家の内に）上りなむと思し

たり。前栽のをかしき中に歩かせたまひて、「人は草葉の露なれや」などのたまふ。いとなまめかし。
（和泉式部日記）

式部の多情さへの誤解と不信感から式部を訪れることの途絶えていた帥の宮が久しぶりに式部を訪ねる場面である。「人は草葉の露なれや」は、「わが思ふ人は草葉の露なれやかくれば袖のまづしをるらむ（私の恋い慕う人は草葉の露だからであろうか、恋しい人を心にかけると私の袖は恋しい人への思いの涙に真っ先に濡れてしまいそうだ）」（拾遺集・七六一）の第二・三句である。作者式部が「いとなまめかし」と評しているように、帥の宮は、この歌を口ずさむことによって、わが袖が前栽の夜露に濡れたことを即興的に表現するという優雅な振舞いを示したのである。と同時に、帥の宮としては、本歌の下の句に詠まれている恋の思い、夜露に濡れながらも式部のところを訪れた我が思いを暗に式部に訴えようとしているのでもあろう。

第四節　語り手のことばの構文

「かのをかしかりつる火影ならばいかがはせむ」に（源氏が）思しなるも、悪き御心浅さなめりかし。
（源氏物語・空蝉）

空蝉と間違えて、軒端荻と契ってしまった源氏の心情を叙した部分である。「思しなる」までは作者（語り手）の客観的な視点からの叙述である。ところが、「めり」という婉曲推量の助動詞、「かし」という聞き手に向かって念を押す終助詞などの会話的性格の表現から見て、「悪き御心浅さなめりかし（けしからん無分別な思いのようであるよ）」は、物語の語りの流れの中に、その語りの流れとは異なる作者（語り手）の視点からの批評・感想のことばとして物語の聞き手に対して語りかけるように割り込ませた表現である。

このように、話題の世界を客観的に叙述すべき作者（語り手）が、話題の世界に対して主観的な感想や批評を加えるという表現手法あるいはその叙述部分を「語り手のことば」あるいは「草子地」と呼ぶ。語り手のことばには、作者の、物語の登場人物なり事柄に対する見方・考え方が生のまま語られる。物語の展開と作者介入のことばを総合的にとらえることによって、その作品の文学性をより深くとらえることができることになるのである。語り手のことばは、話の文・心の文には現われず、多くは「べし・めり・む・まし」などの助動詞や「かし・や・かな」などの助詞あるいは形容詞・「形容詞＋けり」などの主観的な判断を表す表現によって文統括される地の文として現れる。

また、語り手のことばが文中にはさみこまれる場合も見られるが、これについては、第八章・第三節「評価追叙構文」のところで考察することにする。

「語り手のことば」の叙述内容としては、次の二つの場合がある。

(1) 一応客観的な叙述・描写が終了した後で、その叙述内容について何らかの説明・推察・感想・批評を加える。

(2) 描写・叙述など物語る態度についての何らかの断り・弁解を加える。

(1) 一応客観的な叙述・描写が終了した後で、その叙述内容について何らかの説明・推察・感想・批評を加える。

① 昔、男、つれなかりける人のもとに、

言へばえに言はねば胸に騒がれて心ひとつに嘆くころかな

おもなくて言へるなるべし。（伊勢物語・第三四段）

ここは、つれない相手であるから、何を言っても心を動かすこともないだろうのに、あえて男が恋心を訴えたことに対して、作者が「おもなくて言へるなるべし（あつかましくも苦しい恋の思いを詠んだのであろう）」と批評したのである。このような感想には、男の一途な思いに対する語り手の共感がこめられているものととらえることもできるであろう。

②　光源氏、名のみことごとしう、言ひ消たれたまふとが多かなるに、いとどかかる好きごとどもを末の世にも聞き伝へて、軽びたる名をや流さむと忍びたまひける隠ろへごとをさへ語り伝へけむ人の物言ひさがなさよ。さるは、いといたく世を憚り、まめだちたまひけるほどに、なよびかにをかしきことはなくて、交野の少将には笑はれたまひけむかし。まだ中将などにものしたまひし時は内裏にのみさぶらひようしたまひて、大殿には絶え絶えまかでたまふ。忍ぶの乱れやと疑ひきこゆることもありしかど、さしもあだめき目馴れたるうちつけの好き好きしさなどは、好ましからぬ御本性にて、稀にはあながちにひきたがへ、心づくしなることを御心に思し留むる癖なむあやにくにて、さるまじき御振舞もうち交じりける。（源氏物語・帚木）

「源氏物語」は、「桐壺」の巻で源氏の出生について語り、この「帚木」の巻から、源氏の恋の遍歴が始まるのである。その物語の語りはじめにあたって、作者が、源氏はまれには激しい恋に熱中することもあるが、本来はまじめな性格であるということを説明して、源氏の生き方に対する作者の共感を表明しているのであろう。「人の物言ひさがなさよ」「交野の少将には笑はれたまひけむかし」の「よ」「かし」などの終助詞は、本来は対話などにおいて話し手が聞き手に語りかける表現であって、客観的な立場から語る地の文の表現ではない。したがって、この文章は、作者（語り手）が読者（物語の聞き手）に直接語りかけている語り手のことばということになる。

③　（女）いとよしづきてをかしくいますかりければ、よばふ人もいと多かりけれど、返りごともせざりけり。「女といふ者、つひにかくて果てたまふべきにもあらず、時々は返り事したまへ。」と親も継母も言ひければ、せめられてかく言ひやりける、

思へどもかひなかるべみ忍ぶればつれなきともや人の見るらむ

とばかり言ひやりて、物も言はざりけり。かく言ひける心ばへは、親など、「男あはせむ。」と言ひけれど、「一生に男せで止みなむ。」といふことを、世とともに言ひける、さ言ひけるもしるく、男もせで二十九にてなむ失せたまひにける。

（大和物語・第一四二段）

「かく言ひける心ばへは」は、意味構造上、「世とともに言ひける心ばへなり（常に言っていたことの真意なのであった）」と文統括されるところである。このような語り手の説明を加えることによって、作者は、単に女の一つの物語として語っているのではなく、純粋に操を通す女の美しさに対する共感を表現しているのである。

④　昔、奈良の帝に仕うまつる采女ありけり。顔かたちいみじう清らにて、人々よばひ、殿上人などもよばひけれど、あはざりけり。そのあはぬ心は、帝を限りなくめでたきものになむ思ひたてまつりける。

（大和物語・第一五〇段）

「そのあはぬ心は」以下は、采女が男たちに「あはざりけり」という態度を持ち続けた真意を作者が説明した語り手のことばである。ここも、単に一人の采女の物語を語っているだけではなく、そのような説明を加えることによって、采女の純粋な生き方を褒め称えているのである。

⑤　中納言、さこそ心に入らぬ気色なりしかど、その日になりて、えもいはぬ根ども引き具して参りたまへり。小宰相の局にまづおはして、（中納言）「（あなたがわたしを）心幼く取り寄せたまひしが心苦しさに、若々しき心地すれど、浅香の沼をたづねてはべり。さりとも（根合わせに）負けたまはじ。」とあるぞ頼もしき。いつの間に思ひよりけることにか、言ひ過ぐすべくもあらず。

（堤中納言物語・逢坂越えぬ権中納言）

宮中において左右に分かれて根合わせをするというので、最初のうちはあまり気乗りしなかった中納言が左方に味方して、立派な菖蒲の根を持ってきたところである。「頼もしき」は、小宰相の中納言に対する心情の表現としてとらえることができる。したがって、その後の「いつの間に思ひよりけることにか、言ひ過ぐすべくもあらず（いつの間にこんな立派な根を掘り出すことを思いついたのであろうか、いくらほめてもほめ過ぎるということはない）」も小宰相の感想としてとらえることができるが、「思ひよりける」に中納言に対する敬意表現が見られないところから、ここは小宰相の立場に立って語り手が中将を褒め称えた語り手のことばとしてとらえることができる。

(2) 描写・叙述など物語る態度についての何らかの断り・弁解を加える。

① 八月十五夜、隅なき月影、ひま多かる板屋残りなく漏りきて、見慣らひたまはぬ住まひのさまも珍しきに、暁近くなりにけるなるべし。隣の家々あやしき賤の男の声々目覚まして、「あはれいと寒しや。」「今年こそなりはひにも頼むところ少なく。」「田舎の通ひも思ひかけねば、いと心細けれ。」「北殿こそ聞きたまふや。」など、言ひ交はすも聞こゆ。いとあはれなるおのがじしの営みに起き出でてそめき騒ぐも程なきを、女いと恥づかしく思ひたり。艶だち気色ばまん人は、消えも入りぬべき住まひのさまなめりかし。されど、（女は）のどかに、辛きも憂きもかたはらいたきことも思ひ入れたるさまならで、わがもてなし・有様は、いとあてはかに児めかしくて、またなくらうがはしき隣の用意なさを、いかなることとも聞き知りたるさまならねば、なかなか恥ぢかがやかんよりは、罪許されてぞ見えける。ごほごほと鳴る神よりもおどろおどろしく踏みとどろかす唐臼の音も枕上とおぼゆ。（源氏は）あな耳かしがましとこれにぞ思さるる。何の響きとも聞き入れたまはず、いとあやしうめざましき音なひとのみ聞きたまふ。くだくだしきことのみ多かり。（源氏物語・夕顔）

源氏が夕顔の家で、夕顔とともに一夜を明かした翌朝の描写である。最後の「くだくだしきことのみ多かり（わずらわしいことばかりが多い）」は作者（語り手）のことばである。源氏にとってはもちろん当時の読者にとっても、あまりにもかけ離れた世界を描いていることに作者は引け目を感じて言い訳のことばを発したのである。そして、そのような言い訳のことばが逆にそういう周りの様子を「いかなることとも聞き知りたるさまならぬ女君の「なかなか恥ぢかがやかんよりは罪許されてぞ見えける」「いとあてはかに児めかし（たいへん上品でおっとりしている）」きさまを印象付けることにもなる。しかし、それだけにとどまらず、相当な女房が仕えているいわくありげな女君が、なぜこんな「くだくだしきことのみ多か」る場末に住んでいるのだろうかという疑問と興味を引き出してくる。読者はいろいろなことを想像しながら、物語の世界を広げていく。後になって、その疑問は侍女の右近の口から「頭の中将の庇護を受けていたが、中将の北の方からの非難に堪えかねてこのような場末に住んでいるのである」という事実が明かされることになる。

このように、通常の描写の流れの途中に、語り手の生の声を聞くと、読者はそれに触発されて物語を豊かに想像することになる。このような効果を狙って挿入されるのが「語り手のことば」なのである。

②　かやうのくだくだしきことは、（源氏が）あながちに隠ろへ忍びたまひしもいとほしくて皆漏らしとどめたるを、「などか帝の御子ならむからに、見む人さへかたほならずものほめがちなる」と作り事めきて取りなす人ものしたまひければなむ。あまり物言ひさがなき罪さりどころなく。（源氏物語・夕顔）

この文章は、「夕顔」の巻の最後の部分である。ここには、語り手の語りの態度が表明されている。特に、「漏らしとどめたる（語るのを控えていた）」、「あまり物言ひさがなき（無遠慮すぎたおしゃべり）」という言い方は語り手の語る態度を意味するものである。第一節「語りの視点の表現構造」の冒頭部に引用した、帚木の巻の冒頭部分と呼応して、この物語が単なる作り物語ではなく、事実に基づいた物語であり、源氏という人は本当はすばらしい方なのであるという作者の共感が表現されているのである。

③　宮には、（源氏）「松島の海人のとまやもいかならむ須磨の浦人しほたるるころ

いつとはべらぬ中にも、来し方行く先かきくらし、汀増さりてなん。」内侍のかみの御許に、例の、中納言の君の私ごとのやうにて、中なる（文）に、

（源氏）「つれづれと過ぎにし方の思ひ出でらるるにつけても、

こりずまの浦のみるめもゆかしきを塩焼く海人やいかが思はむ」

さまざま書き尽くしたまふ言の葉思ひやるべし。（源氏物語・須磨）

「さまざま書き尽くしたまふ言の葉思ひやるべし」とは、語り手が「源氏の消息を全部紹介する訳にはいかないので、後はご想像ください」と読者に呼びかけている。語り手の語りとしては以下省略するという断りを表明しているのである。

④（源氏の消息）「あやしう、人の思ひ寄るまじき御心ばへこそさらでもありぬべけれ。」と、憎さまに書きたまうて、「唐衣またからごろもからごろもかへすがへすぞからごろもなる」とて、「いとまめやかに、かの人のたてて好む筋なれば、（この歌を）ものしてはべるなり。」とて、（玉鬘に）見せたてまつりたまへる。君いとにほひやかに笑ひたまひて、（玉鬘）「あないとほし。弄じたるやうにもはべるかな。」と、苦しがりたまふ。よしなしごといと多かりや。（源氏物語・行幸）

玉鬘の裳着のお祝いに贈られてきた品物に添えられた末摘花の歌を嘲笑して、源氏が返歌を贈る場面である。「よしなしごといと多かりや」の「や」は、話し手が聞き手に対して詠嘆的に呼びかける終助詞である。すなわち、ここは、本来玉鬘の裳着について語るのが主であるべきなのに、それとはあまり関係のないことを語ってしまったという、作者自身の物語る態度に対する言い訳をさしはさんだ形になっている。

⑤　少納言の君とて、いといたう色めきたる若き人、何のたよりもなく、二所大殿籠りたる所へ（右大将の御子の少将を）導ききこえてけり。（少将は）もとより御志ありけることにて、姫君を抱きて御帳の内へ入りたまひに

けり。（姉君は）思しあきれたるさま、例のことなれば書かず。（堤中納言物語・思はぬ方にとまりする少将）

少納言の君の手引きによって、少将が二人姉妹のうち姉君の方に忍び入った場面である。傍線部は、姉君のあっけに取られている様子は物語などにもよくあることだから、ことさら詳しく描写しないという物語る態度についての作者の断りである。

第五章　言いさし構文

第一節　言いさし構文の表現構造

①　人の数多ありける中にて、ある者、「ますほの薄、まそほの薄など言ふことあり。渡辺の聖、このことを伝へ知りたり。」と語りけるを、登蓮法師、その座に侍りけるが、聞きて、雨の降りけるに、「蓑・笠やある、貸したまへ。かの薄のこと習ひに渡辺の聖のがり尋ねまからん。」と言ひけるを、「あまりにもの騒がし。雨止みてこそ。」と人の言ひければ、「無下のことも仰せらるるものかな。人の命は、雨の晴れ間をも待つものかは。我も死に、聖も失せなば、尋ね聞きてんや。」とて、走り出でて行きつつ、習ひはべりけりと申し伝へたるこそゆゆしくありがたうおぼゆれ。（徒然草・第一八八段）

「雨止みてこそ」という発話は、「かの薄のこと習ひに渡辺の聖のがり尋ねまからん」という発話を受けたものであるから、「雨止みてこそ」という接続成分を受ける統括成分の内容は当然「尋ねたまふべし」であり、また係助詞「こそ」の結びであるから、「尋ねたまふべけれ」で文統括されるはずである。このように、係り成分があっても、それを受ける成分が表現されずに文統括される構文を「言いさし構文」と呼ぶことにする。係り受けの表現がはっきりしている上に、その発話内容が文脈上自明の場合には受ける成分をあえて表現する必要もないのである。

このように、言いさし構文は、言いさし表現を受ける文統括成分が容易に想定できる場合が多い。ただし、単に受ける成分が自明のことであるから、係り成分のみにて言いさし構文にするというのではなく、そこには話し手の何らかの心情を余情として表現しようとする意図が見られる。

②　十一日。暁に船を出だして、室津を追ふ。……また昔へ人を思ひ出でて、いづれのときにか忘るる。今日はまして母の悲しがらるることは。下りし時の人の数足らねば、古歌に「数は足らでぞ帰るべらなる」といふことを思ひ出でて人の詠める、

世の中に思ひやれども子を恋ふる思ひに勝る思ひなきかな

と言ひつつなん。

十二日。雨降らず。ふんとき・これもちが船の遅れたりし、奈良志津より室津に来ぬ。（土佐日記）

土佐から帰京する旅の途中で、土佐の国で亡くなった娘を思い出して悲しんでいるところである。「母（亡き娘の母）の悲しがらるることは」は、それを受ける文統括成分が見当たらないので、母の深い嘆きの心情が余情として表現されている言いさし構文としてとらえることができる。あるいは詠嘆表現の形式名詞「こと」に終助詞「は」の添えられた表現としてもとらえることができる。いずれにしても、そこには深い嘆きの思いが表現されていることになる。「言ひつつなん」の「なん」止めの言いさし構文にも、こんな歌を詠みあって嘆き悲しんでいるうちに、船は亡き娘の思い出の残る土佐の国からどんどん遠ざかって、奈良志津から室津まで一気に進んでいってしまうという貫之夫婦の亡き娘に対する深い嘆きが余情として表現されている。

③　「かの明石に、心苦しげなりしことは、いかに」と（源氏は）思し忘るるときなけれど、公・私忙しき紛れにえ思すままにも、とぶらひたまはざりけるを、三月朔日のほど、（出産は）この頃やと思しやるに、人知れずあはれにて、（明石に）御使ありけり。（使が）とく帰り参りて、「十六日になん。女にて、平らかにものしたま

ふ。」と（源氏に）告げ聞こゆ。（源氏物語・澪標）

明石の上の妊娠がどうなったかと心配して遣わした使が帰ってきたところである。「十六日になん」という使の報告は、実際にはこんな簡単なものではあるまい。少なくとも「十六日になん生まれたまひぬる」という文統括された発話であるはずである。身分の高い源氏に対して、よほど特別な事情のない限り、言いさし表現で報告するのは無礼である。しかし、この場合は、実際の発話と違った言いさし表現として描写するほうが、かえって使の報告を受けた源氏の喜びを強く表現することになる。すなわち、予定通り出産することは無事安産の証拠であり、しかも「三月朔日のほど」→「この頃や」→「御使ありけり」→「とく帰り参りて」→「十六日になん」という簡潔な表現の流れが、源氏の緊迫した心の動きを生き生きと表現している。このように、言いさし表現は、話し手の相手に伝えようとする事柄すべてを表出せずに、必要と思われる事柄だけの表出にとどめて、後に続く事柄は余情として暗示することによって、かえって話し手の深い微妙な心情を相手に伝えるという表現効果を持つのである。

言いさし構文の成立する条件は次の三点になろうか。

(1) 話の文・心の文や手紙の文にしばしば見られるが、地の文にはあまり見られない。地の文の場合は、多くは、客観的な描写が終わった段階で、語り手が語り手として直接顔を出して、その物語の展開などについて言及する、いわゆる「語り手のことばの構文」（第四章・第四節）として現れる。

(2) ごく親しい者同士、あるいは貴人の供人に対する私的な対話において見られる。公的な対話などではあまり現れない。特に、帝やそれに準ずる方あるいは身分の高い方に対して、直接奏上するような発話には現れない。ただし、帝などが自分自身に関することを述べる場合には現れることもある。

(3) 独り言や聞き手に対する軽い意思表示の場合にしばしば見られる。そのほか、感極まってことばに詰まったり、わざわざことばを濁したり、婉曲に表現したりするような、話し手の何らかの心情を表現する場合にも現れる。

第二節　言いさし構文の種々相

かくて、あるやうありて、しばし旅なるところにあるに、（兼家が）ものして、つとめて、「今日だに長閑に（過ごさむ）と思ひつるに、（あなたが）びなげなりつれば（まかでぬる）。いかにぞ（帰らざる）。（私の）身には（あなたが）山隠れとのみなん（おぼゆる）。」とある……　（蜻蛉日記・上）

「長閑に」（連用形による連用成分）、「びなげなりつれば」（接続助詞による接続成分）、「いかにぞ」「山隠れとのみなん」（係助詞による連用成分）は、それぞれそれを受ける統括成分が表現されていない。このように、言いさし表現には次のような型が見出せる。

Ⅰ　係助詞による言いさし構文
Ⅱ　疑問・反語表現による言いさし構文
Ⅲ　接続助詞による言いさし構文
Ⅳ　連用形による言いさし構文
Ⅴ　呼応表現による言いさし構文
Ⅵ　その他の言いさし構文

I　係助詞による言いさし構文

①　(1)　「なむ」「ぞ」の言いさし構文

「さればよ」と、いみじう心憂しと思へども、いはんやうも知らであるほどに、二三日ばかりありて、暁方に門を叩くときあり。(作者は)さなめりと思ふに、憂くて開けさせねば、(夫兼家は)例の家と思しき所にものしたり。つとめて、なほもあらじと思ひて、

(作者)嘆きつつ独り寝る夜の明くる間はいかに久しきものとかは知る

と、例よりはひきつくろひて書きて、うつろひたる菊にさしたり。(兼家からの)返事「開けるまでも試みんとしつれど、とみなる召使の来会ひたりつればなん。いとことわりなりつるは。

げにやげに冬の夜ならぬ槙の門も遅く開くるはわびしかりけり」

さてもいとあやしかりつるほどにことなしびたる。(蜻蛉日記・上)

「とみなる召使の来会ひたりつればなん」という発話は、作者が夫の浮気にすねて兼家が訪れてきたのにあえて門を開けず、恨みの手紙を出した、その手紙に対する夫兼家からの言い訳の文言である。作者が門を開けるまで我慢をしているべきであったが、急用の使が来たので、帰ってしまったというのである。兼家としては、昨夜からの事情を踏まえての手紙であるから、「なん」を受ける文統括成分が表現されておらなくとも、相手には了解されるであろうということを前提とした言いさし表現である。しかも、親しい夫婦間の対話であるから、このような言いさし表現であっても、妻にはこちらの言いたいことは十分に理解されるであろうと判断しての表現である。むしろそのようなさりげない表現のほうが、特別相手に恨まれるような事態にはなっていないということ

を弁明することになり、そうすることによって「例の家（町の小路の女の家）」のところに行ったということをごまかせるのではないかという魂胆もあったのかもしれない。ところが、それがかえって作者には「さてもいとあやしかりつるほどにことなしびたる（本当にすました顔で白々しい言い訳をするものだ）」と見破られてしまうことにもなるのである。

②　又の日、今日をまた（兼家が訪れるかどうか様子を）見んかしと思ふ心懲りずまなるに、夜ふけて（兼家が）見えられたり。（兼家）一夜のことどもしかじかと言ひて、「今宵だにとて、急ぎつるを、（家族の者たちが）忌違へにみな人ものしつるを、出だし立てて、やがて見捨ててなん。」など、罪もなく、さりげもなく言ふ、いふかひもなし。（蜻蛉日記・中）

七月七日の夜、兼家の訪れを心待ちにしていた作者を兼家が訪れたところである。兼家は、「一夜のこと（七月三日の夜急病で来られなかったこと）」を弁解した後で、今夜は方違えに家人を送り出してそのままやって来たのですと、これまで訪れなかったことを悪びる様子もなく澄ました顔で言うのである。「やがて見捨ててなん」という発話は、兼家が作者のところにしばらく訪れなかったので、その罪滅ぼしに今宵は急いでやってきたということを作者に説明している文言である。ここも、兼家としては、「なん」を受ける統括成分を表現しない言いさし表現であっても、「今宵だにとて急ぎつる」という発話が既にあるから、こちらの意向は相手に十分伝わるであろうという判断の上での発話である。しかも、相手は妻であるから、その気安さもあって、まさに作者が「罪もなくさりげもなく言ふ」と受け取っているような、これまで訪れなかったことに気がとがめる様子もなく、さりげない言いさし表現の発話になったのである。

このように、「なむ」止めの言いさし表現は、感情を遠慮なく出せる、ごく親しい間柄で取り交わされる手紙や対話の中での一種の余情表現として現れる。「なむ」という助詞は、その上接する語句の意味する事柄を提示し、それを受ける事柄と一体となった発話内容全体を強調して、聞き手に確認を求めたり、納得させたりするような表現効果を持ったものである。しかも、その提示強調の仕方はへりくだった穏やかな表現であるところから、対話などに好んで用いられ、「なむ」のところで言いさしになる場合が多く見られる。

次の文章は、帝の意を体した靫負の命婦が更衣の母君を見舞う場面である。

③　南面に降ろして、母君もとみにえものものたまはず。（母君）「今までとまりはべるがいと憂きを、かかる御使の蓬生の露分け入りたまふにつけても、(a)いとはづかしうなむ。」とて、げにえ堪ふまじく泣いたまふ。（命婦）「参りては、いと心苦しう、(b)心・肝も尽くるやうになむと、内侍のすけの奏したまひしを、物思ひたまへ知らぬ心地にもげにこそいと忍びがたうはべりけれ。」とて、ややためらひて、仰せ言伝へ聞こゆ。「しばしは夢かとのみたどられしを、やうやう思ひ静まるにしも、さむべきかたなく、耐え難きはいかにすべきわざにかとも、問ひ合はすべき人だになきを、忍びては参りたまひなむや。若宮のいとおぼつかなく露けき中に過ぐしたまふも心ぐるしう思さるるを、とく参りたまへなどはかばかしうものたまはせやらず、むせかへらせたまひつつ、かつは人も心弱く見たてまつるらむと思しつつまぬにしもあらぬ御気色の心苦しさに、（仰せごとを）(c)承りも果てぬやうにてなむまかではべりぬる。」とて、御文奉る。（母君）「目も見えはべらぬに、かくかしこき仰せごとを(d)光にてなむ。」とて見たまふ。（帝）「程経ば少しうち紛るることもやと、待ち過ぐす月日に添へていと忍びがたきは、(e)わりなきわざになむ。いはけなき人も、いかにと思ひやりつつ、もろともにはぐくまぬおぼつかなさを。今はなほ昔の形見になずらへて（内裏に）ものしたまへ。」など、こまやかに書かせたまへり。

（源氏物語・桐壺）

(a)(d)の言いさし表現は、命婦と母君との親しい女同士の対話であるから、私的な気安い雰囲気の表現である。しかも、「え堪ふまじく泣いたまふ」、「目も見えはべらぬ」とあるように、悲嘆にくれた心境であってみれば、なおさらことばに詰まって、言いさし表現になるのは当然なことである。(b)の言いさし表現の場合は、内侍のすけの帝に奏上した発話であるから、言いさし表現は帝に対して無礼ではないかとも考えられるが、ここはあくまでも命婦が内侍のすけの奏上したことばを母君に伝えている、いわゆる間接話法であるから、純然たる公的な奏上の表現ではない。したがって、私的な対話としてとらえてよい。(c)の場合は言いさし構文になっていない。ここは、命婦が、今までの私的な対話を一旦打切って、改めて帝の使として帝の御文を奉る場面であるから、改まった態度を示すための発話として言いさし構文を避けたものととらえることができる。(e)は、帝の、母君に対する言いさし構文になっているが、ここは同じ更衣を失った者同士の親しい発話であるから、言いさし構文のほうがむしろ更衣を失った悲しみが母君にもしみじみと伝わるのである。

④　（源氏が）惟光ばかりを馬に乗せて、（紫方に）おはしぬ。（供人に）門うち敲かせたまへば、心もしらぬ者の開けたるに、御車をやをら引き入れさせて、大夫妻戸を鳴らしてしはぶけば、少納言聞き知りて出で来たり。（惟光）「（殿が）ここにおはします。」と言へば、（少納言）「(a)幼き人は御殿籠りてなむ。などかいと夜深うは出でさせたまへる。」とものの便りと思ひて言ふ。（源氏）「（紫の姫君が）宮へ渡らせたまふべかなるを、その先に（紫の姫君に）(b)聞こえ置かむとてなむ。」とのたまへば、（少納言）「何事にかはべらん。いかにはかばかしき御いらへ聞こえさせたまはむ。」とてうち笑ひて居たり。　（源氏物語・若紫）

源氏が紫の姫君を二条院に移そうとして、姫君の邸に出向いたときの描写である。(a)の「幼き人は御殿籠りてなむ」は「ある・はべる」などで文統括される構文である。このように、気心の知れたもの同士の対話の場合には、「ある・はべる」などの単純な文統括成分は特に表現しなくとも、相手には当然理解されるので、言いさし表現になるのが普通である。(b)の「聞こえ置かむとてなむ」は、少納言の「などかいと夜深うは出でさせたまへる」という疑問に答えた発話であるから、当然「来たる」ということばを発しなくとも相手には了解されるはずである。このように、気安い間柄の場合には、特に何らかの余情を表現しようとする意図がなくとも、話の場の状況に応じて文統括成分が当然予想される場合は言いさし構文になるのが普通である。

「なむ」による言いさし構文が会話や伝承形式に多く見られるのに対して、「ぞ」による言いさし構文は、会話などにはあまり多くは見られない。

⑤　(源氏)「幼き人まどはしたりと、中将の憂へしは、さる人や。」と問ひたまふ。(右近)「しか。(その幼き人は)(a)一昨年の春ぞものしたまへりし。女にて、(b)いとらうたげになむ。」と聞こゆ。(源氏)「さて、(c)(その娘は)何処にぞ。人にさとは知らせで我に得させよ。あとはかなくいみじと思ふ(夕顔の)御形見に(d)いと嬉しかるべくなむ。」とのたまふ。(源氏物語・夕顔)

夕顔が頭の中将の語った女であることが右近の口から明らかになった。頭の中将と夕顔の間には娘(後の玉鬘)のいることも判明した。自分が死なせてしまった夕顔の形見として、その娘を、父親の頭の中将にはもちろん、誰にも知らせずに引き取りたいと右近に申し出る。(a)の「一昨年の春ぞ」は「幼き人」の説明であるから、そこで言いさしにするわけにはいかない。(b)「いとらうたげになむ」の「らうたげに」は「らうたげなり」の連用形であるから、あえて「あり」系の表現を標示しなくとも当然「はべりし」という文統括成分が想定される。しかし、相手が源氏という身分の高い方であるから、「はべりし」と文統括成分を標示するのが礼儀にかなっているはずであろう。ここは、右近が直接お世話した姫君の娘であるから、右近にとってもその可愛さは言い知れぬ喜びでもあり、そのような嬉しい気持ちでその「幼き人」を思い出している右近の心情が余情として表現されているものとしてとらえることもできるであろう。(c)「何処にぞ」の後には、「ある」という文統括成分が想定される。「人にさとは知らせで我に得させよ」という発話から見て、源氏は夕顔の形見としてその娘を早速引き取りたいのである。そのような強い願望の気持ちから、言いさし構文によって娘の所在を性急に問いただしたのである。「何処にぞ」は、「に」を取り外して「何処ぞ」という言い方でも意味構造上は同じ発話内容になる。「何処ぞ」という表現の場合には、「ぞ」は疑問語に付いて相手に強く問う気持ちを表現する終助詞の用法となる。「何処にぞ」の言いさし構文も「何処ぞ」という構文と同じように強く問いただす表現となる。(d)「いと嬉しかるべくなむ（その子を引き取ることができたならば、どんなにか嬉しいことでしょう）」の言いさし構文にも、源氏のその「幼き人」を引き取ることのできる喜びが余情として表現されている。

⑥　あはれなることは、（花山院天皇の）下りおはしましける夜は、藤壺の上の御局の小戸より出でさせたまひけるに、有明の月のいみじく明かかりければ、（帝）「顕証にこそありけれ。いかがすべからん。」と仰せられけるを、「さりとて（退位を）止まらせたまふべきやうはべらず。神璽・宝剣、（春宮方に）渡りたまひぬるには。」と粟田殿のさわがしまうしたまひけるは、まだ帝出でさせおはしまさざりける先に、手づから取りて、春宮の御方に渡したてまつりたまひてければ、帰り入らせたまはむことはあるまじく思して、しか申させたまひけるとぞ。（大鏡）

花山院天皇が道兼の陰謀によって退位させられた場面である。帝は退位、出家の決意をしたもののなお躊躇する。しかし、既に道兼は前もって三種の神器を春宮に渡してしまっていた。そこで、「さりとて、神璽・宝剣渡りたまひぬるには、止まらせたまふべきやうはべらず」と言って、今更帝が退位の意思を翻すわけにはいかないということを説得する。「しか申させたまひけるとぞ（このように申し上げなさったということです）」の「とぞ」は、引用の働きをする格助詞「と」に係助詞「ぞ」の添えられたものである。伝承文学としての説話や伝承の形をとった物語などにおいて、一つの物語が終了した時点で、「その煙いまだ雲の中へ立ち上るとぞ言ひ伝へたる（竹取物語）」というような形で、その物語が伝承されたものであるということを標示する場合があるが、時には、この「言ひ伝へたる」が表現されないで「とぞ」だけで締めくくられることもある。

(2)「や」「か」の言いさし構文

「や」「か」は、本来詠嘆の気持ちをこめて、上接することばの意味する事柄に対する疑問を表す助詞である。したがって、それを受ける統括成分は推量表現になる。「や」「か」で言いさし表現になると、それを受ける文統括成分の意味することがらが余情として表現されるために、「や」「か」の持つ詠嘆の気持ちが更に強く表現されることになる。特に、体言相当語に「にや」「にか」のついた形で言いさし構文になる例は、「なむ」の言いさし構文同様数多く見られる。「にか」「にや」の場合の「に」は、多くは助動詞「なり」の連用形であるから、「にや」「にか」の後には当然「あり」系のことばが文統括成分として想定されるので、いちいち「あり」系のことばを明示する必要はない。

① （源氏）「ただこのつづら折の下に、同じ小柴なれど、うるはしうしわたして、清げなる屋・廊など続けて、木立いとよしあるは、何人の住むにか。」と問ひたまへば……　（源氏物語・若紫）

源氏がわらわ病祈祷のため北山に行った時、たまたま風情のある一つの僧坊を見つけて、供の者に対して、どんな人が住んでいるのかと尋ねた発話である。「何人の住むにか」の後には「あるらむ」という表現が想定される。供人相手の発話であるから、軽く言いさし構文をとったのであるが、そこには源氏のいつもの好奇心が余情として表現されている。

② （源氏が）外に立てわたしたる屏風の中を少し引き開けて、扇を鳴らしたまへば、（内の女房は）覚えなき心地すべかめれど、「聞き知らぬやうにや。」とて、ゐざり出づる人あなり。少し退きて、（女房）「あやし。ひが耳にや。」とたどるを聞きて、（源氏）「仏の御しるべは、暗きに入りても更に違ふまじかなるものを。」とのたまふ。　（源氏物語・若紫）

これは、北山の僧都の坊に一泊した源氏が、姫君の世話を祖母の尼君に頼み込もうとして案内を請うている場面である。「聞き知らぬやうにや」「ひが耳にや」どちらも後に「あらむ」が想定される言いさし構文である。「聞き知らぬやうにや（聞こえないふりもできない）」は、女房が一人合点をしている心の文であるから、言いさし構文になっているのである。「ひが耳にや（聞き違いかしら）」も、女房の独り言であるから、言いさし構文になっているのである。

③（式部）「ふれば世のいとど憂さのみ知らるるに今日のながめに水増さらなむ
待ちとる岸や。」と聞こえたるをご覧じて、たちかへり
（帥の宮）「なにせんに身をさへ捨てんと思ふらん天の下には君のみや経る
誰も憂き世をや。」とあり。（和泉式部日記）

恋人同士としてごく親しい間柄にある式部と帥の宮とが取り交わした手紙である。式部は、「ふれば世の」の歌によって、憂きことの多いこの世に生きていくのがつらいから、いっそのこと長雨のために水かさが増した川に流されてしまいたいという心情を吐露している。「待ちとる岸や」はそれを受けた文言であるから、その後に、流されたわが身を救い上げてくれる岸があるだろうかという意味になる「あらむ」という文統括成分が想定される。「待ちとる岸や」という言いさし構文によって、出家によってこの世の憂さから救われたいという彼岸への願望が余情として暗示されている。一方、帥の宮の歌には、この憂き世の中にはあなただけが生きているのではないのだから、わが身を捨てようなどと思わないでほしいという慰めの心情が吐露されている。したがって、その歌に続く「誰も憂き世をや」は、その後に文統括成分が想定される言いさし構文としてとらえるのではなく、終助詞「を」に終助詞「や」が添えられた強い感動・詠嘆の表現、「誰でもつらいこの世なのですよ」という心情の表現としてとらえるほうがよい。

④（帝）「世間の過差の制厳しき頃、左の大臣の一の人といひながら、美麗ことのほかにて参れる、便なきこ

となり。早くまかり出づべきよし仰せよ。」と仰せられければ、承る職事は、「いかなることにか」と恐れ思ひけれど、参りてわななくわななくしかじかと申しければ、（左の大臣）いみじく驚きかしこまり承りて、御随身御先参るも制したまひて、急ぎまかり出でたまへば、御前どもあやしと思ひけり。（大鏡）

帝と左大臣藤原時平とがしめし合わせて「世間の過差（度を過ぎた華美贅沢）」を取り締まろうとしているところである。「いかなることにか」は職事の心の文である。意味構造上は「いかなることにかならむ」となるべきであるが、ここは職事自身の思いを叙述したところであるから、連用成分だけの言いさし構文になったのである。と同時に、職事には、「わななくわななくしかじかと申しければ」という表現からわかるように、「いかなることにかならむ」という完結された表現をとるほどの冷静な認識を自覚する心の余裕はない。恐怖のあまりこのような未完結な認識の表現で終わってしまい、その後には職事の恐怖心が余情として表現されてもいるのである。

(3)　「こそ」の言いさし構文

①　御前には、「同じくはをかしきさまにしなして、扇なども数多こそ。」とのたまはすれど、（作者）「おどろおどろしからむもことのさまにあはざるべし。（中宮様から）わざと遣はすにては、忍びやかに気色ばませたまふべきにもはべらず。これはかかる私事にこそ。」と聞こえさせて、顔しるかるまじき局の人して、「これ中納言の御使。御殿より左京の君に奉らむ。」と、高やかにさしおきつ。（紫式部日記）

中宮彰子の競争相手である弘徽殿女御にかつてお仕えしていた女房で、今度五節の舞の介添え役になった左京馬という女房に、中宮方の女房たちが扇を贈ってからかってやろうとしている場面における対話である。「扇なども数多こそ」は、この場面の状況から見て、「扇なども数多こそ贈らめ（扇などもたくさん贈ってあげたらよいでしょう）」となるべきところであるが、ここは中宮が女房たちに対してちょっと注意した程度の発話であるから、言いさし構文になっているのである。「私事にこそ」は、「に」を受けて、「私事にこそはべれ（これは中宮様の仰せによることではなく、女房たちの内密の企てでございます）」という表現が当然想定される。ここは、作者から中宮への言上であるから、文統括成分まで明示した構文であるべきところであるが、気心の知れた親しい主従の間柄の発話であるから、このような言いさし構文でも許されるのであろう。それとも、ここは作者から直接中宮に言上した発話ではなく、女房同士内輪で話し合ったことを言上したとしてとらえるならば、これは間接話法ということになって、このような言上の主旨だけを叙述した簡潔な言いさし構文になったのであろう。

② 殿などのおはしまさで後、世の中に事出で来、騒がしうなりて、宮も参らせたまはず、小二条といふ所におはしますに、なにともなくうたてありしかば、（作者は）久しう里にゐたり。御前わたりのおぼつかなきにこそ、なほえ絶えてあるまじける。（枕草子・第一四三段）

関白道隆死去の後、伊周・隆家兄弟の不敬事件があり、中宮定子も小二条殿に移られた。作者もしばらく里住みをしていたが、中宮のことがしきりに案じられるというのである。「御前わたりのおぼつかなきにこそ」の結びとしては、「なほ絶えてあるまじけれ」という已然形によって文統括されるはずである。そのようになっている異本も見られるが、このままの形でとらえるとすれば、ここは「御前わたりのおぼつかなきにこそあれ」という構文になるはずのところを、言いさし構文にしたともとらえることができる。しばらく里帰りしていた作者にとっては、中宮様のことが気がかりである。この言いさし表現には、そのような作者の心情が余情として表現されている。そのような思いを受けて、「なほえ絶えてあるまじける」という連体形止めの文統括成分にも、中宮様を心配するあまり、いつまでも里に籠もっているわけにもいかないという思いが余情として表現されている。

③ 御前にて、人々とも、物仰せらるるついでなどにも、（作者）「世の中の腹立たしう、むつかしう、片時あるべき心地もせで、ただいづちもいづちも行きもしなばやと思ふに、ただの紙のいと白う清げなるに、よき筆、

白き色紙、みちのくに紙など得つれば、こよなう慰みて、さはれ、かくてしばしも生きてありぬべかんめりとなむおぼゆる。また、高麗縁の、筵青うこまやかに厚きが、縁の紋いとあざやかに、黒う白う見えたるをひき広げて見れば、なにか、なほこの世はさらにさらにえ思ひ捨つまじと、命さへ惜しくなんなる。」と申せば、（中宮）「いみじくはかなきことにも慰むなるかな。姨捨山の月は、いかなる人の見けるか。」など笑はせたまふ。さぶらふ人々も、「いみじうやすき息災の祈りななり。」など言ふ。さて後、ほど経て、心から思ひ乱るることありて里にあるころ、めでたき紙二十を包みて賜はせたり。仰せごとには、「とく参れ。」などのたまはせで、（中宮）「これは聞こし召し置きたることのありしかばなむ。悪かめれば、寿命経もえ書くまじげにこそ。」と仰せられたる、いみじうをかし。

（枕草子・第二七七段）

「ありしかばなむ」という発話は、以前中宮の前で作者が申し上げた「世の中の腹立たしう云々」のことば、特に「ただの紙のいと白う清げなるに、よき筆、白き色紙、みちのくに紙など得つれば、こよなう慰みて、さはれ、かくてしばしも生きてありぬべかんめりとなむおぼゆる（すばらしい紙や筆などが手に入ったならば、こんなにいやな世の中でもこのまましばらくでも生きていてよかったなあと思われることでしょう）」を前提としているので、その後には当然「めでたき紙二十を包みて賜はするなる」という発話が想定される。作者が不本意な鬱屈した状況にあるところに、中宮が、以前の作者のことばを忘れずに、「めでたき紙二十」を下さったのである。中宮としては、早く作者に戻ってきてほしいのであろうが、作者の現在の心境を思いやって、「とく参れ」などと言わずに、以前のことばを思い出して紙をあげるのですとだけ言って寄こしたのである。「ありしかばなむ」には、そのような中宮の作者に対する思いやりの心情が余情として表現されている。「寿命経もえ書くまじげにこそ」の後には「に」を受けて「あれ」が表現されるはずである。「寿命経」は延命を祈願する経典である。それを「え書くまじげに」というのは、延命の助けにはならないだろうという意味の発話内容である。ここも、中宮が、以前作者が「なほこの世はさらにさらにえ思ひ捨つまじと命さへ惜しくなんなる（やはりこの世は絶対に思い捨てることはできないだろう、命までもが惜しくなります）」と申し上げたことばを覚えていて、「この紙はよくない紙のようだから、寿命経も書けそうもないようですがね」という気持らを余情をこめて表現した言いさし構文である。作者も、「とく参れなどのたまはせで」と述べているように、中宮は、作者が「心から思ひ乱るることありて里にある（自分の気持ちとしていろいろの悩み事があって実家にいた）」という気持ちから早く立ち直って、参内してほしいという誘いを余情としてやんわりと表現しているのである。

④　宮、例の忍びておはしまいたり。女、さしもやはと思ふうちに、日ごろの行ひに困じてうちまどろみたるほどに、門をたたくに聞きつくる人もなし。（帥の宮は）聞こし召すことどもあれば、人のあるにやとおぼしめして、やをら帰らせたまひて、つとめて、

（宮）「開けざりし槙の戸口に立ちながらつらき心のためしとぞみる

憂きはこれにやと思ふもあはれになん。」とあり。（式部）「よべおはしましけるなめりかし、心もなく寝にけるものかな」と思ふ。御返し

（式部）「いかでかは槙の戸口を鎖しながらつらき心のありなしを見ん

推し量らせたまふめるこそ。見せたらば。」とあり。

（和泉式部日記）

帥の宮が式部を訪ねてきたのに、作者は、日ごろの仏前の勤行に疲れて気づかなかった。宮は、式部のところに、日ごろのうわさ通りほかの男が来ているのではないかと邪推して帰ってしまった。「推し量らせたまふめるこそ」は、そのことに対する式部の返事である。「推し量らせたまふめるこそ（邪推していらっしゃるのは）」の後には、「恨めしけれ」というような文統括成分が想定される。しかし、「推し量らせたまふめるこそ恨めしけれ」とはっきり表明してしまうよりは、このような言いさし表現のほうが婉曲な余情表現になって、むしろ式部の恨め

しい気持ちが宮にやんわりと伝わることにもなる。次の「見せたらば（心のうちをお目にかけたならば）」の言いさし表現にも同じ表現効果が見込まれる。

「和泉式部日記」のような男女の恋愛感情を描いた作品にあっては、それぞれの微妙な心理を表現するのには「言いさし構文」が大きな力を発揮することにもなる。

⑤　（式部）「今の間に君来まさなむ恋しとて名もあるものをわれゆかむやは」

と聞こえたれば、

（帥の宮）「君はさは名の立つことを思ひけり人からかかる心とぞ見る

これにぞ腹さへ立ちぬる。」とぞある。（式部の）かくわぶる気色を御覧じて、（宮が）たはぶれをせさせたまふなめりとは見れど、なほ苦しうて、（式部）「なほいと苦しうこそ。いかにもありて御覧ぜさせまほしうこそ。」

と聞こえさせたれば、

（帥の宮）「疑はじなほ恨みじと思ふとも心に心かなはざりけり」（和泉式部日記）

式部を愛しながらも、式部の男関係のうわさを責める帥の宮に対して、「宮様のほうからすぐにおいでください。いくらなんでも外聞がありますから、こちらからは参れません。」という歌を差し上げる。宮は「私のことで浮名の立つのを恐れているのですね。ほかの男に対しては、浮名の立つことを恐れていないのに」という歌をよこす。それに対して、式部は、「こんなに自分が男うわさのことで困惑しているのに、宮様はおからかいになる」と思いながら、なおもつらく思われるので、宮に対して「なほいと苦しうこそ。いかにもありて御覧ぜさせまほしうこそ」という嘆きの気持ちを訴えているのである。「なほいと苦しうこそ」には「はべれ」という文統括成分が想定されるが、そのような整った構文では表現しきれない深い嘆きが余情として表現されている。次いで、「いかにもありて御覧ぜさせまほしうこそ」も「はべれ」が想定されるけれども、ここもそのような整った構文では表現できない気持ちが余情として表現されている。「どうにかして私の本心をお見せしたい」という思いを訴えながら、なんとしても宮の疑念を晴らしたいという思い、「今の間に」の歌に表現されている「今すぐにでもお越しください」という式部の、宮を恋い慕う切ない心情などが深い余情となって表現されている。このように、これらの言いさし構文には、文統括成分の整った構文をとって言い切ることのできないほどの深い思いが表現されている。むしろこのような言いさし表現によって、余情として表現するほうが相手に訴える力は強くなるのである。

⑥（太政大臣兼家）内に参らせたまふにはさらなり、牛車にて北陣まで入らせたまへば、それより内は何ばかりのほどならねど、紐解きて入らせたまふこそ。されど、それはさてもあり。相撲の折、内・春宮のおはしませば、二人の御前に何をも押しやりてあせとりばかりにてさぶらはせたまひけるこそ世にたぐひなくやむごとなきことなり。末には、北の方もおはしまさざりしかば、男住みにて、東三条殿の西の対を清涼殿造りに御しつらひより始めて住ませたまふなどをぞあまりなることに人申すめりし。（大鏡）

藤原兼家の、いかに人臣として最高の栄華を極めた人とはいえ、あまりの身分をわきまえない無作法な行為に世間の人たちは驚いたというのである。『紐解きて入らせたまふこそ』の後には、「あさましかりけれ」などの語り手・世間の人たちの驚きの気持ちの表現としての文統括成分が想定される。そのような言いさし構文をとることによって、兼家のあまりの無礼な振舞いに対して、文字通り、二の句が告げないという強い驚きが余情として表現されているのである。しかし、「されど、それはさてもあり」と表明されているように、この程度の無礼は単なる驚きの心情を表現するだけで済ませるけれども、相撲の節会において帝・春宮の前で肌着一枚になるようなあまりにも度が過ぎた無礼な振舞いに至っては、「世にたぐひなくやむごとなきことなり（世に例もないほどに畏れ多いことである）」という文統括成分を明示することによって、兼家の行為をはっきり非難せずにはいられないのである。最後の文においても、「こそ」ではなく「ぞ」を受ける文統括成分ではあるけれども、やはり「あまりなることに人申すめりし（余りなやり方だと世間の人々が謗りもうしたようです）」とはっきり非難せざるを得ないほどの兼家の無礼な振舞いであるというのである。

(4)「は」「も」の言いさし構文

① 春日野の雪間を分けて生ひ出で来る草のはつかに見えし君はも
（古今集・四七八）

「春日野の雪間を分けて生ひ出で来る草」は「はつかに見えし君（わずかに見えたあの方）」の比ゆである。「はも」は提示の働きを持った複合係助詞である。「はつかに見えし君はも」の後には「どうしているか、恋しいなあ」という心情が余情として表現されている言いさし構文である。

② 十六日、雨の脚いと心細し。明くれば、この寝るほどに、こまやかなる文見ゆ。（兼家）「今日は方塞りたりければなん、いかがせん。」などあべし。返事ものして、とばかりあれば、みづからなり。日も暮れ方なるを、（作者は）あやしと思ひけんかし。夜に入りて、（兼家）「いかに幣帛をや奉らまし。」などやすらひの気色あれど、（作者）「いと用ないことなり。」など（兼家を）そそのかし出だす。（兼家が）歩み出づるほどに、（作者）「あいなう、夜数にはしもせじとす。」と忍びやかに言ふを聞き、（兼家）「さらばいとかひなからん。異夜はありと、必ず今宵は。」とあり。
（蜻蛉日記・下）

今日は方塞りの日であるけれども、兼家は作者のところに泊まろうとしたが、作者はそれを許さなかった。「必ず今宵は」という言いさし表現には、兼家の帰り際に、作者がひそかに「今宵は私のところに訪れてきた数のうちには入れません」と言ったことに対しての発話であるから、「さらばいとかひなからん（数に入れてもらわなくてはせっかく訪れた甲斐がない）」という発話から見ても、「必ず今夜は数に入れてもらいたい、方塞りにもかかわらずやってきた熱意を認めてもらいたい」という気持ちが余情として表現されている。

③　二月十五日に、院の小弓始まりて、出居などののしる。前、後へ分きて、装束けばそのこと、大夫により、とかうものす。その日になりて、上達部あまた今年やむごとなかりけり。小弓思ひあなぐりて、念ぜざりけるを、いかならんと思ひたれば、（従者）「最初に出でて諸矢しつ。次々あまたの数、この矢になん刺して勝ちぬる。」などののしる。さてまた二三日過ぎて、（兼家）「大夫後の諸矢はかなしかりしかな。」などあればまして我も。

（蜻蛉日記・下）

冷泉院にて小弓の競射があり、わが子道綱の成績を心配している作者の所に、射場から従者が、最初の競射において道綱方が勝利したと報告してきた。ところが、二三日過ぎて、兼家から「大夫後の諸矢はかなしかりしかな（道綱の後の諸矢は残念だったなあ）」という手紙が届いた。「まして我も」の「も」には、同じような事物があることを暗示する働きがあるから、「我も」は「兼家も」を暗示する。したがって、ここは、兼家が「かなしかりしかな」と言って寄越したのであるから、兼家でさえ残念だと思ったのであるから、なおのこと私も残念だったという心情が余情として表現されている言いさし構文ということになる。

④　（清少納言）「いでいと悪くこそおはしけれ。などその門はたせばくは作りて住みたまひける。」と言へば、（生昌）笑ひて、「（私は）家の程身の程に合はせてはべるなり。」といらふ。（作者）「されど、門の限りを高う造る人もありけるは。」と言へば、（生昌）「あなおそろし。」とおどろきて、（生昌）「それは于定国がことにこそはべるなれ。古き進士などにはべらずは承り知るべきにもはべらざりけり。たまたまこの道にまかり入りにければ、かうだにわきまへ知られはべる。」と言ふ。（作者）「その御道もかしこからざめり。筵道敷きたれど、みな落ち入り騒ぎつるは。」と言へば、（生昌）「雨の降りはべりつれば、さもはべりつらむ。よしよし、また仰せられかくることもぞはべる。まかりたちなん。」とて往ぬ。

（枕草子・第八段）

中宮のお供をして、作者たちが大進生昌の家に行ったときに、門が狭かったので、筵道を敷いた上を歩いて邸内に入ったことについて、作者が生昌を責めている場面である。「門の限りを高う造る人もありけるは」「みな落ち入り騒ぎつるは」の「は」は係助詞から転じて詠嘆をこめた表現としての終助詞としてもとらえることができるが、ここでは一応係助詞としてとらえてみるとどういう表現になるのかを考察してみる。

「されど」という接続詞は、「（私は）家の程身の程に合はせてはべるなり」という発話を受けて、それを「ど」によって否定して、「門の限りを高う造る人もありけるは」に係る表現である。生昌の発話に隠れている「私は」と対比するのが「門の限りを高う造る人も」である。ただ単に「門だけを特別高く造った人がありましたわね」という詠嘆表現ととらえるだけではなく、「あなたは家の程身の程に合わせて門を造ったとおっしゃいますが、門だけを特に高く造った人もあったのは」という言いさし表現としてとらえるほうが、その後に「そういう人があったのはどういうことになるのでしょうね」というような、言外に皮肉をこめた表現を予想させることによって、相手をやり込める効果がより強くなっておもしろいのではなかろうか。「みな落ち入り騒ぎつるは」も、単に「みなぬかるみに落ち込んで大騒ぎをしましたよ」という嘆きの表現ではなく、生昌が「たまたまこの道にまかり入りにければ、かうだにわきまへ知られはべる（幸い文章道に携わっておりましたので、やっとこの程度だけは承知しております）」といささか得意になっている発話を受けて、「あなたは文章の道に勝れていらっしゃるようなことをおっしゃいますが、確かに筵道は敷いてありましたが、みなぬかるみに落ち込んで大騒ぎをしたのは一体どうしたことなのですか、ちょっともその道のほうには勝れておりませんわね」というような、やはり皮肉をこめて相手をやり込める余情をこめた言いさし構文としてとらえることもできるであろう。

このように、対話における言いさし構文には、それぞれ話し手の複雑な心情が表現されているものとして劇的に解釈できる場合がある。

⑤　つごもり方に、（帥の宮）「いとおぼつかなくなりにけるを、などか時々は。（私を）人数に思さぬなめり。」とあれば、女、

寝覚めねば聞かぬなるらん荻風は吹かざらめやは秋の夜な夜な

と聞こえたれば、立ち返り、（帥の宮）「あが君や。寝覚めとか。物思ふ時はとぞ。おろかに、荻風は吹かばいも寝で今よりぞおどろかすかときくべかりける」（和泉式部日記）

式部の男関係のうわさもあって、式部と帥の宮との間の手紙のやり取りがしばらく途絶えていた頃、式部をあきらめきれない宮からの手紙が届く。「いとおぼつかなくなりにける（ひどくご無沙汰しました）」「人数に思さぬなめり（私を一人前の男として扱ってはくださらないようですね）」という宮の発話から見て、帥の宮の「などか時々は」の言いさし構文には、「などか時々は御文やあらぬ」という恨みの気持ちが余情として表現されていると想定できる。そのような恨みの気持ちを訴えるにしても、式部に逢いたい気持ちが強い帥の宮としては、あからさまな物言いで恨むことははばかられる。言いさし構文による余情表現によって、やんわりと婉曲にこちらの気持ちを訴えているのである。「物思ふ時は」のほうは、「とぞ」という引用の標示があるところから見て、これは言いさし構文ではなく、引き歌の一節としてとらえるべきである。

⑥　（源氏）「（返事が）こよなう程経はべりにけるを。（あなたを）思ひたまへ怠らずながら、（喪中にて）つつましきほどは。さらば、思し知るらむ。」とてなむ、

留まる身も消えしも同じ露の世に心おくらんほどぞはかなき

かつは、（執着の心を）思し消ちてよかし。（喪中の手紙は）御覧ぜずもやとて、これにも。」と聞こえたまへり。（源氏物語・葵）

葵上が六条御息所の生霊のため急死した。源氏は喪に服している。一方、御息所の姫君が斎宮に立つので、斎

宮とともに伊勢に下ることになった御息所も潔斎中であった。その服喪中にある源氏の所に御息所から弔問の手紙が届いた。それに対する源氏からの返事である。御無沙汰のお詫びと、源氏にとっても葵上にとってもこの世は露のようにはかないものなのだから、私は早く死にすぎた葵の上に対して未練がましい執着はない、あなたも葵上に対する恨みの執着も忘れてくださいという趣旨の手紙である。「つつましきほどは（喪中で遠慮している間は）」は「思ひたまへ怠らずながら（いつも気にはかけておりますものの）」を逆接的に受ける表現であるから、その後に、「お手紙を差し上げることもできません、なんとも申し訳ございません」というような心情が余情として表現されていることになる。「御覧ぜずもや」の「も」は、ここでは類似の事柄を暗示するという働きとしてとらえることはできないので、「も」の受けることばの意味する内容を婉曲に提示するという働きを持ったものとしてとらえるべきである。相手に問うという働きを持った「や」と複合されて、「御覧ぜずもやあらん（御覧なさらないこともあろうか）」というような詠嘆の心情をこめて婉曲に問うという言いさし構文としてとらえておく。「これにも」の「これ」は近称の指示語であるから、源氏からの手紙を意味する。ここは、御息所からの弔問の手紙の中にあった「聞こえぬほどは思し知るらんや（私のほうからお手紙を差し上げない事情はお分かりでしょうか）」を受けての返事であるから、「これにも（私のほうでも）」の後に「お手紙を差し上げるのを遠慮した事情もおわりでしょう」というような文言が想定されるはずである。このように、葵の上の死を悲しむ心情と生霊を見てしまった御息所の執念に対する嫌悪の情、しかし一方では長らく情を交わした御息所に返事も出さないのでは気の毒であるというような複雑な心情に思い乱れる源氏の手紙であっては、言いさし構文が多くなるのは当然なことであろう。

⑦ （薫）「（中の君が浮舟のことを話すのは）さりげなくて、（私の中の君に対する）かううるさき心を、『いかで言ひ放つわざもがな』と思ひたまへる」と見るはつらけれど、さすがに（浮舟のことが）あはれなり。（薫）「（中の君が私の懸想を）『あるまじきこと』とは深く思ひたまへるものから、顕証にはしたなきさまには（私を）えもてな

したまはぬも、（私の真心を）見知りたまへるにこそは」と思ふ（薫の）心ときめきに、夜もいたう更け行くを、内には人目いとかたはらいたくおぼえたまひて、（薫を）うちたゆめて入りたまひぬれば……　（源氏物語・宿木）

薫は中の君を懸想し、中の君はそれについて悩んでいる。薫が中の君を訪ねたときに、中の君は薫に浮舟に関する情報を知らせる。「見知りたまへるにこそは（私の真心をおわかりになっていらっしゃるからであろう）」というのは薫の主観的な推察であって、実際に中の君が薫の真心をわかっているかどうかは疑問である。薫としては自分の真心が中の君に通じてほしいと願っているものの、やはり一抹の不安は残る。このような薫の心の揺れが「見知りたまへるにこそは（あらめ）」という言いさし構文に余情として表現されているのである。「心ときめきに（胸がどきどきしている間に）」はそれを受ける成分がない。ここは、「心ときめきに」で言いさし構文となって、そこで「夜もいたう更け行く」に文脈が転換していったものととらえることができる。薫は中の君が自分の真心をわかってくれて、自分の懸想を受け入れてくれるかもしれないという思いで「心ときめき」していたのに対して、中の君のほうでは薫の懸想を「いかで言ひ放つわざもがな（何とかして振り切る方法があればなあ）」という思いで「うちたゆめて入りたまひぬれば（薫に油断させておいて奥に引きこもってしまわれたので）」ということになってしまう。このように二人の思いはすれ違いを見せるのであるが、その対照的なおのおの思い、特にどきどきして何かを期待してじっと中の君の反応をうかがっている薫の心情を描写しようとしているのがこの「心ときめきに」という言いさし構文である。

⑧　ものはかなき心にも、「常に天照大神を念じまうせ。」といふ人あり。いづこにおはします神仏にかはなど、さはいへど、やうやう思ひわかれて、人に問へば「神におはします。伊勢におはします。紀伊の国に、紀の国造と申すはこの御神なり。さては内侍所にすべら神となむおはします。」と言ふ。（作者）「伊勢の国までは思ひかくべきにもあらざなり。内侍所にもいかでかは参り拝みたてまつらむ。空の光を念じまうすべきにこそは」

など、浮きておぼゆ。（更級日記）

物語のような世界にばかりあこがれていた作者がだんだん信仰の心を起こしてきたものの、まだ本心から信仰する気にはなれないでいる。伊勢の国まで天照大神を拝みに行くことなど思いもよらず、里住みの身では内侍所に参拝に上がることもできない、せめて空行く太陽を拝むのがふさわしいというのんきな考えに落ち着くというのである。「空の光を念じまうすべきにこそはあれ（空行く太陽を拝みもうしあげておくのが相応なところであろう）」の「にこそは」の「に」は「なり」の連用形であるから、この言いさし構文は、「空の光を念じもうすべきにこそはあれ「浮きておぼゆ」という形になるはずである。作者の信仰心は、「浮きておぼゆ」という程度の気持ちであるから、このような完結された断定的な構文で表現されるほどのしっかりしたものではない。作者の信仰心は、現在のところは、このような言いさし構文で中途半端に表現する程度のあいまいなものなのである。

Ⅱ　疑問・反語表現による言いさし構文

疑問・反語の表現は、多くは係助詞「や」「か」を伴うので、Ⅰ(2)の「や」・「か」の言いさし構文の項で考察してよいのであるが、「か＋は」の形、疑問語のみの形もあるので、別に項を立てて考察することにする。

①　かくて、（兼忠女の）異腹の兄も京にて法師にてあり。ここにかく言ひ出だしたる人、知りたりければ、それして呼びとらせて語らはするに、（法師）「なにかは。いとよきことなりとなんおのれは思ふ。そもそもかしこにまぼりてものせん、世の中いとはかなければ、今はかたちをも異になしてむとてなん、ささの所に月ごろはものせらるる。」など言ひ置きて、又の日といふばかりに、山越えにものしたりければ、（兼忠女）異腹にてこまやかになどしもあらぬ人の、ふりはへたるをあやしがる。（蜻蛉日記・下）

「なにかは」は、作者が女の子を養子にしたいと相談をした人の紹介で、兼忠女の異腹の兄で法師になっている人に、兼忠女の娘を養子にしたいと頼んだのに対しての法師の返答である。「なにかは」は、「なに」という疑問語に「か」「は」という係助詞の添えられた強い反語の表現になる。反語表現は、普通疑問語の連用成分とそれを受ける推量表現の統括成分から構成されている。その表現構造は、あえて統括成分の叙述内容を取り上げておいて、改めてそれを否定することによってその叙述内容に反することを肯定する表現法である。したがって、最初から肯定判断を表現するよりも強い肯定判断の表現となる。したがって、統括成分の叙述内容をわざわざ表現しない疑問語だけの言いさし構文であっても、その叙述内容が想定されるならば、むしろその言いさしの反語表現そのものが強く表現されることになって、その統括成分の叙述内容がより強く肯定されることになる。ここの「なにかは」も、その後の「いとよきことなり」という発話からも明らかなように、「なにかは」の後には「あしからん」という文統括成分が想定される。しかし、「なにかは」だけで言いさし表現にしたほうが、法師が養子の件を「なにかはあしからん」となんらの迷いもなく二つ返事で承諾しているということがより強く表現されることになる。この発話は、「など言ひ置きて」という標示でわかるように、直接話法の形はとっているが、実際には作者の立場からの間接話法であろう。作者は法師が早速賛成してくれたことに対して喜んでいるのであろうから、そのような感動をこのような言いさし構文によって表現しているのである。

② 十日、賀茂へ詣づ。「忍びてもろともに。」と言ふ人あれば、（作者）「なにかは。」とて詣でたり。いつもめづらしき心地する所なれば、今日も心のばはる心地あらん、（誘った人の言に）違へじなどするも、（誘った人が私を）かう強ひけるはと見ゆらん。（蜻蛉日記・下）

「いつもめづらしき心地する所なれば、今日も心のばはる心地あらん（いつも初めて来たような感じのする所なので、今日も心がのびのびと晴れやかになるであろう）」という叙述から見て、作者は何の躊躇するところもなく、賀茂詣でを即座に賛成したのである。したがって、「なにかは」の後には、「詣でざらん」という文統括成分が想定されるが、文統括成文まで表現しない言いさし構文をとることによって、文統括成分の叙述内容までもあえて表現することもないという強い表現になって、かえって作者の積極的な賀茂詣での心情が強く表現されることになる。

③ (阿漕)「をかしの御手や。」とひとりごちゐたれど、(姫君が)かひなげなる御けしきなれば、おしまきて、御櫛の箱に入れて立ちぬ。帯刀、「いかにぞ。(姫君は左近少将からの文を)ご覧じつや。」(阿漕)「いで、まだいらへをだにせさせたまはざりつれば、置きて立ちぬ。」と言へば、(帯刀)「いでや。かくておはしますよりはよからん。我らがためにも思ふやうにて。」と言へば、(阿漕)「いでや。(左近少将の)御心の頼もしげにおはせば、などかはさも。」と言ふ。(落窪物語)

左近少将からの文を落窪の姫君が見ようともしないので、姫君の召使阿漕は、左近少将からの文を櫛箱に入れて置いて来たと夫帯刀に報告しているところである。「などかは」は「御心の頼もしげにおはせば(少将の御心がほんとうに頼みになりそうでいらっしゃるならば)」という条件のもとで予想される事態の叙述であるから、「などかはさもあらむ(少将様が重ねて誠意を示してお手紙を差し上げれば、どうしてそのようにいつまでも姫君がご返事なさらないことがありましょうか)」という反語表現になるはずである。阿漕としても、そういう状況になれば、きっと姫君は返事を差し上げるであろうと確信している。そのような確信をこめた言いさし構文である。

④ (頭中将が私を)わざと呼びも出で、逢う所ごとにては、(頭中将)「などか、まろをまことに近く語らひたまはぬ。さすがにくしと思ひたるにはあらずと知りたるを、いとあやしくなんおぼゆる。かばかり年頃になりぬる得意の疎くて止むはなし。殿上などに明け暮れなき折もあらば、何事をか思ひ出でにせむ。」とのたまへば、(作者)「さらなり。難かるべきことにもあらぬを、さもあらん後には、え褒めたてまつらざらむがくちをしきなり。上の御前などにても、役とあづかりて褒めきこゆるに、いかでか。ただ思せかし。かたはらいたく、心

の鬼出で来て、（あなたのことを）言ひにくくなりはべりなん。」と言へば、（頭中将）「などて。さる人をしもこそ妻よりほかに褒むるたぐひあれ。」とのたまへば、（作者）「それがにくからずおぼえばこそあらめ。男も女も、け近き人思ひ片引き、褒め、人のいささか悪しきことなど言へば、腹立ちなどするがわびしうおぼゆるなり。」と言へば、（頭中将）「頼もしげなのことや。」とのたまふもいとをかし。

（枕草子・第一三五段）

頭中将藤原斉信から夫婦の契りを求められた場面の描写である。作者としては、斉信に好意を感じてはいるけれども、その応答から見て、夫婦としての契りを結ぶまでの情熱を持つには至っていなかったようである。「いかでか」は、斉信から、夫婦の契りを結ばぬまま親しくしているだけでは不安であるという告白を受けて、もし夫婦の契りを結んでしまっては、あなたを人前でお褒めすることができなくなるのがくやしいし、帝の前などでもあなたをお褒めすることができなくなりますと返答している発話である。このような発話から見て、「いかでか」の後にも「え褒めたてまつるべき」という文統括成分が想定される。作者としては、斉信からの熱心な求婚をうれしくは思うものの、それほどの情熱は持てないので、斉信の申し出をそらすために「ただ思せかし（ただ私を大事に思ってください）」とだけ応答する。夫婦の契りを結んでしまっては、人前であなたを褒めることができないから、他人でいたいという作者の思いをはっきりと斉信に納得してもらおうと、このような反語の言いさし構文をとったのである。また、頭中将の発話「などて」の後には、その後の「さる人をしもこそ妻よりほかに褒むるたぐひあれ」という発話から見て、「さることあらむ」という文統括成分が想定される。作者が、夫婦になってしまっては人前で褒めることができなくなるから、ただ心の中で私を愛していてくださいと言ったことに対して、熱心に迫る斉信としては、そのような作者の言い分を即座にきっぱりと否定するために、想定される文統括成分まで表現せずに、このようなきっぱりとした言いさし構文にしたのである。このように、反語表現による言いさし構文は、言いさしにすることによって、かえって強い肯定の表現になる。

ところが、疑問表現による言いさし構文の場合は、むしろ婉曲な表現となる。

⑤ （北の方の姫君）「若君のもておはしつらむは、など見えぬ。かねて求めなどはすまじとたゆめたまふにすかされたてまつりて、よろづは露こそ求めはべらずなりにけれ。」と「いとくやしく、少しさりぬべからむ物は分け取らせたまへ。」など言ふさまいみじくしたり顔なるに、（蔵人の少将は）にくくなりて、「いかでこなたにかたせてしがな」とそぞろに思ひなりぬ。この君、「ここにもほかまでは求めはべらぬものを、わが君は何をかは。」と答へてゐたるさまうつくし。（北の方の姫君は）うち見回して渡りぬ。（堤中納言物語・貝あはせ）

母のない姫君と北の方の姫君とが「貝あはせ」の準備をしているところを蔵人の少将が覗き見をしている場面である。「あが君は何をかは」は、北の方の姫君が、自分たちは大騒ぎをしてすばらしい貝を集めているのにもかかわらず、母のない姫君に向かっては、「私たちは、あらかじめ集めるようなことはしないという約束に従って少しも集めなかったのに、こちらでは大分集めたらしいが、どこへ隠したのですか」といやみを言ったことに対する発話である。「何をかは」の「何をか」は、北の方の姫君の発話を疑問の形で取り上げたものであり、それを「は」によってさらに提示している表現である。したがって、この言いさし表現の後には「（あが君は何をかは）のたまふ」という文統括成分が想定される。蔵人の少将が北の方の姫君については、「にくくなりて」と感じたのに対して、母のない姫君については、「うつくし（可憐である）」と感じているように、母のない姫君は、気の優しいおとなしい姫君である。したがって、母のない姫君にとっては、「わが君は何をかはのたまふ（あなたは何をおっしゃるのですか）」というはっきりとした強い口調で相手のいやみに対して抗議することができず、言いさし構文の形によって婉曲に抗議するのが精一杯のところである。

Ⅲ　接続助詞による言いさし構文

接続助詞による言いさし構文は、多く和歌において見られる。

①　大伴坂上大嬢、大伴宿禰家持に贈る歌三首

玉ならば手にも巻かむをうつせみの世の人なれば手に巻きがたし　（万葉集・七二九）

逢はむ夜は何時もあらむを何すとかかの夕逢ひて言の繁きも　（七三〇）

わが名はも千名の五百名に立ちぬとも君が名立たば惜しみこそ泣け　（七三一）

また、大伴宿禰家持の和ふる歌三首

今しはし名の惜しけくも我はなし妹によりては千たび立つとも　（七三二）

（七三三・七三四省略）

七三一の歌は、「わが名はも千名の五百名に立つ」と「君が名立つ」とが、逆接仮定条件接続の働きを持つ「とも」によって対比されているようにとらえることができる。ところが、七三〇の歌に「言の繁き」とあるように、既に二人のうわさは立っているのであるから、ここでは「二人のうわさが既に立ってしまっているが、たとえどんなに立ってしまっていても」というような現実仮定条件を意味する構造としてとらえることになる。一方、「君が名立たば」は順接仮定条件として「惜しみこそ泣け」という帰結句に係っていく。このようなとらえ方をすると、この歌全体は、「私の評判はどんなにひどく立ったとしてもあなたのうわさが立ったならばあなたにとって不名誉なことになると思って泣きます」という意味内容になってしまう。これでは、作者の意図するところが不分明である。そこで、「立ちぬとも」で言いさし構文にして、その後に「我は泣かず」あるいは「何か

惜しまむ」というような文統括成分を想定すれば、七三二の歌の上の句「今しはし名の惜しけくも我はなし（もう今となっては名の惜しいことも私にはありません）」と同じ心情が余情としてこめられた歌となる。

② 春霞立てるやいづこみよしのの吉野の山に雪は降りつつ（古今集・三）

「つつ」の添えられた接続成分の後にはそれを受ける帰結成分が続くのが普通であるけれども、和歌などでは、「つつ」で文統括される場合が多く見られる。そこで、このような詠み方を特に「つつ止め」と呼んで、詠嘆の余情表現としてとらえる。この歌の場合は、「雪は降り降りしていることよ」などと口語訳され、「一向に春らしくならないよ」というような余情が表現されているものとしてとらえる。そういう点から見ると、「つつ」は接続助詞というよりは一種の終助詞としてとらえることもできる。

③ 梅が枝に来ゐる鶯春かけて鳴けどもいまだ雪は降りつつ（古今集・五）

④ 君がため春の野に出でて若菜摘むわが衣手に雪は降りつつ（古今集・二一）

いずれも「つつ」という言いさし表現によって詠嘆の余情が表現されている。

「つつ」止めの歌同様「を」で文統括される歌も多い。

⑤ 露をなどあだなるものと思ひけむわが身も草に置かぬばかりを（古今集・八六〇）

意味構造上は、「を」を介して下の句が逆接の関係で上の句に返っていくようにとらえられる。しかし、この歌の前後の歌の配列から見ると、この歌は人間の命のはかなさを詠んだものである。

もみぢ葉を風に任せて見るよりもはかなきものは命なりけり（八五九）

遂に行く道とはかねて聞きしかど昨日今日とは思はざりしを（八六一）

したがって、八六〇の歌も、下の句に焦点があるものととらえるべきであるから、この「を」には、「すぐに消えてしまうという点においては露と少しも変わりないことなのに」という言いさし構文をとることによって、命のはかなさを嘆く気分が余情として表現されているものとしてとらえることができる。つまり、逆接的な気分をこめた言いさし構文と見ることができる。

八六一の歌の「昨日今日とは思はざりしを」は、逆接的に係っていく成分が見当たらない。しかし、そこには、「昨日今日とは思わなかったのに、わが命も思いのほか早く消えていくことだなあ」という感慨が余情として表現されているものととらえることができる。このように、「を」による文統括成分は、詠嘆の気持ちをこめた余情が表現されている言いさし構文と見ることができる。

「を」と同じ働きを持ちながらも、「を」よりも強い詠嘆の思いをこめた表現となるものに「ものを」という表現がある。

⑥　逢はぬ夜の降る白雪と積もりなば我さへともに消ぬべきものを　（古今集・六二一）

「消ぬべきものを」を逆接条件成分ととらえても、それを受ける帰結成分は表現されていない。したがって、「ものを」は、恋しい人に逢うことのできぬ悲しみを表現する詠嘆性の強い終助詞としてとらえることもできる。上の句「逢はぬ夜の降る白雪と積もりなば（あの方と逢わない夜が降る白雪となって積もっていったならば）」は仮定条件成分であるから、それを受けている下の句も仮定の帰結成分として「べし」による推量表現になっている。したがって、ここはやはり「ものを」を接続助詞としてとらえ、「あの方に逢えない夜が続くならば私も死んでしまいそうだが」という言いさし構文としてとらえ、そこに、何とかしてあの方にお逢いしたいという心情が余情として表現されていると解釈することができる。

⑦　秋の夜も名のみなりけり逢ふといへば事ぞともなく明けぬるものを　（古今集・六三五）

意味構造上から見れば、「明けぬるものを」が条件成分となって、「秋の夜も名のみなりけり」に返る構造としてとらえることもできるが、それではあまりにも理屈に走りすぎた歌となってしまう。ここは、まだ十分に睦言も終わらないうちに夜が明けてしまった物足りなさ、もっと長く情事を尽くしていたかったという心情が余情として表現されている言いさし構文としてとらえるのがよい。

特に、和歌には、このほかにもいろいろな接続助詞による言いさし構文が見られる。

⑧　恋すればわが身は影となりにけりさりとて人に添はぬものゆゑ

（古今集・五二八）

「さりとて（だからといって）」は、「恋すればわが身は影となりにけり（恋をしているので、実体の全くない影法師のようになってしまった）」を受けている。「人に添はぬものゆゑ（あなたに影法師として添うこともできないくせに）」の後には、それでも恋しい人に添いたいという悲しみの心情が余情として表現されている。

⑨　月やあらぬ春や昔の春ならぬわが身ひとつは元の身にして

（古今集・七四七）

古今集仮名序には、在原業平を評して、「その心余りてことば足らず。しぼめる花の色なくて、にほひ残れるがごとし」とあり、この歌が例歌として挙げられている。「わが身ひとつは元の身にして」の後に、辺りのものは皆変わってしまったことよという悲しみの心情が「にほひ（余情）」として残っているということになる。

⑩　天雲のよそにも人のなり行くかさすがに目には見ゆるものから

（古今集・七八四）

「さすがに」は「天雲のよそにも人のなり行くか（あなたが空の雲のように遠く手の届かない存在になって行くことよ）」を受けて、「そうはいうものの」という意味で「目には見ゆるものから（目には見えているけれども）」に係る。「目には見ゆるものから」の後には、（あなたは雲のように目には見えるけれども）、手の届かない存在になってしまったという思いが余情として表現されている。

接続助詞による言いさし構文は、物語などの散文にも現れる。

⑪　日暮るるほどに、（兼家からの）文見えたり。（作者は）天下そらごとならんと思へば、「ただ今心地悪しくてあれば。」とて、（使を）やりつ。

（蜻蛉日記・中）

兼家から手紙が来た。作者は、兼家の愛を信じていないので、どうせ全く口先だけのお世辞が書いてある手紙であろうと思って、「ただ今心地悪しくてあれば」とだけ口頭で使に返事をしたのである。したがって、「心地悪しくてあれば」の後には、「え聞こえず」という文統括成分が想定される。このようなそっけない返事、しかも口頭だけの返事によって、兼家に対する不満を訴えようとしているのである。実際にこれだけの返事であったかどうかはわからないが、作者には、このようなそっけない言いさし構文によって表現するような心情があったのは事実であろう。

⑫　二十日あまりに、いとめづらしき文にて、（兼家）「助はいかにぞ。ここなる人は、皆おこたりにたるに、いかなれば見えざらんとおぼつかなさになん。いと憎くしたまふめれば、疎むとはなくて、いどみなん過ぎにける。忘れぬことはありながら。」とこまやかなるを、あやしと思ふ。（蜻蛉日記・下）

天然痘が流行し、兼家から道綱のことが心配だという手紙が来た。「忘れぬことはありながら」は、「ながら」という接続助詞による言いさし構文になっているので、意味構造上は「忘れぬことはありながら、いどみなん過ぎにける（あなたのことを忘れているわけではないが、意地の張り合いであなたを冷たくあしらってきたのです）」という倒置構造になっている。しかし、表現構造上は、作者がこの手紙について「こまやかなる」と受け取っているところからも推察されるように、この言いさし構文には、今でも作者に対する愛情は失っていないし、作者を見捨てたわけでもないという弁解の気持ちと、作者の「いと憎くしたまふ」態度に対する恨みの気持ちなどの兼家の複雑な思いが余情として表現されている。

⑬　（紫の姫君）「雀の子を、犬君が逃がしつる。(a)伏籠の中に、籠めたりつるものを。」とて「いと口惜し」と思へり。この、ゐたる大人、「例の心なしの、かかるわざをしてさいなまるるこそいと心づきなし。(b)いとをかしう、やうやうなりつるものを。烏などもこそ見つくれ。」とて、立ちて行く。（源氏物語・若紫）

(a)は、意味構造上「雀の子を犬君が逃がしつる」に係る倒置表現としてとらえるのが普通であるが、「ものを」という詠嘆性の表現から見て、そのような論理的な接続表現としてはとらえにくいし、また、ここは、「雀の子を犬君が逃がしつる」ということを特に強調したいために冒頭に持ってきた発話であるから、「伏籠の中にこめたりつるものを」は、この少女の悔しい気持ちの余情表現としての言いさし構文としてとらえたほうがよい。

(b)「いとをかしう、やうやうなりつるものを」は、意味構造上「烏などもこそ見つくれ」に係る接続成分としてとらえるのが普通であるが、ここもそのような論理的な接続表現としてとらえるよりも、言いさし構文として、少女の悔しい気持ちに同情した女房の「本当にかわいくなったのにねえ」というような心情の余情表現としてとらえたほうがよい。

⑭ (源氏は)几帳越しに(朧月夜の)手をとらえて、

(源氏)「あづさ弓いるさの山に迷ふかなほの見し月の影や見ゆると

何故とか。」おしあてにのたまふを、(朧月夜は)え忍ばぬなるべし。

(朧月夜)「心いる方ならませば弓はりの月なき空に迷はましやは

といふ声ただそれなり。いとうれしきものから。

(源氏物語・花宴)

右大臣家における藤の花の宴の夜、源氏は几帳越しに朧月夜の手をとらえて、その声も聞いた。それはまさに去る二月二十日余の夜、扇を交換して別れた朧月夜であるということに気づいた。そのときの源氏のこの上ない喜び、しかしここは右大臣家、人目をはばからねばならない、このような源氏の切ない心情が「いとうれしきものから(実にうれしいものだけれども)」という言いさし構文に余情として表現されているのである。

⑮ (朱雀院は)御几帳少し押しやらせたまひて、「夜居の僧などの心地すれど、まだ験つくばかりの行ひにもあらねば、(a)かたはらいたけれど。ただおぼつかなく覚えたまはむ様を、さながら見たまふべきなり。」とて、

御眼おしのごはせたまふ。宮もいと弱げに泣いたまひて、「(b)生くべくも覚えはべらぬを。かくおはしまいたるついでに尼になさせたまひてよ。」と聞こえたまふ。(朱雀院)「さる御本意あらば、(c)いと尊きことなるを。さすがに限らぬ命の程にて、行く末遠き人は、かへりてことの乱れあり、世の人に誇らるるやうありぬべきことになむ。(出家することは)なほ憚りぬべき。」なんどのたまはせて、おとどの君に、(朱雀院)「(女三の宮自らが)(d)かくなんすすみたまふを。(命も)今は限りのさまならば、片時のほどにても、(e)その助けあるべきさまにてとなん思ひたまふる。」とのたまはす。(源氏)「(女三の宮は)日ごろもかくなんのたまへど、邪気なんどの人の心たぶらかして、(f)かかる方にすすむるやうもはべるなるをとて、聞きも入れはべらぬなり。」と聞こえたまふ。(源氏物語・柏木)

薫を出産した後病気がちな女三の宮を朱雀院が見舞う場面である。女三の宮は、出家を希望し、源氏はそれをまだ許していない。朱雀院は、出家させることを躊躇しながらも、源氏に女三の宮の出家を依頼するのである。

(a)「かたはらいたけれど」の「ど」は、論理的な逆接条件成分を作る接続助詞であるから、意味構造上は、「ただかたはらいたけれど」が接続成分となって「ただおぼつかなく覚えたまはむ様をさながら見たまふべきなり(ただ、あなたが会いたがっておられる私の姿をありのままご覧なさるのがよいでしょう)」に係るものとしてとらえることができるが、ここの条件句と帰結句との関係にはそれほどの強い論理性はなく、しかも、「夜居の僧などの心地すれど」、「まだ験つくばかりの行ひにもあらねば」という接続成分を受けた上で、更に「ど」を介して後に係っていくというのでは、「御眼おしのごはせたまふ」院の悲しい心情からみて、あまりにも論理的に過ぎて、表現構造としてはいささか不都合であろう。ここは、「かたはらいたけれど」のところで、「霊験がつくほどの修行もしていないので、ここにこうしているのも恥ずかしいけれどもね」という程度の婉曲的な言いさしの構文としてとらえておくのがよいであろう。(b)「生くべくも覚えはべらぬを」の「を」は、論理的な関係ではなく、気分的に係っていく接続成分をなす助詞である。「生くべくも覚えはべらぬを（生きられそうにも思われませんのに）」は、意味構造上「かくおはしまいたるついでに尼になさせたまひてよ」に係っていくものとしてとらえることもできるが、「宮もいと弱げに泣いたまひて」という女三の宮の心情の表現としては、「を」のところで言いさしになった構文であり、そこに女三宮の深い悲しみの気持ちが余情として表現されているものとしてとらえるほうがよいであろう。(c)「いと尊きことなるを」は、意味構造上から見れば、直接的には「なほ憚りぬべき（やはり出家することは控えるべきである）」に逆接的に係っていく成分であるが、「を」の詠嘆性の表現から見て、朱雀院の女三の宮の出家の希望をすぐに叶えてやることへの躊躇の心情を余情として表現している言いさし構文としてとらえておくほうがよい。(d)「かくなんすすみたまふを（このように出家を望んでおられるから）」も、意味構造上、「今は限りのさまならば、片時のほどにても、その助けあるべきさまにてとなん思ひたまふる」に係っていくものとしてとらえることができるが、(c)の場合と同じように、朱雀院の躊躇する心情を余情として表現している言いさし構文としてとらえてもよいのではないか。(e)「その助けあるべきさまにて」の接続助詞「て」による言いさし構文は、朱雀院、女三の宮、源氏同席の上での発話であるから、あえて「あらせたし」というような表現をとらなくとも、朱雀院の気持ちは源氏に通ずるはずである。そういう点から見れば、ここには特別な思い入れがあるというわけではなかろうともとれるが、朱雀院の心情としては、一方では「なほ憚りぬべき」という気持ちを持ってはいるけれども、一方では女三の宮の出家の希望を叶えさせてやりたいという気持ちもあって、自分としては決定しかねているので、そのような迷いの気持ちを余情としてこめた言いさし構文としてとらえることができる。(f)「かかる方にすすむるやうもはべるなるを」は、直接女三の宮が物の怪にだまされて出家しようという気になったという言い方ではなく、敬語が使われていないところから見て、一般論としての発話である。したがって、ここの「を」も、「物の怪などがこういう仕方でその気にさせるとか言うことですが、三の宮が本当にそうなさろうとするのはいかがなものでしょうか」といったような余情をこめた言いさし構文である。

Ⅳ　連用形による言いさし構文

① （帥の宮が）からうじておはしまして、（宮）「あさましく心よりほかにおぼつかなくなりぬるを、おろかにな思しそ。（あなたの）御過ちとなん思ふ。かく参り来ること便あしと思ふ人々あまたあるやうに聞けば、いとほしくなん大方もつつましきうちに、いとど程経ぬる。」とまめやかに御物語したまひて、（宮）「いざたまへ。今宵ばかり。人も見ぬ所あり。心のどかに物なども聞こえん。」とて、車をさし寄せて、ただ乗せに乗せたまへば、われにもあらで乗りぬ。人もこそ聞けと思ふ思ふ行けば、いたう夜ふけにければ、知る人もなし。やをら人もなき廊にさし寄せて下りさせたまひぬ。月もいと明かければ、（宮）「下りね。」と強ひてのたまへば、あさましきやうにて下りぬ。（宮）「さりや。人もなき所ぞかし。今よりはかやうにて聞こえん。人などのある折にやと思へばつつましう。」など物語あはれにしたまひて、明けぬれば、車寄せて乗せたまひて、（宮）「御送りにも参るべけれど、明かくなりぬべければ、ほかにありと人の見んもあいなくなん。」とてとどまらせたまひぬる。（和泉式部日記）

月の明るい夜、帥の宮に連れ出されて、帥の宮邸の人影もない部屋で一夜を明かしたところである。「つつましう（遠慮されましてし）」は、意味構造上、その後に「おぼゆ」が想定される。しかし、単にそのような文統括成分が想定されるだけではなく、言いさしの余情として、「かく参り来ること便あしと思ふ人々あまたある」「人などのある」ことへの遠慮から女の家での語らいを避けて「人も見ぬ所あり。心のどかに物なども聞こえん」「人もなき所ぞかし。今よりはかやうにてを聞こえん」などといった帥の宮の思いが余情として表現されているのである。

このように、心情形容詞連用形の言いさし表現には、「おぼゆ」という統括成分が含まれているのであるが、しかし単に、「おぼゆ」が補充されれば表現が終結されるというのではなく、そこには心情形容詞の意味する事柄にまつわるいろいろな心情が余情として表現されているのである。

②

かくて二日ばかりありて、(帥の宮が)夕暮れににはかに御車を引き入れて下りさせたまへば、(夕暮れに)まだ見えたてまつらねば、(式部は)いとはづかしう思へど、せんかたなく。(帥の宮は)何となきことなどのたまはせて帰らせたまひぬ。

その後、日ごろになりぬるに、いとおぼつかなきまで音もしたまはねば、

くれぐれと秋の日ごろのふるままに思ひ知られぬあやしかりしも

むべ人は。」と聞こえたり。(宮)「このほどにおぼつかなくなりにけり。されど、

人はいさわれを忘れずほど経れば秋の夕暮れありしあふこと

とあり。(式部)あはれにはかなく、頼むべくもなきやうのはかなしごとに、世の中を慰めてあるも、うち思へば、あさましう。

かかるほどに八月にもなりぬれば、つれづれも慰めむとて、石山にまうでて七日ばかりもあらんとて、まうでぬ。

(和泉式部日記)

帥の宮と式部との間に誤解があって疎遠になっているところに、帥の宮が突然訪ねて来たり、数日経ってから歌を贈答したりしているころの回想である。「せんかたなく」という言いさし構文は、「せんかたなくおぼゆ」という表現になるのであるが、ここにも帥の宮を迎えた女の複雑な心情が余情として読み取れる。式部は、一方では「(夕暮れに)まだ見えたてまつらねば、いとはづかしう思ふ」けれども、帥の宮が式部に逢いたい一心から、

強引にも、夕暮れに「にはかに御車を引き入れて下りさせたまふ」ので、今さらお逢いせずに帰っていただくわけにはいかないという困惑の気持ちを持ちながらも、一方では久しぶりの逢瀬を喜び、宮を迎え入れようとする気持ちもある。そのような相反する気持ちが連用形による言いさし構文によって余情として表現されている。また、「あさましう」も、「あさましうおぼゆ」となるところであるが、ここにも、単に歌の贈答などによって宮との悲しい思いを慰めているだけではない。「あさましう」という言いさし構文には、真実頼りになるような男ではない帥の宮との色恋に惑わされることなく、「石山にまうでて七日ばかりもあらん」と思うものの、一方ではやはり宮に惹かれて、たわいもない歌の贈答によって宮とのはかない恋の切なさを慰めているわが身を情けなく思うという心の葛藤が余情として表現されているのである。

③　あからさまにまかでて、二の宮の御五十日は、正月十五日、その暁参るに、小少将の君、明け果ててはしたなくなりたるに参りたまへり。例の同じ所にゐたり。二人の局を一つに合はせて、かたみに里なるほども住む。ひとたびに参りては、几帳ばかり隔てにてあり。殿ぞ渡らせたまふ。（道長）「かたみに知らぬ人も語らはるる。」など聞きにくく。されど、誰もさるうとうとしきことなければ、心安くてなむ。（紫式部日記）

作者と小少将の君とが二人分の局を一つに合わせてお互いに融通しあって使っていたが、そこにあるとき道長が訪ねて来た。「聞きにくく」の後には「のたまふ」という文統括成分が想定される。ここは、道長が「互いに知り合いでもない男がやってきて、間違って契るようなことになったらどうする」とあまりにもあけすけな冗談を言ったので、作者は恥ずかしさと幾分反発の気持ちもこめて、お互い気安い間柄なので、小少将の君に同意を求めるような口ぶりで、「聞きにくく（人聞きの悪いことをね）」と訴えた言いさし構文の発話になったのである。「心安くてなむ（平気ですよね）」も同じく親しい者同士の気安い言いさし構文になっている。

V　呼応表現による言いさし構文

呼応表現による言いさし構文は、単純な構造の文や、書き手と読み手、話し手と聞き手とが場を共有している場合などに見られる。

①　さて明けぬれば、大夫「（父兼家に）何事によりてにかありけむと参りて聞かむ。」とて（兼家邸に）ものす。（道綱が帰ってきて）「（父は）昨夜は悩みたまふことなむありける。にはかにいと苦しかりしかばなんえものせずなりにしとなんのたまひつる。」と言ふしもぞ、聞かでぞおいらかにあるべかりけるとぞおぼえたる。（自分は月の）障りにぞあるを、（兼家から）「もし」とだに聞かば、（私のほうでは）なにを思はましと思ひむづかるほどに、尚侍の殿より御文あり。（蜻蛉日記・中）

この引用文の前には、昨夜兼家が作者を訪れるという予告をしておいて、結局来なかったという事情が語られている。そして、道綱が直接兼家から気分が悪くなって来られなくなったと聞かされたという報告を聞いた作者は、「聞かでぞおいらかにあるべかりける（何もわざわざ聞きにやらずにおおように構えていればよかった）」と思う。「もし」という副詞は、「ひょっとして」という意味で、推量や疑問の表現に係る成分となる。したがって、ここは、ひょっとしたら行けなくなるかもしれないという内容であるということは容易に想定できるところである。

②　などか御返りも侍らぬ。さればよとこそおぼゆれ。いととくも変はる御心かな。人の言ふことありしを、よもとは思ひながら、思はましかばとばかり聞こえしぞ。（和泉式部日記）

帥の宮から式部のところに来た、式部の男うわさを非難した内容の手紙である。「思はましかば」は「人言は海人の刈る藻に繁くとも思はましかばよしや世の中（人がなんとうわさしようが、二人が心底愛し合っていたならばかまわない)」(古今和歌六帖・二二〇八)を引用した発話である。「よも」は、多く打ち消し推量の助動詞「じ」と呼応して「決して・絶対に」という意味を表す。したがって、「よも」の後には「さあらじ(うわさどおりではあるまい)」という文統括成分が想定される。帥の宮は「さればよ」と、式部の男うわさがそのとおり事実であったのかという疑いの気持ちを持ちながらも、一方では「よもとは思ひながら、思はましかばとばかり聞こえしぞ(まさかとは思いながらも、愛情さえあれば、かまわないという気持ちで申し上げたのですよ)」と、式部に対する愛着を捨てきれないでいる。「よも」という言いさし構文には、そのような帥の宮の屈折した心情が余情として表現されている。

③(姫君)「思ひのほかにあはあはしき身の有様をだに心憂く思ふことにてはべれば、まことに強きよすがおはする人を。」などのたまふもあはれなり。(堤中納言物語・思はぬ方にとまりする少将)

今は亡き大納言の姫君の姉のほうは既に右大将の御子少将を通わせているが、少将は、姫君に通うのを父親が快く思っていないので、なかなか思うように訪ねては来てくれない。少将の父が納得しないので、正妻ともなれず、少将の頼りなさを嘆かずにはいられない。一方、妹のほうにも右大臣の御子権少将から懸想の手紙が来た。ところが、この権少将は正妻には執着が薄く、あちらこちらの女のところに通うような男である。ここは、妹が権少将から懸想文を受け取ったということを聞いた姉君の発話である。「だに」は、程度の軽い事態を示して、程度の重い事態を暗示する表現であるが、その程度の重い事態が「まして」という副詞に導かれて明示される場合が多い。ここでは、「まして」という標示はないけれども、程度の重い事態として「まことに強きよすがおはする人を」という言いさし構文になって表現されている。したがって、意味構造上「……だに……まして」の呼応による言いさし構文としてとらえるならば、「まことに強きよすがおはする人を」の後に「心憂く思ふことにてはべるべし」というような文統括成分が想定され、全体として「(正妻ではない不安定な境遇でさえつらく思うのですから)ましてれっきとした正妻がいらっしゃる人を通わせたならば、どんなにかつらいことになるでしょう」というような意味になる。「まことに強きよすがおはする人を」という言いさし構文には、このような姉君の妹を案じながらも、父母は今はなく、どうすることもできない心細い姉妹の不幸を嘆き悲しむ心情が余情として表現されているのである。

④　星は、すばる。ひこぼし。ゆふづつ。よばひ星、少しをかし。尾だになからましかば、まいて。（枕草子・第二五四段）

この段は、「をかし」の対象として星の名を列挙している。したがって、「……だに……まいて」という呼応構文から見て、「まいて」の後には「をかし」という文統括成分が当然想定される。しかも、「……ましかば……まし」という呼応構文から見て、それは「をかしからまし」という文統括成分になるはずである。第二四九段「岡は」から数段に渡って「をかし」と認識した事物を列挙しているが、いずれも文脈から当然想定される成分をあえて表現せずに、簡潔に叙述するところに枕草子の生き生きとした文体が感じ取られて心地よい。

そのほか、いわゆる反実仮想の構文「……ば……まし」の言いさし表現も数多く見られる。序章・第六節「接続成分」のところでも例示しておいたが、ここでも追加して例示する。

⑤　いとど姫君も心細くなりて、「なかなかなることを言ひ始めてけるかな。いとかくは思はざりしを、（相手方は）ことごとしくこそ求めたまふなれ。」とのたまふに、（弟君）「などか求めたまふまじき。上は内大臣殿の上の御もとまでぞ請ひに奉りたまふとこそは言ひしか。これにつけても、母のおはせましかば、あはれかくは。」とて、涙も落としつべき気色どもを（垣間見ている少将が）をかしと見るほどに……（堤中納言物語・貝あはせ）

ここは、蔵人少将が垣間見ている邸内の様子である。一人の姫君が、貝合わせに勝つためのすばらしい貝を探しあぐねて、弟君と嘆き悲しんでいるところである。「ましかば」は反実仮想の助動詞と説明されるように、多くは「……ましかば……まし」という構文をとって、現実とは違った事態を仮想する表現である。ここでは、このようなときに大きな力となる母君が既にこの世にいないという事態が前提としてある。したがって、ここは「母のおはせましかば、あはれかくはあらざらまし（母が生きていたならばこのような惨めな思いをせずにすんだのに）」というような構文が想定される。「あらざらまし」という文統括成分まで言い終わらずに、途中で言いさし構文になっているところに、悲しみのあまり感極まった弟君の心情が余情として表現されているのである。う

Ⅵ　その他の言いさし構文

以上の一定の形式による言いさし構文のほかに、ひとつの型に整理できない文脈依存の言いさし構文が数多く見られる。

① （作者が）香盛り据ゑ、数珠引き上げ、経うち置きなどしたるを見て、（兼家）「あな恐ろし。いとかくは思はずこそありつれ、いみじくけうとくてもおはしけるかな。（あなたが）もし出でたまひぬべくやと思ひて、まうできつれど、かへりては（仏の）罪得べかめり。いかに大夫、かくてのみあるをばいかが思ふ。」と問へば、（道綱）「いと苦しうはべれど、いかがは。」とうちうつぶしてゐたれば、（兼家）「あはれ。」とうち言ひうち言ひて、（兼家）「さらばともかくもきんぢが心。出でたまひぬべくは車寄せさせよ。」と言ひも果てぬに……

（蜻蛉日記・中）

作者が道綱を伴って、二十二日間西山に参籠しているところに兼家が訪ねて来て、下山を勧める。ところが、せっかく迎えに来たのに、作者がつれない様子を示すので、兼家はわざとそっけない振りをして、道綱に下山を促すのである。「ともかくもきんぢが心」というのは、兼家が道綱に「いかに太夫、かくてのみあるをばいかが思ふ」と暗に下山を勧めたのに対して、道綱が躊躇するという状況のもとでの発話であるから、「ともかくもき

んぢが心」という言いさし構文は「ともかくもきんぢが心に任せむ」というような趣旨の発話であるということは当の道綱にとっても容易に想定できるはずである。道綱が父の勧めにはっきりと同意せずに、母に従って山籠りを続けるかのような曖昧な態度を示したので、兼家としては少々不満なのである。そのような兼家の心情が、このような投げやりな表現になったものと思われる。

② (帥の宮)「このごろの山の紅葉はいかにをかしからん。いざたまへ。見ん。」とのたまへば、(式部)「いとよくはべるなり。」と聞こえて、その日になりて、(式部)「今日は物忌み。」と聞こえてとどまりたれば、(宮)「あなくちをし。これ過ぐしては必ず。」とあるに、……

(和泉式部日記)

式部は単に「今日は物忌み」とだけ言って断ったわけではあるまい。回想日記としての単なる省筆としてとらえておくべきであろう。「必ず」のほうは、省筆ともとらえられるが、実際の発話どおりの表現ともとらえることができる。そのようなとらえ方ができるならば、「これ過ぐしては必ずまからむ」という完結された表現をとるよりも、このような言いさし表現をとったほうが「必ず」ということばがより強く印象付けられて、「この次は必ず行こう」という意思が相手に強く伝わるであろう。

③ 白き色紙おしたたみて、(中宮)「これに、ただ今おぼえん古きこと一つづつ書け。」と仰せらるる、外にゐたまへる(大納言)に、(作者)「これはいかが。」と申せば、(大納言)「とう書きて参らせたまへ。男は言加へさぶらふべきにもあらず。」とて(御硯を)差し入れたまへり。御硯取りおろして、(中宮)「とくとく、ただ思ひまはさで、難波津もなにも、ふとおぼえんことを。」と責めさせたまふに、などさは臆せしにか、すべて面さへ赤みてぞ思ひ乱るるや。

(枕草子・第二三段)

中宮から、今すぐ思い出した古歌をひとつずつ書けと命じられて、女房たちが躊躇しているところに、さらに中宮が「ふとおぼえんことを」と催促したのである。既に中宮は「これに、ただ今おぼえん古きこと一つづつ書け」と仰せられているのであるから、当然「ふとおぼえんことを」の後には「書け」という命令表現が想定されるはずである。既に仰せになったことを改めて繰り返す必要もないので、言いさしにしたのである。中宮のやさしい性格から見て、中宮がぐずぐずと書きあぐねている女房たちに業を煮やして、言い捨てるような言い方をしたのであるとまではとらえられないであろう。

④　例の五十寺の御誦経、またかの（朱雀院の）おはします御寺にも、摩訶毘盧遮那の。（源氏物語・若菜下）

この文は、若菜下の巻の最後の文である。朱雀院の五十の賀にあたって、五十の寺や朱雀院のいらっしゃる西山のお寺にて、摩訶毘盧遮那（大日如来）の供養が催されことを叙述したところの言いさしの構文である。若菜下の巻には、女三の宮と柏木との密通事件、それに伴っての源氏の悩み、柏木・女三の宮の病悩、さらには紫上の物の怪による病苦、朧月夜の出家などの悲しい出来事が語られる。それらの影響などもあって、朱雀院の五十の賀も、二月二十余日の予定が十二月二十五日に延びたのである。読者は、この言いさしの余情構文に、これからどのような結末が語られてくるのか、どんな物語が展開していくのかといろいろ想像をすることであろう。それが余情として表現されているのである。

⑤　宮の上御文がき、女御殿の御ことば、さしもあらじ、書きなしなめりと本に。（和泉式部日記）

「和泉式部日記」の物語が終結した後のところに注記された形式の最後の文であり、「本に」という言いさし表現で終わっている。「帥の宮様の北の方の手紙や女御殿のおことばは実際にはこんなものではないだろう、作者の作り書きのようである、と元の本には記されている」という意味になる。言いさし構文にしたのは、これはほんの覚書程度の文であるということを読者に印象付けるための技巧であろう。この注記については、第何次かの写本成立の際に注記されたものか、最初からこのような注記があったものか、いろいろ説が分かれるところである。最初からの作者の注記として考えてみると、作者は、自分をこの日記に登場する女として叙述しているのではなく、単なるこの日記を書写した者に過ぎないということを見せるための虚構として付け加えた文であるということになろうか。

第六章　取り立て構文

第一節　取り立て構文の表現構造

かぐや姫に言ふやう、(竹取の翁)「なんでふ心地すれば、かくものを思ひたるさまにて、月を見たまふぞ。うましき世に。」と言ふ。(竹取物語)

かぐや姫が悲しそうに月を見ているのを心配した翁が、その理由をかぐや姫に尋ねた発話である。「月を見たまふぞ」の「ぞ」は、疑問語と呼応して相手に強く問うという働きを持っている。意味構造上は、「うましき世に、なんでふ心地すれば、かくものを思ひたるさまにて、月を見たまふぞ」となるところを、「なんでふ心地すれば、かくものを思ひたるさまにて、月を見たまふぞ」を「うましき世に」よりさきに持ってきて、結果的に倒置した形になり、しかも「ぞ」によってかぐや姫に強く問い詰めるような口調になっている。翁としては、かぐや姫が月を見ていることが心配の種であるので、その理由を知りたいという気持ちが強く働いたために、「なんでふ心地すれば」を真っ先に持ってきたのである。「うましき世に」ということはそのようなかぐや姫の行為をとがめるための単なる付け足しに過ぎない。

このように、より強く訴えたい事柄を特に取り立てて発話の冒頭部に持ってくる表現構文を「取り立て構文」と呼ぶことにする。「取り立て構文」とは、意味構造上、普通「倒置法」と呼ばれている構文であるが、話し手の表現意識からすれば、そういう構造をとることが必然的な結果なのであって、倒置するという意図などはなかったものと思われる。むしろ一番強く訴えたい事柄を特に取り立てて発話の最初の部分に置こうとした意識だけが働いたものとしてとらえることができる。そういう点において、倒置という言い方ではなく、「取り立て構文」と呼ぶほうが適切である。

表現構造から見て、「取り立て構文」には、次のようないくつかの型が見られる。

(1) 倒置取り立て構文
(2) 特立否定構文
(3) 同格取り立て構文

第二節　倒置取り立て構文

① この帝は顔かたちよくおはしまして、仏の御名を御心にいれて、御声はいと尊く申したまふを聞きて、女はいたう泣きけり。「かかる君に仕うまつらで、宿世つたなく悲しきこと。この男にほだされて。」とてなん泣きける。（伊勢物語・第六五段）

在原なにがしという若い男と結ばれた女が、帝にお仕えしなかったことを悔いているところである。意味構造上は「この男にほだされて、かかる君に仕うまつらで、宿世つたなく悲しきこと」となるところである。ところが、女は、「この帝は顔かたちよくおはしまして、仏の御名を御心にいれて、御声はいと尊く申したまふを聞きて」ひどく泣いたというのであるから、女の心の中には「かかる君に仕うまつらで、宿世つたなく悲しきこと（このような帝にお仕えしなかったとは前世からの因縁が悪く悲しいことよ)」の思いが強く湧き上がってきたはずである。そのために、このような取立て構文をとったのである。「この男にほだされて」はその後に起こってきた認識であって、それを取り立て構文の後に補足説明的に付け加えただけである。このように、意味構造上から見て、倒置と見られる取り立て構文を「倒置取り立て構文」と呼ぶことにする。

和歌は、五・七・五・七・七の音数の制約もあって、普通単一の主題を詠むのであるが、その主題の最も中心となる事柄を強く訴えるために、特に取り立てて歌の冒頭に持ってくる場合が多い。

②　梅の花を折りて詠める

鶯の笠に縫ふてふ梅の花折りてかざさむ老い隠るやと　(古今集・三六)

この歌は、散文の普通の語順ならば、「老い隠るやと鶯の笠に縫ふてふ梅の花折りてかざさむ」となるところである。しかし、この歌の場合は、詞書にあるとおり、「梅の花を折りてかざさむ」というところが作者の最も強く訴えたいところなので、「鶯の笠に縫ふてふ梅の花折りてかざさむ」のほうを特に取り立てて「老い隠るやと」の前に持ってきたのである。

③　鶯の花の木にて鳴くを詠める

験なき音をも鳴くかな鶯の今年のみ散る花ならなくに　(古今集・一一〇)

上の句は、「鶯の験なき音をも鳴くかな」となるのが意味構造から見て普通の語順である。しかし、五・七・五の韻律から見て、この歌のような語順にせざるを得なかったのであろうが、ただそれだけではない。作者は鶯の鳴く声を聞いて、花の散るのを惜しんで、どんなに鳴いても何の効果もないのに、それでもあきらめきれずに鳴く鶯の心根に感動して、その感動を「……も……かな」という感動表現によって、冒頭の句に詠みこんだのである。そして、結果的に「鶯の」を上の句と下の句との中間に持ってくることによって、歌の韻律を引き締めてもいるのである。そして、その後でそういう感動を覚えた理由を下の句で分析的に説明する。作者の感動を冒頭に歌い上げておいて、その後で理知的な説明を加えるというのが古今集の詠み方のひとつの特色でもある。古今集の冒頭歌「年の内に春は来にけり一年を去年とや言はむ今年とや言はむ」のような歌い方がその典型である。

④　阿漕返事書く。「いでや、心づきなく。こは何事ぞ。昨夜の（あなたの）心は限りなくあいなく、心づきなく腹きたなしと見てしかば、今行く先も（あなたを）いと頼もしげなくなん。御前にはいと悩ましげにてまだ起きさせたまはざめれば、（少将からの）御文もさながらなん。いとこそ心苦しけれ。（姫君の）御気色を見るは。」と言へり。

（落窪物語）

左近少将と落窪の姫君が始めて契りを結んだ翌朝、少将から後朝の文が来た。少将を手引きした帯刀の手紙も添えてあった。姫君は気分が悪いということで返事を書かないので、帯刀の妻で、姫君の召使の阿漕が先ず帯刀宛に、帯刀が阿漕を出し抜いて少将を手引きしたことをなじる手紙を書いた。「いとこそ心苦しけれ。御気色を見るは」は、意味構造上は、「御気色を見るはいとこそ心苦しけれ（姫君のご様子を見るのは大変心苦しいことですよ）」となるところである。しかし、表現構造上は、「御前にはいと悩ましげにてまだ起きさせたまはざめれば」という接続成分は「御気色を見る」に係っていくのではなく、直接には「御文もさながらなん。いとこそ心苦しけれ」に係っていく。阿漕の心情としても、「いとこそ心苦しけれ」ということを強く訴えたいために、そのことを取り立てて、「御気色を見るは」の前に持ってきた構文なのである。

⑤　かやうにて、寺にも籠り、すべて例ならぬ所にただ使ふ人の限りしてあるこそかひなうおぼゆれ。なほ同じほどにて一つ心にをかしきこともにくきこともさまざまに言ひあはせつべき人必ず一人二人、数多も誘はまほし。そのある人の中にも、くちをしからぬもあれど、目馴れたるなるべし。男などもさ思ふにこそあらめ、わざと（同行者を）尋ね呼びありくは。

（枕草子・第一二〇段）

普段あまり行かないところに気心の知れた者同士行くのは楽しい。男も同じ気持ちだろうということを語っている段である。最後の文の「わざと尋ね呼びありくは」の「は」は、詠嘆の終助詞ともとらえられるし、提示の働きを持つ係助詞としてもとらえることができる。意味構造上は、「わざと尋ね呼びありくは、男などもさ思ふにこそあらめ」となるところである。「さ思ふ」の「さ」の指示内容は、冒頭の「かやうにて」から「目馴れたるなるべし」までの、作者自身の感想を叙述した部分である。ここでは、そのような思いが自分だけの女の偏見ではなく、男でも持つ普遍的な思いであるということを主張しようとして、「男などもさ思ふにこそあらめ」ということを「……こそ……あらめ」という強調表現によって強く取り立てて、文の冒頭部分に持ってきたのである。そして、その後で、「男などもさ思ふにこそあらめ」と主張する根拠として、男たちの「わざと尋ね呼びありく」という実態を補足したのである。

⑥　行幸近くなりぬとて、殿のうちをいよいよ作り磨かせたまふ。世におもしろき菊の根をたづねつつ掘りて参る。色々うつろひたるも黄なるが見所あるも、さまざまに植ゑたてたるも、朝霧の絶え間に見わたしたるは、(a)げに老いもしぞきぬべき心地するに、なぞや、まして思ふことの少しもなのめなる身ならましかば、好き好きしくももてなし、若やぎて、常なき世をも過ぐしてまし、(b)めでたきことおもしろきことを見聞くにつけても、ただ思ひかけたりし心の引く方のみ強くて、物憂く、思はずに嘆かしきことのまさるぞいと苦しき。

（紫式部日記）

作者の心情は、(a)と(b)とに分けられる。一条天皇の行幸が近づいてきたので、土御門邸は一段と華やかになってくる。(a)そのような雰囲気に一時的には憂いも忘れがちであり、いっそ華やかな宮仕えに身を任せて優雅に生きていこうかとも思うのであるが、一方では(b)作者の心は深い愁いに沈んでいく。この文は、そのようなわが心の矛盾に苦しんでいる作者の思いを叙述したものである。そのような相矛盾した心に対する作者自身の疑問・反問の思いを表現したのが「なぞや」である。「まして」は、「まして」以下の叙述内容が「まして」より前の叙述内容に比して、その程度が強いということを意味する副詞であって、ここでは「げに老いもしぞきぬべき心地するに（なるほど老いの思いも消し飛んでしまいそうな気持ちがするが）」を受けて、それ以上に強い思いを叙述する「思ふことの少しもなのめなる身ならましかば、好き好きしくももてなし、若やぎて、常なき世をも過ぐしてまし（物思いが少しでも月並みな身の上であるならば、一層風流好みに振舞いもし、若返りもして無常なこの世をも過ごすことができるだろうのに）」に係っていく。したがって、「なぞや」は、相矛盾する(a)(b)の間すなわち(a)の最後の「常なき世をも過ぐしてまし」の後に来るはずである。ところが、作者の心理的昂揚から見ると、「老いもしぞきぬべき心地するに」と叙述したところで、(a)「げに老いもしぞきぬべき心地する」という思いもさることながら、さらにそれより強い「思ふことの……過ぐしてまし」という思いが生まれ、それと(b)「めでたきことおもしろきことを見聞くにつけても、ただ思ひかけたりし心の引く方のみ強くて、物憂く、思はずに嘆かしきことのまさるぞいと苦しき（おめでたいことやおもしろいことを見聞くにつけても、ひたすら心にかけている出家の志に強く引かれるばかりで、憂鬱で、気乗りがせず、ため息でもつきたい気持ちが増してくるのはひどく苦しいことだ）」の思いとの強い矛盾に対する作者自身の疑問・反問の心情が強く沸き起こってきたので、結果としてまだ「まして思ふことの……常なき世をも過ぐしてまし」ということを叙述する前に、「なぞや」という感動をこめてわが身に問うという疑問の表現が叙述されたのである。このような作者の心情の流れから見ると、「なぞや」は、一種の取り立て構文としてとらえることができる。日記のような自己の心情を吐露した文章においては、論理的な叙述よりも感情の赴くまま叙述するという構文をとる場合が多くなってくるのである。

⑦　（母君）「……（娘更衣は）身に余るまでの（帝の）御志のよろづにかたじけなきに、人げなき恥を隠しつつ交らひたまふめるを、人の嫉み深く、安からぬこと多くなりそひはべるに、横様なるやうにて、遂にかくなりは

べりぬれば、かへりてはつらくなむ、（帝の）かしこき御志を思ひたまへはべる。これもわりなき心の闇に。」など言ひもやらず、むせかへりたまふほどに、夜も更けぬ。（源氏物語・桐壺）

平常な心持であるならば、「つらくなむかしこき御志を思ひたまへはべる」のところは、意味構造上、「かしこき御志をつらくなむ思ひたまへはべる（帝の恐れ多い御愛情をつらく思います）」とあるところであるが、「つらくなむ」の「なむ」という強調の表現が添えられたところからも察せられるように、母君の心の中に「つらし」という気持ちが強く働いたために、その部分が取り立てられて、「かしこき御志」に先立って発話されたのである。このような取り立て構文になったのは、母君自身も告白しているように、「わりなき心の闇（わが子かわいさのあまりの道理の通らない親心）」のなせる表現なのであって、母君の意識的表現ではなく、母君の心情の赴くまま無意識的に取り立てられたのである。

⑧（源氏が夕顔に）添ひ臥して、「やや。」とおどろかしたまへど、（夕顔は）ただ冷えに冷え入りて、息はとく絶え果てにけり。（源氏は）言はんかたなし。頼もしく、いかにと言ひ触れたまふべき人もなし。法師などをこそは、かかる方の頼もしきものに思すべけれど。（源氏は）さこそ強がりたまへど、若き御心にて、（夕顔が）いふかひなくなりぬるを見たまふに、……（源氏物語・夕顔）

夕顔の突然の死に狼狽する源氏の描写である。「言はんかたなし。頼もしく、いかにと言ひ触れたまふべき人もなし。法師などをこそは、かかる方の頼もしきものに思すべけれど」は、源氏の心理の描写である。平静な心理状態にある場合には、「法師などをこそは、かかる方の頼もしきものに思すべけれど、頼もしくいかにと言ひ触れたまふべき人もなし。言はんかたなし」となるはずである。しかし、このような緊急事態のもとでは、そのような冷静な状況判断はできない。源氏の心の中には、「言はんかたなし」という絶望感が真っ先に発生したはずである。そして、次に「頼もしく、いかにと言ひ触れたまふべき人」の出現を願う気持ちが起こるのであるけれども、そういう人もないと認識するに至って、源氏の絶望感がますます強くなっていく。そのような心理の流れが、このような取り立て構文を取ることによって緊迫感を持って描写されてくることになるのである。

⑨　（夕顔の死骸の包み方を）したたかにしもえせねば、髪はこぼれ出でたるも、（源氏は）目くれ惑ひて、「あさましう悲し」と思せば、「なりはてん様を見む」と思せど、（惟光）「はや御馬にて二条の院へおはしまさむ、（夜が明けて）人騒がしくなりはべらぬほどに。」とて、右近を添へて乗すれば……

（源氏物語・夕顔）

夕顔急死の後、惟光が夕顔の死骸を処置するに当たって、先ず源氏を二条院に送り届けようとしている場面である。冷静に事を処することのできるような場面であれば、「人騒がしくなりはべらぬほどに、はや御馬にて二条の院へおはしまさむ」となるべきところ、惟光としては、源氏が気も動転しているさまを見て、一刻も早く源氏を自邸に帰さなければならないという気持ちが強く働いた結果、「はや御馬にて二条の院へおはしまさむ」ということを取り立てて最初に持ってきて、その後で、その理由となる事柄を追加して説明するという構文をとったのである。

⑩　（良清）「近き所には、播磨の明石の浦こそなほ殊にはべれ。……かの国の前の守、新発意の、女かしづきたる家いといたしかし。（守は）大臣の後にて、いでたちもすべかりける人の、世のひがものにて、まじらひもせず、近衛の中将を捨てて……」と申せば、（源氏）「さて、その女は。」と問ひたまふ。（良清）「けしうはあらず、かたち・心ばせなどはべるなり。代々の国の司など用意殊にして、さる心ばへ見すなれど、さらに承け引かず、……」と聞こゆれば、……

（源氏物語・若紫）

「新発意の、女かしづきたる」と発しただけで、その女のことについては何も語らず、その後は長々と「かの国の前の守、新発意」のことについて説明している良清の発話に業を煮やした源氏が、「さて、その女は」と問いただしたのに対して、良清は、「かたち・心ばせなどけしうはあらざるなり（顔も気立てなども悪くはないようです）」

と答えれば済むところである。ところが、ここは、源氏が単刀直入に「さて、その女は」と尋ねた真意が「かたち・心ばせ」などがどうであるのかという点にあると、良清はとっさに察知して、先ず源氏が一番知りたがっている「けしうはあらず（わるくはありません）」と結論を急ぎ、その後で「かたち・心ばせなど」と追加する構文をとったのである。

このように、対話などの場合には、常に相手の一番知りたがっている情報を取り立てるという発話態度が要求される。したがって、対話の場における発話には、このような取り立て構文が随所に見られる。同じく、日記などの独白の場においても、取り立て構文が見られる。

⑪　（道長）「葦田鶴の齢しあらば君が代の千歳の数も数へとりてむ」

さばかり酔ひたまへる（道長の）御心地にも、思しける（若宮の）ことのさまなれば、いとあはれにことわりなり。（道長が）げにかく（若宮を）もてはやしきこえたまふにこそは、よろづのかざりも勝らせたまふめれ。千代もあえましく、（若宮の）御行く末の、数ならぬ（私の）心地にだに思ひ続けらる。（紫式部日記）

入内した彰子に若宮が誕生し、その喜びに無邪気に酔いしれている道長を、作者は好感を抱いて見ている。作者も若宮の末永い栄光を願っている。最後の文は、意味構造上は、「数ならぬ心地にだに、千代もあえましく（鶴の齢の千年にもあやかって）、御行く末の思ひ続けらる」となるところであろう。それなのに、「千代もあえましく」を取り立てて文の冒頭に持ってきたのは、道長が若宮の行く末を「君が代の千歳の数も数へとりてむ（若宮の千年の御齢も数えとってしまえるだろう）」と詠んだのに対して、作者自身も心の中で、それをとっさに受けて「千代もあえましく」と反応したからである。対話の場における応答ではないけれども、実質的には対話の場同様の応答になっている。

第三節　特立否定構文

「は」「のみ」「しも」「ばかり」などの、そのことを特に限定強調する表現、あるいは「ひたすら」「つゆ」「いたく」などの極端な状態を意味する副詞によって、ある事態を特に取り立てておいて、その後改めてそれを否定することによって、それ以外の事態を許容するという構文がある。「特立否定構文」と呼ぶことにする。

①　なほ行き行きて、武蔵の国と下つ総の国との中に、いと大きなる河あり。それをすみだ河といふ。その河のほとりに群れ居て思ひやれば、限りなく遠くも来るにけるかなとわびあへるに、渡守、「はや舟に乗れ。日も暮れぬ。」と言ふに、乗りて渡らんとするに、皆人ものわびしくて、京に思ふ人なきにしもあらず。さる折しも白き鳥の嘴と脚と赤き、鴫の大きさなる、水の上に遊びつつ魚を食ふ。京には見えぬ鳥なれば、皆人見知らず。渡守に問ひければ、「これなん都鳥。」と言ふを聞きて、

名にし負はばいざこと問はむ都鳥わが思ふ人はありやなしやと

と詠めりければ、舟こぞりて泣きにけり。（伊勢物語・第九段）

「思ふ人なきにしもあらず」という文は、「思ふ人なき」という事態を「しも」によって取り立て、それを「あらず」によって否定した構文である。意味構造上は、「思ふ人」が全然ないというのではなく、何人かはいるというのである。都落ち同然に、遥々隅田川までたどり着いた一行は、既に都の人を思い切ったはずであると推定されるのが当然であろう。それにもかかわらず、「思ふ人なき」という状態を「しも」によって特に取り上げておいて、その後で改めてそれを否定することによって、思い切ったはずの都の人がなお忘れられないという

一行の都恋しい思いを強く表現するためにこのような構文をとったものと思われる。「京には見えぬ」という表現は、「京に」という事柄を「は」という係助詞によってほかの土地と区別して特に提示し、改めて「ぬ」によって否定するという構文になっている。「ぬ」は、「は」によって特に取り立てられた「京に」だけを否定しているのであって、京以外では見えるかもしれないという余地を暗示している表現である。このような鳥は京でも見られるであろうと人々は思ったのであるが、よくよく見ると京では見られない鳥であるということに気づいたというのである。そこで、わざわざ「京には見えぬ」鳥であると表現することによって、都から遠く隔たった異郷の地に来てしまった一行のさびしい思いを表現しているのである。それに対して、「皆人見知らず」のほうは、「皆人見知る」ということを否定している表現ではなく、「見知る」だけを否定し、それに「皆人」という連用成分が冠された表現であるから、「誰も知らない」という全面否定ということになる。

②　わがために来る秋にしもあらなくに虫の音聞けばまづぞ悲しき　（古今集・一八六）

「なくに」の否定しているのは、「わがために来る秋にしもあり」である。すなわち、「しも」によって特に限定的に取り立てられた「わがために来る秋なり」を否定しているのである。したがって、当然ほかの人にも来る秋であるという余地を余情として残した表現である。秋はほかの人にも来るということを殊更認識することによって、それにもかかわらず、まるで私だけに来たかのように、「虫の音聞けばまづぞ悲しき」という思いが強くなるということを表現するために、このような構文をとったのである。

③　五月雨の短き夜に寝覚めして、（ほととぎすの声を）いかで人より先に聞かむと待たれて、夜深くうち出でたる声の、らうらうじう愛敬づきたる、いみじう心あくがれ、せんかたなし。六月になりぬれば、音もせずなりぬる、すべていふもおろかなり。夜鳴くもの、何も何もめでたし。稚児どものみぞさしもなき。　（枕草子・第四一段）

「さしもなき」は、「のみ」によって特立された「稚児ども」が「めでたし」という点において否定されるということを意味している。したがって、それ以外の「夜鳴くもの」は「何も何もめでたし」として肯定されているのである。「夜鳴くもの、何も何もめでたし」というのは、ほととぎすの夜鳴く声の「らうらうじう愛敬づきたる、いみじう心あくがれ、せんかたなし（洗練されたかわいらしいのにはどうしようもなく感動させられる）」思いに導かれた判断である。したがって、当然稚児が夜泣くのも「めでたし」と認識されるものと思われるのに、案に相違してそれが否定されるということは、ただのうるさい泣き声だけでは作者の夜に対する美意識に反するという、作者の美意識の核心がどのようなものであるかを明確にさせていることにもなる。

④　年月経ても、つゆ忘るるにはあらねど、去るものは日々に疎しといへることなれば、さはいへど、その際ばかりは覚えぬにや、よしなしごと言ひてうちも笑ひぬ。　（徒然草・第三〇段）

「つゆ忘るるにはあらね」は、「忘るる」という状態を「は」によって取り立て、それを「つゆ……ね」で否定するという構造をとって、「故人のことを全く忘れてしまうというわけではなく、少しは思い出すことがある」という、否定されてもなお成立の余地が残されているという事態を表現している。この段において、作者は、「人の亡き跡ばかり悲しきはなし」ということを論じている。したがって、死後の年月が経過してしまうと、死者の思い出は当然人々の記憶から忘れ去られてしまうはずであるのに、「つゆ忘るる」というまでには至っていないと、人間の情を認めつつも、やはり「去るものは日々に疎し（世を去った人に対する気持ちは日ごとに薄れていってしまう）」ということを認めなければならないという作者の思いが、このような特立否定構文に表現されることになるのである。

⑤　花は盛りに、月は隈なきをのみ見るものかは。　（徒然草・第一三七段）

「かは」は反語の表現であるから、意味構造上は「花は盛りに、月は隈なきをのみ見るものならず」という否定表現になる。「のみ」によって限定的に取り立てられた「花は盛りに、月は隅なきを見る」ということが否定されるわけであるから、「花は盛りに、月は隅なき」以外の状態を見ることも許容される余地が残されているということになる。作者は、「花は盛りに、月は隅なきを見る（桜の花は真っ盛りに咲いているのを、月は陰りもなく照り渡っているのを見る）」という世間の人たちの常識的な美意識を認めつつも、なお同じ段において言及している、「すべて、月・花をばさのみ目にて見るものかは（一般的に言って、月と花をそのようにむやみに目だけで見るものではない）」というものの見方を主張しているのである。世間の常識を一概に否定するのではなく、それを認めつつもなお自己の考えを主張するという作者の柔軟な美意識が伺われるところである。

⑥　よき細工は少し鈍き刀を使ふといふ。妙観が刀はいたく立たず。（徒然草・第二二九段）

「ず」は「いたく立つ」の否定表現であるから、「少し切れる」という余地を残した表現である。名工と言い伝えられている妙観の作であるから、さぞかしよく切れる刀を使うのであろうという先入観を否定することによって、「よき細工は少し鈍き刀を使ふ」ということを主張しようとしているのである。

このように、特立否定構文は、世間の常識あるいは文章の展開によって当然予想される事態などを特に取り立てておいて、改めてそれを否定することによって、それ以外に許容される事態を強く訴えようとする表現なのである。

第四節　同格取り立て構文

① さる折しも、白き鳥の、嘴と脚と赤き、鴫の大きさなる、水の上に遊びつつ魚を食ふ。（伊勢物語・第九段）

意味構造上は、「嘴と脚と赤き、鴫の大きさなる白き鳥」となるところであるが、人々が一目見て最初に認識したのは鳥の全体像「白き鳥」である。その後で細かい部分にも目が届いて、「嘴と脚と赤き、鴫の大きさなる」という説明を補足し、「白き鳥」と「嘴と脚と赤き、鴫の大きさなる」とが同一の対象であることを標示するために「の」を介入させた構文である。そして、「白き鳥」と「嘴と脚と赤き、鴫の大きさなる」とはともにガ格となって「水の上に遊びつつ魚を食ふ」という文統括成分に係っていく。このように、二つ以上の成分が「の」「が」を介して並立され、同じ格関係になって後の成分に係っていく構造を普通、同格表現と呼ぶ。

ところで、同格表現は、話し手が特に重要だと認識した事柄を取り立てて冒頭に持ってきて、残りの付随情報をその後に補足するという構造をとるという点において、本書では「同格取り立て構文」と呼ぶことにする。同格取り立て構文は、当事者の認識に従って叙述を展開させていくことによって、読み手にも語り手・当事者と同じ視点・認識・臨場感を持たせようとしているのである。

② 正月十余日のほど、空いと暗う、雲も厚く見えながら、さすがに日はけざやかにさし出でたるに、(a)えせ者の家の荒畠といふものの、土うるはしうも直からぬ、(b)桃の木の若だちていとしもとがちにさし出でたる、片つ方はいと青く、いま片つ方は濃くつややかにて蘇枋の色なるが、日陰に見えたるを、(c)いと細やかなる童の、狩衣はかけやりなどして、髪うるはしきが上りたれば、ひきはこえたる男児、また、小脛にて半靴はきたるな

ど、木の下に立ちて、「我に毬打切りて。」など乞ふに、また、(d)髪をかしげなる童の、衵どもほころびがちにて、袴萎えたれど、よき袿着たる三四人来て、「(e)卯槌の木の、よからん、切りて下ろせ。御前にも召す。」など言ひて、下ろしたれば、はひしらがひ取りて、さし仰ぎて、「我に多く。」など言ひたるこそをかしけれ。

（枕草子・第一四四段）

この一文には、(a)から(e)までの五つの同格取り立て構文が見られる。なぜこんなにたくさんの同格表現が用いられているのであろうか。単に意味構造として解釈するだけではとらえきれない作者の発想・息づかいが表現されているのであろう。

「正月十余日のほど、空いと暗う、雲も厚く見えながら、さすがに日はけざやかにさし出でたるに」と、先ず春先の空模様を眺めた作者の視点は、「えせ者の家の荒畠」に移っていき、さらに畠の土の様子に焦点が絞られていく。(a)「えせ者の家の荒畠」を取り上げ、いかにも「荒畠」らしさを描写するために「土うるはしうも直からぬ」という描写を補足したのである。そして、作者の視点は、その土に生えている「桃の木」に移るのであるが、それを「土うるはしうも直からぬ所に」というような分析的な表現はせずに、見たまま即座に、その桃の木を(b)ととらえる。その桃の木の描写においても、冒頭部の「正月十余日のほど」の春の気配にふさわしい「桃の木」を取り上げておいて、またいかにも春らしい気分をこめた「若だちていとしもとがちにさし出でたる（長く伸びた若い枝）」という描写に結びつけた同格取り立て構文にしている。さらに、冒頭部の「さすがに日はけざやかにさし出でたる」を承けて、その桃の木の日差しを受けない「片つ方はいと青く」、日に照らされている「いま片つ方」は「濃くつややかにて蘇枋の色なるが日陰に見えたる」と描写する。そしてその桃の木にあった作者の視点に(c)「いと細やかなる童（身軽な男の子）」が映る。その童をよく見ると、「狩衣はかけやりなどして」と、腕白小僧として描写することによって、身軽に木に登る童らしさを表現し、更に「髪うるはしき」という描写によって、その童が「卯槌」で春を祝う家庭の童であって、「えせ者」の家の子供ではないということを示している。そのような人物を木の上に配し、木の下には「ひきはこえたる男児」「小脛にて半靴はきたる（男児）」を配する構図を描く。さらに、その場に、(d)「髪をかしげなる童」が何人か飛び出してくるのに作者の目はとまる。「髪をかしげなる童」は「御前にも召す」という発話から見ても、主人持ちの童であることがわかるのであるが、そのような身分の童であることを説明するために、「髪をかしげなる」はもちろん「袙」「袴」「よき袿」などを着た童というように描写する。(e)の「卯槌の木の、よからん」も「髪をかしげなる童」にとっては、「卯槌の木」が目的の物であるから、真っ先に「卯槌の木」と呼びかけておいて、「御前にも召す」卯槌の木であるから、「よからん」と念を押したのである。

このように、先ず最初に作者の目に飛び込んできた「えせ者の家の荒畠といふもの」「桃の木」「いと細やかなる童」「髪をかしげなる童」を取り上げておいて、その後でそれぞれの更に細かな、しかもどうしてもゆるがせにできないそのものの属性を描写し、それを「の」によって結び付けていくという手法をとっている。そうすることによって、それぞれのものを生き生きと描写することができるのである。このような目の行き届いた文体に、「枕草子」の優れた随筆性が見られるのである。

③

「(a)乳母にてはべる者の、この五月のころほひより重くわづらひはべりしが、頭そり忌む事受けなどして、そのしるしにや、よみがへりたりしを、この頃また起こりて、弱くなんなりにたる。（乳母）『今一度とぶらひみよ』と、申したりしかば、いときなきよりなづさひし者の、今はのきざみに、『つらしとや思はむ』と思ひたまへて、（乳母の家に）まかれりしに、(b)その家なりける下人の、病しけるが、にはかに出であへで亡くなりにけるを、（私を）おぢはばかりて、日を暮らしてなむ（死骸を）取り出ではべりけるを聞きつけはべりしかば、（内裏には）神事なるころ、いと不便なることと、思うたまへかしこまりて、え参らぬなり。この暁より、しはぶき病にやはべらん、頭いと痛くて苦しくはべれば、いと無礼にて聞こゆること。」
（源氏物語・夕顔）

この発話は、夕顔頓死の事件があって、しばらく内裏に参上しなかった源氏を、頭中将が見舞いに訪れて、帝が心配していることを告げたのに対する、源氏の言い訳である。

(a)の「乳母にてはべる者」と「この五月のころほひより重くわづらひはべりし」とは、意味構造上同じ対象の属性であるから、「この五月のころほひより重くわづらひはべりし乳母にてはべる者」という表現でもよいのであるが、ここでは、乳母は、源氏にとっては「いときなきよりなづさひし者（幼い時から馴れ親しんだ者）」であるから、そういう乳母を特に取り立てることによって、源氏が乳母のお見舞いに行ったために内裏に参内できなかったということを正当化しようとしたのである。(b)の「その家なりける下人」と「病しける」とは、意味構造上同じ対象の属性の説明となる。しかし、ここも、「その」という特に取り上げる指示語の表現から見ても、「病しける」者は乳母の家の下人であるということをはっきり説明することによって、乳母の家に行った以上、その下人の死の穢れに触れたのは仕方のないことであり、そのような事態になったがために参内できなかったということを正当化しようとしているのである

このように、どうしても特に取り上げなくてはならない属性を最初に持ってくる表現が必要になり、その結果、同格取り立て構文となるのである。

④　有明の月の夜、しかも朝霧の立っている中、蔵人の少将が、ある家の中に忍び込んで薄の中から中の様子を見（蔵人の少将）「何わざするならむ」とゆかしくて、人目見はかりて、やをらはひ入りて、いみじく繁き薄の中に立てるに、八九ばかりなる女子の、いとをかしげなる、薄色の袙、紅梅など乱れ着たる、小さき貝を瑠璃の壺に入れて、あなたより走る様の慌しげなるを、をかしと見たまふに、（女子が少将の）直衣の袖を見て、「ここに人こそあれ。」と何心もなく言ふに、……
（堤中納言物語・貝あはせ）

ているところである。「八九ばかりなる女子」と「いとをかしげなる、薄色の袙、紅梅など乱れ着たる」とは同格である。その女子は向こうから少将の方に近づいてくるのであるが、夜の暗がり、しかも朝霧の立っている庭、少将は薄の茂みの中から覗いているという状況から見て、少将の目に写ったのは、最初は「八九ばかりなる女子」であり、だんだん近づいてくるに従って、女子の器量や着物までも見えてきたというのである。このように、登場人物の認識した順序に従って描写することによって、読者も登場人物と一体となって臨場感を共有することができるのである。

⑤　親上りて、ともかくもと、(母は私を)さし放ちたる人のやうにわづらはしがりて、わづかに清水に率て籠りたり。それにも、(私の)例の癖は、まことしかべいことも思ひ申されず。彼岸のほどにて、いみじうさわがしう恐ろしきまでおぼえて、うちまどろみ入りたるに、御帳の方の犬防ぎの内に、(a)青き織物の衣を着て、錦を頭にかづき、(錦を)足にも履いたる僧の、別当とおぼしきが寄り来て、「行く先のあはれならむも知らず、さもよしなしごとをのみ。」とうちむづかりて、御帳の内に入りぬと見ても、うちおどろきても、かくなむ見えつるとも語らず、心にも思ひ止めで、(寺を)まかでぬ。母一尺の鏡を鋳させて、え率て参らぬ代はりにとて、僧を出だし立てて初瀬に詣でさすめり。(母)「三日さぶらひて、この人のあべからむ様夢に見せたまへ。」など言ひて詣でさすめり。そのほどは精進せさす。この僧帰りて、「夢をだに見でまかでなむが本意なきこと、いかが帰りても申すべきと、いみじう額づき行ひて寝たりしかば、御帳の方より、(b)いみじう気高う清げにおはする女の、うるはしく装束きたまへるが、奉りし鏡を引き下げて、『この鏡には文や添ひたりし。』と問ひたまへば、かしこまりて、『文もさぶらはざりき。この鏡をなむ奉れと侍りし。』と答へたてまつれば……

(更級日記)

(a)の場合は、「青き織物の衣を着て、錦を頭にかづき、足にも履いたる」、「別当とおぼしき」というくつもの属性を持った僧を取り上げて叙述しているのであるが、それらいくつもの属性のうち「青き織物の衣を着て、錦を頭にかづき、足にも履いたる」という属性だけを特に取り立てることによって、先ず作者が感覚的にとらえたままの夢の中に現れた僧の具体的な映像を描写し、その後で、「別当とおぼしき」という主観的な判断を補足的に叙述するという構造になっている。「別当」というその僧の身分に関する認識よりも、感覚的な映像が作者にとってはより強い印象として受け取られたのであろう。(b)の場合は、「いみじう気高う清げにおはす」、「うるはしく装束きたまへる」という「女」のいくつもの属性のうち、「いみじう気高う清げにおはす」という主観的な判断による属性を特に取り立てて強調し、その後で「うるはしく装束きたまへる」という見たままの具体的な映像の属性を補足するという構造になっている。その僧にとって、「うるはしく装束きたまへる」という感覚的にとらえた女の具体的な映像よりも、その「いみじう気高う清げに」という主観的な印象のほうが強かったのであろう。作者の将来に関わる占いであるから、その信憑性を強調する必要があって、いかにも霊験あらたかな女を取り立てて強調しようとした意図が働いているのかもしれない。

第七章　対比構文

第一節　対比構文の表現構造

①　　桜の花の下にて、年の老いぬることを嘆きて詠める
色も香も同じ昔に咲くらめど年経る人ぞあらたまりける　（古今集・五七）
この歌は、「(桜の花の) 色・香」と「年経る人」とをそれぞれ「も」「ぞ」によって提示して対応させ、それを受ける統括成分「同じ昔に咲くらむ」と「あらたまりける」という相反する事態を「ど」という逆接の接続助詞によって結びつけた構造である。この歌の場合は、詞書にあるように、下の句を際立たせるために、それとは対照的な内容として上の句を対応させたのである。

②　　ものへまかりける人を待ちて、しはすのつごもりに詠める
わが待たぬ年は来ぬれど冬草のかれにし人は訪れもせず　（古今集・三三八）
この歌も、「わが待たぬ年」と「冬草のかれにし人（私から離れていってしまった人）」とをそれぞれ「は」によって提示して対応させ、さらにそれを受ける統括成分「来ぬ」と「訪れもせず」という相反する事態を「ど」という逆接の接続助詞を標示することによって結びつけた構造である。この歌も、詞書にあるように、「ものへまかりける人を待つ」心情を詠んだものであるから、作者の強く訴えたいことは下の句にあり、それを際立たせるた

めに、それとは対照的な内容を持った上の句を対応させたのである。

③　君が名も我が名も立てじ難波なる見つとも言ふな逢ひきとも言はじ

（古今集・六四九）

上の句は、「も」によって、「君が名」と「我が名」とが並立され、意味構造上は、「君が名も立てじ、我が名も立てじ（あなたの名前も私の名前もうわさには立てまい）」という類似した内容が並立されている。下の句も、同じ「も」によって、「見つと言ふな」と「逢ひきと言はじ」という類似した内容が並立されている。類似した事柄を重ねることによって、作者の忍ぶ恋の思いをより強く表現しようとしているのである。

このように、主として「は」「ぞ」などの係助詞によってそれぞれの題目を提示し、それを受ける統括成分に「ど」などの逆接関係を表現する接続助詞を介入させて展開させていくという構造をとることによって、矛盾したりあるいは対照的であったりする叙述内容を際立たせる構文、あるいは「も」という係助詞によって類似した事柄を対応させることによって、作者の訴えようとする事柄をより強く表現しようとする構文を一括して「対比構文」と呼ぶことにする。

対比構文のうち、相反する事柄を対比させる場合は、対比される事柄のどちらかを強調する場合が多いのであるが、対比そのものに話し手の力点が置かれる場合もある。

対比構文は、作者あるいは登場人物などの話し手の心理の揺れ・高まりなどを鮮明に描写するためにとられる手法である。そういう点において、対比構文をとらえることは、作品の読みを深める上で重要な糸口となる。

第二節　「……は……は……」対比構文

この対比構文は、基本的には二つの事柄を「は」によって対比させる。「は」という係助詞は、その上接する語句の意味する叙述内容を、それと対照的な関係になる事柄と対置させたり、時には暗示させたりして、提示強調するという働きを持っている。その対照的な関係をよりはっきりさせるために、二つの事柄を「ど」「ども」という逆接の働きを持つことばによって結びつけるという形をとる場合もある。「ど」「ども」という逆接の働きを持つ接続助詞は、その上接する語句の意味する事態を提示し、必然的にそこから導き出されてくる事態を予想させながら、実はその反対の事態になるという前件後件の逆接関係を明確にさせることによって、そこに前件とは矛盾する後件が実現することに対する話し手の驚き・困惑・詠嘆などの気持ちを表現する。したがって、話し手の関心はどちらかというと「ど」「ども」によって導き出される後件のほうに強く表現されるということになる。

① 前の世にも（帝との）御契りや深かりけむ、（更衣には）世になく清らなる玉の男御子さへ生まれたまひぬ。（帝は）いつしかと心もとながらせたまひて、（御子を）急ぎ参らせてご覧ずるに、珍らかなる児の御かたちなり。(a)一の御子は、右大臣の女御の御腹にて、よせ重く、疑ひなき儲けの君と世にかしづききこゆれど、この御にほひには並びたまふべくもあらざりければ、（帝は）大方のやむごとなき御思ひにて、(b)この君をば私物に思ほしかしづきたまふこと限りなし。(c)母君、始めよりおしなべての上宮仕へしたまふべき際にはあらざりき。おぼえいとやむごとなく上衆めかしけれど、（帝が）わりなくまつはさせたまふあまりに、さるべき御遊びの折々、何事にも故あることの節々には、（更衣を）まづ参う上らせたまひ、あるときには大殿籠り過ぐして、やがてさ

ぶらはせたまひなど、あながちに御前去らずもてなさせたまひしほどに、(更衣は)おのづから軽ろき方にも見えしを、この御子生まれたまひて後は、(帝は更衣を)いと心殊に思ほし掟てたれば、「坊にもようせずはこの御子の居たまふべきなめり」と(d)一の御子の女御は思し疑へり。人より先に参りたまひて、やむごとなき御思ひなべてならず、御子たちなどもおはしませば、(帝は)この御方の御いさめをのみぞなほわづらはしく心苦しう思ひきこえさせたまひける。(更衣は)かしこき御蔭をば頼みきこえながら、(e)貶しめきずを求めたまふ人は多く、(f)わが身はか弱くて、ものはかなき有様にて、なかなかなる物思ひをぞしたまふ。御局は桐壺なり。

(源氏物語・桐壺)

この文章は、全体としては「更衣・光源氏」の境遇を描写している。二人の境遇を印象的に描写するために、それと対照的な境遇にある「一の御子の女御・一の御子」とを対比させている。

(b)「この君(光源氏)」の「こ」は、帝の立場からみて身近な存在としての表現であり、この近称表現だけを見ても、帝の光源氏に対する愛情の深さが推察されるところである。さらに、光源氏を「この君をば」の「は」によって提示し、その光源氏に対しては「私物に思ほしかしづきたまふこと限りなし」という深い愛情を示している。それと対照されているのが(a)「一の御子は」の「は」によって提示されている「一の御子」である。帝は、一の御子に対しては「大方のやむごとなき御思ひ」にしか過ぎない。帝は、(c)「母君(桐壺更衣)」に対しても「いと心殊に思ほし掟てたり」という愛情を示す。このような帝の更衣および光源氏に対する深い愛情に(d)「一の御子の女御は」の「は」によって提示されている「一の御子の女御」は「坊にもようせずはこの御子の居たまふべきなめり」と危機感を抱く。しかし、帝の更衣に対する愛情は、ますます深くなっていく。そのため、「一の御子の女御」に組する(e)「貶しめきずを求めたまふ人」を「は」によって提示し、そのような人によって更衣は、(f)「わが身はか弱くて、ものはかなき有様にて、なかなかなる物思ひをぞしたまふ」ということになる。このように、それぞれ対比的に描かれる人たちを「は」によって提示するという構造が「対比構文」の特色である。このような対比構造をとることによって、一門の政権掌握と繁栄とを目論む一の御子の女御一派によって悲劇的な状況に追い込まれていく更衣を描こうとしているのである。

② げに、(藤壺女御の)御かたち有様、あやしきまでぞ(桐壺更衣に)おぼえたまへる。これは、人の際まさりて、思ひなしめでたく、人もえ貶めきこえたまはねば、うけばりて飽かぬことなし。かれは、人の許し聞こえざりしに、(帝の)御心ざしあやにくなりしぞかし。(帝の悲しみは)思しまぎるとはなけれど、おのづから御心移ろひて、(帝は)こよなく思し慰むやうなるも、あはれなるわざなりけり。(源氏物語・桐壺)

この文章は、帝が桐壺更衣の死の悲しみから立ち直って、だんだん藤壺女御に心引かれていくことを叙述したものである。「これ(藤壺女御)は」と「かれ(桐壺更衣)は」との対比ではあるが、「これ」「かれ」の呼称の違いによっても明らかなように、叙述の中心は「これ」のほうである。「これ」という近称は、話し手が話し手に近い存在であると認識したことを指示する表現であり、「かれ」という遠称は、話し手から離れた存在であると認識したことを指示する表現である。ここでは、藤壺女御は、眼前の現実の存在であり、それに対して、桐壺更衣はすでに死去した過去の存在であるという表現になっている。ここでは、「これ」を際立たせるために、「かれ」を対比させた表現になっている。すなわち、ここは、「おのづから御心移ろひて」とあるように、帝の愛が桐壺更衣から藤壺女御に移っていくということを叙述するためにとられた対比構文である。

③ 明くる年の二月に、春宮の御元服の事あり。十一になりたまへど、程より大きにおとなしう清らにて、ただ源氏の大納言の御顔、二つにうつしたらむやうに見えたまふ。いとまばゆきまで、(源氏と春宮が)光りあひたまへるを、世の人めでたきものに聞こゆれど、母宮は、いみじうかたはらいたきことに、あいなく御心を尽くしたまふ。(源氏物語・澪標)

「世の人」が源氏と春宮の美しさを賞賛しているのに対して、「母宮（藤壺女御）」のほうは、そのような世評が高くなればなるほど、源氏との秘密が露見しないかと心配しているというのである。そのような対比構造を、「母君は」の「は」という対比関係を標示する係助詞と「聞こゆれど」の「ど」という逆接関係を標示する接続助詞とによって表現している。ここでは、単に、世評と藤壺との思いが相反するという事実を語っているのではなく、「いみじうかたはらいたきことに、あいなく御心を尽くしたまふ」藤壺の苦悩を強く描くために、世評を対比させたのである。「世の人」のほうには、そのような対比構造を表現する標示が何もないのに対して、「母宮」のほうには「は」という標示が添えられているところから見ても、後件に叙述されている藤壺の苦悩のほうに描写の力点が置かれているということがわかる。

④（朱雀）院はのどやかに思しなりて、時々につけて、をかしき御遊びなど好ましげにておはします。女御・更衣みな例のごと、（朱雀院に）さぶらひたまへど、春宮の御母女御のみぞ（以前は）取り立ててときめきたまふこともなく、かんの君の御覚えにおし消たれたまへりしを、（以前と）かくひきかへめでたき御幸ひにて、離れ出でて、宮に添ひたてまつりたまへる。（源氏物語・澪標）

譲位後の朱雀院につき従って、女御・更衣たちがみな上皇の御所に移ったのに、春宮の御母承香殿の女御だけは、御子立太子という幸運によって、上皇の御所には移らずに、宮中にとどまることになった。「女御・更衣みな例のごと、さぶらひたまへ」と直接対比されているのは、「春宮の御母女御のみぞ離れ出でて宮に添ひたてまつりたまへる」である。「春宮の御母女御」には、「のみぞ」という限定して提示強調するという表現が添えられているところから見て、「離れ出でて、宮に添ひたてまつりたまへる」という後件のほうに語りの力点が置かれた表現構造としてとらえることができる。朱雀院が帝位についていた時代には、「取り立ててときめきたまふこともなく、かんの君（朧月夜）の御覚えにおし消たれたまへりし」という状況にあった承香殿の女御が、わが子の立太子という幸運に恵まれて、宮中にとどまるという状況になったということを際立たせるために、「女御・更衣みな例のごとさぶらひたまへど」の「ど」を介入させることによって、朱雀院の在位中には帝の寵愛を受けていた女御・更衣たちは、みな表舞台から引き退いていったということと対比させているのである。

⑤　にくきもの。急ぐことある折に来て長言する客人。あなづりやすき人ならば、「後に。」とてもやりつべけれど、さすがに心恥づかしき人、いとにくくむつかし。（枕草子・第二八段）

「……は……ど……は……」という形にはなっていないけれども、「あなづりやすき人ならば、後にとてもやりつべけれ」と、「さすがに心恥づかしき人、いとにくくむつかし」とが「ど」を介して対比されている。この文章の題目は「にくきもの」であるから、叙述の主眼は、「心恥づかしき人いとにくくむつかし」という後件のほうにある。それを際立たせるために、「あなづりやすき人ならば、後にとてもやりつべけれ」と対比させたのである。

⑥　（花山院）「今宵こそいとむづかしげなる夜なめれ。かく人がちなるにだに気色覚ゆ。まして、もの離れたる所などいかならん。さあらんところに一人往なんや。」と仰せられけるに、「えまからじ。」とのみ申したまひけるを、入道殿は、「いづくなりともまかりなん。」と申したまひければ、さるところおはします帝にて、「いと興あることなり。行け。道隆は豊楽院、道兼は仁寿殿の塗籠、道長は大極殿へ行け。」と仰せられければ、よその君達は、「便なきことをも奏してけるかな。」と思ふ。また、承らせたまへる殿ばらは、御気色変はりて、「益なし。」と思したるに、（道長は）つゆさる御気色もなくて、「私の従者をば具しさぶらはじ。この陣の吉上まれ、滝口まれ、一人を『昭慶門まで送れ』と仰せごとたべ。それより内には一人入りはべらん。」と申したまへば、「證なきこと。」と仰せらるるに、げにとて、御手箱に置かせたまへる刀まして、立ちたまひぬ。（大鏡）

この文章は、道長を取り立てて、道長の豪胆さを描くのが主眼である。そこで、「は」によって、「よその君達は」「承らせたまへる殿ばらは」と取り上げて、その臆病な振舞いを「益なしと思したるに」と描写し、それに対して、「入道殿は」と「は」によって道長を取り立て、「つゆさる御気色もなくて」と叙述するという対比構文をとっているのである。

⑦　家居のつきづきしくあらまほしきこそ、仮の宿りとは思へど、興あるものなれ。(a)よき人ののどやかに住みなしたる所は、さし入りたる月の色もひときはしみじみと見ゆるぞかし。今めかしくきららかならねど、木立ものふりて、わざとならぬ庭の草も心あるさまに、簀子・透垣のたよりをかしく、うちある調度も昔覚えて安らかなるこそ心にくしと見ゆれ。(b)多くの工の心を尽くして磨きたて、唐の、大和の、めづらしくえならぬ調度ども並べ置き、前栽の草木まで心のままならず作りなせるは、見る目も苦しくいとわびし。さてもやは永らへ住むべき。また時の間の煙ともなりなんとぞうち見るより思はるる。大方は家居にこそことざまは推し量らるれ。（徒然草・第一〇段）

冒頭文の叙述内容がこの段において作者が主張したい要旨である。それを具体的に説明するために、(a)「住みなしたるところは」と(b)「作りなせるは」とを「は」によって対比するという構文をとっている。ところで、この段において作者が主張したいところを具体的に叙述しているのは(a)のほうである。「よき人」の住居の、古風で自然環境と融合した情趣深いところが作者の好んだ点である。住居は「仮の宿り（無常な世における一時の住居）」なのであるから「つきづきしくあらまほしき（住む人に似つかわしく好ましい）」状態こそが作者の理想としたものなのである。したがって、この段は(a)を強調するために(b)を対比させた構文としてとらえることができる。

⑧　(a)とにもかくにも虚言多き世なり。ただ常にある珍らしからぬことのままに心得たらん、よろづ違ふべから

ず。下ざまの人の物語は、耳驚くことのみあり。よき人は怪しきことを語らず。かくは言へど、(b)仏神の奇特、権者の伝記、さのみ信ぜざるべきにもあらず。これは、世俗の虚言をねんごろに信じたるもをこがましく、「よもあらじ。」など言ふもせんなければ、大方は誠しくあひしらひて、ひとへに信ぜず、また疑ひ嘲るべからず。

（徒然草・第七三段）

「かくは言へど」によって、(a)(b)が対比されていることは明らかである。(a)は、世間に多くある普通の「虚言」に対しては、「ただ常にある珍らしからぬことのままに心得たらん」という態度で臨むべきであるという主張である。それと対比させて、(b)においては、「仏神の奇特、権者の伝記」に対しては、「さのみ信ぜざるべきにもあらず（そのように一概に信じないほうがよいというものでもない）」という態度で臨むのが良いと提案している。このような柔軟なものの考え方が「徒然草」の基本姿勢なのであるが、それをとらえるためには、このような対比構文をとらえることが有効である。

⑨

花は盛りに、月は隅なきをのみ見るものかは。雨に向かひて月を恋ひ、垂れ込めて春の行方知らぬもなほあはれに情け深し。咲きぬべきほどの梢、散りしをれたる庭などこそ見所多けれ。歌の詞書にも、「花見にまかれりけるに、早く散り過ぎにければ」とも、「障ることありてまからで」なども書けるは、「花を見て」といへるに劣れることかは。花の散り、月の傾くを慕ふならひはさることなれど、(a)殊にかたくなる人ぞ、「この枝かの枝散りにけり。今は見所なし。」などは言ふめる。

よろづのことも、始め終りこそをかしけれ。男女の情けも、ひとへに逢ひ見るをば言ふものかは。逢はで止みにし憂さを思ひ、あだなる契りをかこち、長き夜を独り明かし、遠き雲井を思ひやり、浅茅が宿に昔を偲ぶこそ色好むとは言はめ。

望月の隅なきを千里の外まで眺めたるよりも、暁近くなりて待ち出でたるが、いと心深う青みたるやうにて、深き山の杉の梢に見えたる木の間の影、うち時雨たる村雲隠れのほどまたなくあはれなり。椎柴・白樫などの濡れたるやうなる葉の上にきらめきたるこそ身にしみて、心あらん友もがなと都恋しう覚ゆれ。

すべて月・花をばさのみ目にて見るものかは。春は家を立ち去らでも、月の夜は閨の内ながらも思へるこそいと頼もしうをかしけれ。(b)よき人はひとへに好けるさまにも見えず、興ずるさまもなほざりなり。(c)片田舎の人こそ色濃くよろづはもて興ずれ。花の下にはねじ寄り立ち寄り、あからめもせずまもりて、酒飲み、連歌して、はては大きなる枝心無く折り取りぬ。泉には手・足さし浸して、雪には降り立ちて跡つけなど、よろづのものよそながら見ることなし。

（徒然草・第一三七段）

四つの段落からなる文章である。月・花、男女の情愛について、「花は盛りに月は隈なきをのみ見るものかは」、「よろづのことも始め終りこそをかしけれ」「すべて月・花をばさのみ目にて見るものかは」という主張を具体的に語っている。そのために、(b)「よき人」を「は」によって取り立て提示することによって、「よき人」がそのようなものの見方ができるということを、(a)「殊にかたくななる人」(c)「片田舎の人」のものの見方と対比させることによってより強く主張しているのである。

第三節　「……こそ……已然形」対比構文

対比構文には、「Aは……どもBは……」という形のほかに「AこそB（已然形）」という形をとるものがある。「こそ」は、上接する語句の意味するいくつかの事柄の中からあるひとつの事柄を特に取り出して提示し強調するという働きを持っている。いくつかの中からあるひとつの事柄が提示強調される結果、取り残された事柄のほうはそれとは反対の事柄として「AこそB（已然形）」の表現の後に暗示されるのが普通である。あるいはまた、取り残された事柄が暗示にとどまらず、明示される場合もある。「Aは……どもBは……」の場合は、「ども」という逆接関係を表す接続助詞の働きから見て、どちらかというと、Aの部分よりもBの部分を強調するという表現意図が見られる。それに対して、「AこそB（已然形）」の場合は、その叙述と対比される叙述との対比関係それ自体が強調されるという表現意図が見られる。

① 春の夜の闇はあやなし梅の花色こそ見えね香やは隠るる　（古今集・四一）

「春の夜の闇はあやなし（春の夜の闇はわけのわからないものである）」という立言の根拠は、「梅の花色こそ見えね」という事態に対して、それとは矛盾する「（梅の花）香やは隠るる（香までは隠し切れない）」という事態が成立するというところにある。「香やは隠るる」というところに幾分強調の力点が見られるものの、「色こそ見えね」との対比関係が成り立たなければ、そもそも「あやなし」という立言は成り立たない。そういう点において、「梅の花色こそ見えね香やは隠るる」という対比関係それ自体が強調されているということになる。

② 桜の花の盛りに、久しく訪はざりける人の来たりけるときに詠みける

あだなりと名にこそ立てれ桜花年に稀なる人も待ちけり　（古今集・六二）

この歌は、意味構造から見ると、桜の花は「あだなりと名にこそ立てれ（散りやすいと評判になっている）」というけれども、実際には「年に稀なる人も待ちけり」という事態になっているというのである。しかし、作者の表現意図は、詞書からも推察されるように、単に桜の花のことを詠もうとしているのではなく、桜の花が「年に稀なる人も待ちけり（一年のうちめったに来たことのない人をも待って、散らずにいたのですよ）」ということを詠むことによって、「久しく訪はざりける人」を皮肉ろうとしているのである。そういう点から見ると、この歌は後件に力点があるようにとらえられる。しかし、作者は、「あだなりと名にこそ立てれ」というような桜の花でさえも「年

に稀なる人も待ちけり」なのであるから、桜の花は決して「あだなる」ものではなく、むしろ「久しく訪はざりける」あなたこそ「あだなる」人間であると皮肉っているのである。すなわち、「あだなりと名にこそ立てれ」という前件、「年に稀なる人も待ちけり」という後件どちらかが強調されているのではなく、前件、後件の対比関係それ自体が強調されているのである。

③　藪し分かねば、（中の君は）春の光を見たまふにつけても、「いかでかく永らへにける月日ならむ」と、夢のやうにのみおぼえたまふ。(a)（四季の）行き交ふ時々に従ひ、花・鳥の色をも音をも（姉君と）同じ心に起き臥し見つつ、はかなきことをも本末をとりて言ひ交はし、心細き世の憂さもつらさもうち語らひ合はせきこえしにこそ（寂しさの）慰む方もありしか。(b)（姉君亡き今は）をかしきこと、あはれなるふしをも聞き知る人もなきままに、よろづかきくらし、心ひとつをくだきて、宮のおはしまさずなりにしかなしさよりもややうちまさりて、（姉君が）恋しくわびしきに、いかにせむと明け暮れも知らず惑はれたまへど、世にとまるべきほどは限りあるわざなりければ、死なれぬもあさまし。（源氏物語・早蕨）

この文章は、亡き姉君との生活を恋しく思い出し、それに比して現在の自分がいかに寂しいものであるかという中の君の心情を語っている部分である。(a)の叙述内容を「……こそ……しか（已然形）」の形をとって強調することによって、逆接関係で次の(b)の叙述内容を導き出している。(a)は、「うち語らひ合はせきこえしにこそ慰む方もありしか」の「き」という過去回想の働きを持った助動詞の標示によって、姉君存命中の過去を思い出している部分であることは明らかである。それに対して(b)は、現在の心境を語っている部分である。すなわち、(a)と(b)とが時の流れにおいて対比されている。(a)の「……こそ……已然形」の構文をとることによって、(b)を導き出しているのであるが、ただ単に(b)に語られている現在の悲しみを強調しようとしているのではなく、(a)に語られている亡き姉君と安らかに過ごした過去の生活を懐かしむと同時に、それとはまったく違う現在の境遇を強く悲しんでいるという対比それ自体を描写することによって、冒頭部に「いかでかく永らへにける月日ならむと夢のやうにのみおぼえたまふ（どうしてこのように、姉に死別しながら自分は死にもせずさびしい境遇のまま生き長らえてきた月日であろうと夢のようにばかり思われなさる）」と叙述されているように、中の君の境遇の変化がいかに激しく悲痛なものであったかということをしみじみと語っているのである。

④　この人は、供に人多くはなくて、昔より見慣れたる小舎人童ひとりを具して往ぬ。（女は）男の見つるほどこそ隠して念じつれ、門引き出づるよりいみじく泣きて行くに、この童いみじくあはれに思ひて、（元の妻が）この使ふ女をしるべにて、遥々とさして行けば、（童）「ただここもとと仰せられて、人も具せさせたまはで、かく遠くはいかに。」と言ふ。（堤中納言物語・はいずみ）

夫に新しい愛人ができたため、元の妻が夫の家を出ることになったところの描写である。「男の見つるほどこそ隠して念じつれ（夫が見ている間だけは涙を隠してこらえていたけれども）」は、意味構造上逆接関係になって「門引き出づるよりいみじく泣きて行く」に係っていく。そういう元の妻の様子を見て、童は「いみじくあはれに思ひて」と同情するのであるが、この童の同情の念は、後ほど、元の妻を見送って行った童から妻の様子を聞いた夫が「ここにて泣かざりつるはつれなしをつくりけるにこそ（ここで泣かなかったのはしいて平気を装っていたのだったんだなあ）」と同情しているところから見ても、「門引き出づるよりいみじく泣く」という事態のみに対する同情の思いではなく、男が見ている間だけはじっと悲しみをこらえている妻のつらい気持ち、門を出た途端悲しみをこらえ切れずに堰を切ったように泣いて去って行く女の深い悲しみに対する同情の念なのである。このような叙述の流れから見て、ここには「男の見つるほどこそ隠して念じつれ」、「門引き出づるよりいみじく泣きて行く」という事態のどちらかが強調されているのではなく、両者の逆接的な流れそれ自体がしみじみと語られているのである。

⑤

(a)折節の移り変はるこそものごとにあはれなれ。「(b)もののあはれは秋こそまされ。」と、人ごとに言ふめれど、それもさるものにて、(c)今ひときは心も浮き立つものは春のけしきにこそあめれ。鳥の声などもことのほかに春めきて、のどやかなる日影に、垣根の草萌え出づる頃より、やや春深く霞みわたりて、(d)花もやうやうけしきだつほどこそあれ、折りしも雨風うち続きて、心あわたたしく散り過ぎぬ。青葉になり行くまで、よろづにただ心をのみぞ悩ます。(e)花橘は名にこそ負へれ、なほ梅の匂ひにぞ古のこともたちかへり恋しう思ひ出でらるる。

（徒然草・第一九段）

この文章には、「……こそ……已然形」の構文が五箇所見られる。そのうち、(a)「折節の移り変はるこそものごとにあはれなれ」は、この段全体の主題を語っている部分であって、特に逆接的な関係を持った後件を導き出しているのではない。(b)「もののあはれは秋こそまされ」は、作者兼好の発話ではないけれども、秋は春に比して「もののあはれ」という点においてより深いというのであるから、ここも特に逆接的な関係を持つ後件を予想させるものではない。(c)「今ひときは心も浮き立つものは春のけしきにこそあめれ」も、特にそれと対比されるような後件を予想する表現ではない。その後の「鳥の声なども」から「よろづにただ心をのみぞ悩ます」までは「春のけしき」の具体的な描写である。「けしき」は、自然の景色だけではなく、季節を迎えた人々の心情までも含めたことばである。(d)「花もやうやうけしきだつほどこそあれ（桜の花も次第に咲き始めるころであるのに）」は、その後に「折りしも雨風うち続きて、心あわたたしく散り過ぎぬ」という対比的な内容が表現されている。「心あわたたしく」は、桜が咲き始めたのにもう早くも散って行くという事態に対する作者の嘆きをこめた表現である。そのような作者の心情の流れから見ても、ここは、「心あわたたしく散り過ぎぬ」という事態を強調するというのではなく、「花もやうやうけしきだつほどこそあれ、折りしも雨風うち続きて、心あわたたしく散り過ぎぬ」という対比的な事態に対する嘆きの心情を強調しているのである。(e)「花橘は名にこそ負へれ（橘の花は昔を思い出させるものとして有名ではあるが）」は、それとは対比的な叙述内容「なほ梅の匂ひにぞ古のこともたちかへり恋しう思ひ出でらるる」を導き出している。しかし、「なほ」という表現から見ても、「梅の匂ひにぞ古のこともたちかへり恋しう思ひ出でらるる」ということだけを主張しているのではなく、「古のこともたちかへり恋しう思ひ出でらるる」という点において、花橘が有名であるということを認めながらも、「梅の匂ひにぞ古のこともたちかへり恋しう思ひ出でらるる」ということも認めているのである。

このように、「こそ」による対比表現には、「こそ」によって取り上げられた事柄、あるいはまたそれとは対比される事柄どちらかを一方的に強調・主張するというのではなく、対比されている事柄両者ともに容認する、あるいは前件と後件との逆接的な関係それ自体を強調するという表現意図が見られるのである。

第四節　「……も……も……」対比構文

「も」という係助詞は、上接する語句の意味する事柄をそれと同類の関係にある事柄と併置させたり、時には暗示させたりして、提示強調する働きを持っている。

① 今はとて、皆出で立つ日になりて、行く人もせきあへぬまであり、留まる人、はたまいていふかたなく悲しきに、「（出立予定の）時たがひぬる。」といふまでも、え出でやらず。（蜻蛉日記・上）

作者の父が、陸奥の守として赴任する出立の日の描写である。「行く人もせきあへぬまであり（赴任して行く父も涙をこらえ切れない）」に対応している「留まる人」には「も」が添えられてはいないが、「はた（あるいはまた）」という副詞が意味構造上は「も」の働きを持っている。したがって、「行く人もせきあへぬまであり」と「留まる人はたまいていふかたなく悲しき」とが「……も……も……」という形をとった対比構文ということになる。出立する父、見送る作者の別れの悲しみを対比構文によってより強く表現しているのである。

②　夏は夜。(a)月の頃はさらなり、(b)闇もなほ、蛍の多く飛び違ひたる。また、(c)（蛍が）ただ一つ二つなど、ほのかにうち光りて行くもをかし。(d)雨など降るもをかし。　（枕草子・第一段）

夏の夜の(a)(b)(c)(d)四つの情景を「をかし」という観点から取り上げた部分である。(c)(d)には「も」の標示が見られる。(a)には「月の頃のをかしき（ハ）さらなり」、(b)には「闇もなほ蛍の多く飛び違ひたる（ハ）をかし」と、「は」が想定される。しかし、(b)の場合、「蛍の多く飛び違ひたる」状況において「月の頃」同様闇も「をかし」であるということを叙述しているのであるから、「闇も」の「も」も類似した事柄を対比させる標示ということになる。したがって、四つの文は、それぞれ「をかし」という点において類似した内容を叙述しているので、実質的には四文からなる対比構文ということになる。このような対比構文によって、作者の美意識をだんだん深めて行くのである。

③　（中宮様に取り憑いている）御物の怪ども（霊媒に）駆り移し、限りなく騒ぎののしる。月ごろ、(a)そこら侍らひつる殿の内の僧をばさらにもいはず、山々寺々を尋ねて、験者といふ限りは残るなく参り集ひ、「三世の仏もいかにか聞きたまふらむ」と思ひやらる。(b)陰陽師とて、世にある限り召し集めて、「八百万の神も耳振り立てぬはあらじ」と見えきこゆ。御誦経の使たち騒ぎ暮らし、その夜も明けぬ。　（紫式部日記）

中宮出産の祈祷の様を描写しているところである。「三世の仏もいかにか聞きたまふらむ（三世の仏も念誦の声をどのように聞いておられるだろうか）」と「八百万の神も耳振り立てぬはあらじ（八百万の神も耳を振り立てて聞き入れないことはあるまい）」とが「も」を介して対比構文となり、しかも、(a)(b)二つの文が全体として対比構文になっている。このような類似した内容を持つ文を対比させることによって、修験者・陰陽師の祈祷の声を聞いて、神も仏も中宮の安産を守ってくれるにちがいないという作者の切なる願いと期待とを表現している。と同時にひたすら無事な皇子誕生を願う道長の喜びと期待とを表現してもいるのである。

④「(a)年頃は、いつしか思ふやうに近き所になりたらば、まづ胸あくばかりかしづきたてて率て下りて、海山の景色も見せ、それをばさるものにて、わが身よりも高うもてなしかしづきて見むとこそ思ひつれ、我も人も宿世のつたなかりければ、ありありてかく遥かなる国になりにたり。(b)幼なかりし時、東の国に率て下りてだに、心地もいささか悪しければ、これをやこの国に見捨てて迷はむとすらむと思ふ。(c)人の国の恐ろしきにつけても、わが身一つならば、安らかならましを、所狭う引き具して、言はまほしきこともえ言はず、せまほしきこともえせずなどあるがわびしうもあるかなと心を砕きしに、(d)今はまいて大人になりにたるを率て下りて、わが命も知らず、京のうちにてさすらへむは例のこと、東の国、田舎人になりて迷はむ、いみじかるべし。……」（更級日記）

作者の父菅原孝標が常陸の国守として出立する際に、作者に胸のうちを告白した発話である。(a)の文は、「……こそ……已然形」による対比構文になっている。(c)の文も「言はまほしきこともえ言はず」と「せまほしきこともえせず」とが「も」による対比構文になっている。大勢の家族を引き連れての田舎暮らしでは満足のいく暮らしもできないという父の深い嘆きを告白しているのである。さらに、(b)(c)と(d)とが「……は……ども」という標示をとってはいないけれども、それに近い「幼なかりし時」と「今はまいて大人になりにたる」という形をとって対比されている。また、「心を砕きしに」の「に」という逆接的な気分を持った標示によって、意味構造上、全体として対比構文になっている。このような理路整然とまではなっていないが、全体として対比構文をとることによって、父の深い嘆きがしみじみと表出されているのである。

⑤（虫めづる姫君が）簾を押し張りて、（毛虫がたくさん這っている）枝を見張りたまふを（右馬佐と中将が）見れば、

（姫は）頭へ衣着あげて、髪も下がりば清げにはあれど、けづりつくろはねばにや、しぶげに見ゆるを、眉いと黒く、はなばなとあざやかに、涼しげに見えたり。口つきも愛敬づきて清げなれど、歯黒めつけねば、いと世づかず。「化粧したらば、清げにはありぬべし。心憂くもあるかな」とおぼゆ。（堤中納言物語・虫めづる姫君）

右馬佐が友人の中将と一緒に、いろいろな虫、特に毛虫をかわいがっているといううわさの姫君を垣間見ている場面の、姫君の様子を描写しているところである。「髪も下がりば清げにはあれど、けづりつくろはねばにや、しぶげに見ゆる（髪も額髪の下がった辺りは美しいが、櫛で手入れしていないのでぼさぼさに見える）」という状態と、「口つきも愛敬づきて清げなれど、歯黒めつけねば、いと世づかず（口つきもかわいらしくきれいだが、お歯黒をつけないので色気がない）」という状態とを「も」によって対比している構文である。このような構文をとることによって、右馬佐と中将の二人が「化粧したらば、清げにはありぬべし（この姫君も化粧したならばさぞかしきれいだろうのに、情けない）」と感じているように、もともとはきれいな姫君であるのに、世間並みの化粧もしないで毛虫などをかわいがっているという型破りな姫君の様を印象強く描写しているのである。

⑥

名利に使はれて、閑かなる暇なく、一生を苦しむるこそ愚かなれ。(a)財多ければ身を守るにまどし。……利にまどふは、すぐれて愚かなる人なり。(b)埋もれぬ名を長き世に残さんこそあらまほしかるべけれ。位高くやんごとなきをしもすぐれたる人とやは言ふべき。愚かにつたなき人も、家に生まれ時に逢へば、高き位に昇り、奢を極むるもあり。いみじかりし賢人・聖人みづから賤しき位に居り、時に逢はずして止みぬる、また多し。偏に高き官・位を望むも、次に愚かなり。(c)知恵と心とこそ世にすぐれたる誉も残さまほしきを、つらつら思へば、誉を愛するは人の聞きを喜ぶなり。誉むる人、謗る人、共に世に止まらず、伝へ聞かん人、またまた速やかに去るべし。誰をか恥ぢ、誰にか知られんことを願はん。誉はまた謗りの本なり。身の後の名、残りてさらに益なし。これを願ふも、次に愚かなり。（徒然草・第三八段）

「利にまどふは、すぐれて愚かなる人なり」と「偏に高き官・位を望むも、次に愚かなり」と「これ（知恵と心とが世間よりもまさっているという名声）を願ふも、次に愚かなり」とが「も」によって対比された構文になっている。この段は、冒頭文の「名利に使はれて、閑かなる暇なく、一生を苦しむるこそ愚かなれ（人間として、名誉・利益に追い立てられて、静かにして自由な時間がなく一生を苦しめることは愚かなことである）」ということを論じている。その「名利」の例として、(a)「財」、(b)「高き官・位」、(c)「知恵と心との誉」を挙げ、このような対比構文をとることによって、冒頭文の主題をより具体的に論じているのである。

第五節　無標示対比構文

以上考察してきたいくつかの例は、「……は……は……」・「……こそ……已然形」・「……も……も……」というはっきりとした対比構文の標示が見られたのであるが、次の例はそのような標示が見られないけれども、それぞれの文が同一の表現あるいは同一観点からの表現を共有することによって、対比構文になっている。このような構文を「無標示対比構文」と呼ぶことにする。

①　この泊まりの浜には、くさぐさのうるはしき貝・石など多かり。かかれば、ただ昔の人をのみ恋ひつつ、船なる人の詠める、

寄する波うちも寄せなむ我が恋ふる人忘れ貝降りて拾はむ

といへれば、ある人の堪へずして、船の心やりに詠める、

忘れ貝拾ひしもせじ白珠を恋ふるをだにも形見と思はむ

となんいへる。女子のためには親幼くなりぬべし。　（土佐日記）

任国土佐から京に帰る途中、亡き娘を慕って詠んだ歌二首である。前の歌の「人忘れ貝降りて拾はむ」と詠んだのに対して、後の歌はそれとは反対の内容の「忘れ貝拾ひしもせじ」と詠んでいる。このように、対比構文としての「は」「も」などの標示はないけれども、「人忘れ貝」「拾ふ」という同一の表現を共有しているという点において、両者は対比構文になっている。それぞれ対照的な思いを詠んだ歌ではあるが、亡き娘を恋しく思う親の心情としては同じである。

このように、対話・手紙のやり取り・歌の贈答などの場合、相手の発話と対比される発話によって、相手の言い分に賛同したり、反論したりすることがある。

②

（式部）「風の音、木の葉の残りあるまじげに吹きたる、常よりものあはれにおぼゆ。ことごとしうかき曇るものから、ただ気色ばかり雨うち降るは、せんかたなくあはれにおぼえて、

A　秋のうちは朽ちはてぬべしことわりの時雨に誰が袖は借らまし

嘆かしと思へど、知る人もなし。草の色さへ見しにもあらずなり行けば、しぐれんほどの久しさもまだきにおぼゆる、風に心苦しげにうち靡きたるには、Bただ今も消えぬべき露のわが身ぞあやふく、草葉につけて悲しきままに、奥へも入らでやがて端に臥したれば、つゆ寝らるべくもあらず。人は皆うちとけ寝たるに、そのことと思ひ分くべきにあらねば、つくづくと目をのみ覚まして、名残りなううらめしう思ひ臥したるほどに、雁のはつかにうち鳴きたる。人はかくしもや思はざるらん、いみじう耐へがたき心地して、

C　まどろまであはれ幾夜になりぬらんただ雁がねを聞くわざにして

とのみして明さんよりはとて、妻戸を押し開けたれば、大空に西へ傾きたる月の影遠く澄みわたりて見ゆるに、霧りたる空の気色、鐘の声、鳥の音一つに響き合ひて、さらに過ぎにし方、今行く末のことども、かかる折は

あらじと、袖の雫さへあはれにめづらかなり。

D　我ならぬ人もさぞ見ん長月の有明の月にしかじあはれは

ただ今、この門をうちたたかする人あらん、いかにおぼえなん、いでや誰かかくて明かす人あらむ。

E　よそにても同じ心に有明の月を見るやと誰に問はまし」

（式部は）宮わたりにや聞こえましと思ふに。奉りたれば、（帥の宮は）うち見たまひて、かひなくは思されねど、（式部が）ながめゐたらんに、ふとやらんと思して（童を）遣はす。女、ながめ出だしてゐたるに（童が）もて来たれば、あへなき心地して引き開けたれば、

「a　秋のうちは朽ちけるものを人もさはわが袖とのみ思ひけるかな

b　消えぬべき露の命と思はずは久しき菊にかかりやはせぬ

c　まどろまで雲居の雁の音を聞くは心づからのわざにぞありける

d　我ならぬ人も有明の空をのみ同じ心にながめけるかな

e　よそにても君ばかりこそ月見めと思ひて行きし今朝ぞくやしき

いと明けがたかりつるをこそ。」とあるに、なほものきこえさせたるかひはありしか。（和泉式部日記）

式部が帥の宮に差し上げた手紙に対して帥の宮から式部に返事が来た、その手紙のやりとりである。帥の宮のaからeまでの歌は、それぞれ式部のAからEまでの文言および歌に対応している。しかし、帥の宮の歌には、「は」、「も」、「……こそ……已然形」などの、式部の歌と対比構文になっているということを標示する表現はことさら見られない。そのかわり、帥の宮の歌には式部の歌が取り込まれているが、宮の歌にこめられている心情は式部の歌にこめられている心情とは対比されるような内容になっている。aは、Aの「誰が袖は借らまし（誰の袖を借りたらよいのだろうか、あなたの袖を借りたい）」に対して、Aの上の句「秋のうちは朽ちはてぬべし」を「秋

のうちは朽ちけるものを」という形で取り入れて、「秋のうちに私の袖も涙で朽ちてしまった」と応答することによって、式部を思う涙の激しさ、式部に対する深い恋慕の気持ちを暗示している。bは、Bの「ただ今も消えぬべき露のわが身ぞあやふく」を取り入れて、「消えぬべき露の命と思はずは（消えてしまいそうな露の命などと思わないで）」と式部を慰めている。cは、C「まどろまであはれ幾夜になりぬらんただ雁がねを聞くわざにして（まどろみもせず、ああもういく晩になってしまったのだろう。ただひたすら雁の声を聞いているうちに）」を受けて、「まどろまで雲居の雁の音を聞くは心づからのわざにぞありける（まどろみもしないで空行く雁の声をお聞きになったのは昨夜私を受け入れてくれなかったあなた自身の心から招いたことなのです、責任はあなたのほうにあるのです）」と切り返している。dは、Dの上の句「我ならぬ人もさぞ見ん長月の有明の月」を取り入れて、「同じ心にながめけるかな（私と同じ気持ちで見つめていたのですね）」と共感している。eは、Eの初句「よそにても同じ心に有明の月を見るや（よそに別れていても、私と同じ気持ちで有明の月を眺めている人がいるのかと）」という問いかけに対して、「たとえよそにいても、あなただけは月を見ているだろうと思って、あなたの元をお訪ねしたら、門を開けてもらえなかった今朝の自分が悔しいことです」と切り返して式部を恨んでいる。

③

「(a)あな恐ろしや。人の言ふを聞けば、(b)（薫は）年頃おぼろげならむ人をば見じとのたまひて、右の大殿・按察の大納言・式部卿の宮などの、（娘の婿にと）いと懇ろにほのめかしたまひけれど、聞き過ごして、帝の御かしづき女を得たまへる君は、いかばかりの人かまめやかに思さむ。かの母宮などの御方に（宮仕えとして）あらせて、時々も見むとは（薫は）思しもしなむ。それ、はた、げにめでたき御辺りなれども、(c)いと胸痛かるべきことなり。宮の上の、かく幸ひ人と申すなれど、（夫匂宮と六の君との仲を嫉妬して）物思はしげに思したるを見れば、（身分などは）いかにもいかにも、(d)二心なからん人のみこそ目安く頼もしきことにはあらめ。わが身にても知りにき。(e)故宮の御有様はいと情け情けしく、めでたくをかしうおはせしかど、（私を）人数にも思さざりしかば、（私は）いかばかりかは心憂くつらかりし。(f)この、いと言ふかひなく情けなく様あしき人なれど、(g)ひたおもむきに（私を守り）、二心なきを見れば、心安くて、年頃をも過ぐしつるなり。……」

（源氏物語・東屋）

これは、薫がわが娘浮舟を所望しているということを浮舟の乳母から聞いた北の方の発話である。この発話は、次のような対比構文から成り立っている。

(a)「あな恐ろしや」は(c)「いと胸痛かるべきことなり（どうしても心配でなりません）」と同じ心情から出た表現である。(b)「（薫は）年頃おぼろげならむ人をば見じ（ありふれた人とは結婚すまい）とのたまひて、……かの母宮（女三の宮）などの御方にあらせて、時々も見むとは思しもしなむ（時々逢おうというくらいにお思いになるのだろう）」と(e)「故宮（八の宮）の御有様はいと情け情けしく、めでたくをかしうおはせしかど、人数にも思さざり（私を一人前の女として扱ってはくださらなかった）」とは同じような人物像として語られている。さらに(e)「故宮の御有様はいと情け情けしく、めでたくをかしうおはせしかど、人数にも思さざりしかば、いかばかりかは心憂くつらかりし（どんなにか情けなくひどいお方だと思ったことか）」と(f)(g)「この（夫常陸の介の）、いと言ふかひなく情けなく様あしき人なれど、ひたおもむきに、二心なきを見れば、心安くて年頃をも過ぐしつるなり（安心して何年も連れ添ってきたのです）」とが相反する思いとして対比されている。そして、(d)「二心なからん人のみこそ目安く頼もしきことにはあらめ（女一人を守ってくれる男だけが体裁もよく頼もしい人なのです）」と(g)「ひたおもむきに、二心なきを見れば、心安くて、年頃をも過ぐしつるなり」とは同じ趣旨の発話となる。このように見てくると、北の方は(a)「あな恐ろしや」(c)「いと胸痛かるべきことなり」のような心情にさせる薫や故八の宮のあり方を否定し、(d)「二心なからん人のみこそ目安く頼もしきことにはあらめ」(g)「ひたおもむきに、二心なきを見れば、心安くて年頃をも過ぐしつるなり」というような夫常陸の介のあり方をよしとしているということになる。以上のような対比構文をとることによって、北の方は、男は身分などはどうでもよいのであって、一人の女を守ってくれるのが女にとってはもっとも幸せなことなのであるということを重ね重ね語り、わが娘浮舟もそのような男に添わせたいという願いを吐露しているのである。

④

その返る年の十月二十五日、大嘗会の御禊とののしるに、初瀬の精進始めて、その日京を出づるに、さるべき人々（A）「一代に一度の見物にてゐなか世界の人だに見るものを、月日多かり、その日しも京をふり出でて行かむも、いともの狂ほしく、流れての物語ともなりぬべきことなり。」など、はらからなる人は言ひ腹立てど、ちごどもの親なる人は、「いかにもいかにも心にこそあらめ。」とて、（作者の）言ふに従ひて出だし立つる心ばへもあはれなり。ともに行く人々も、いといみじく（大嘗会の御禊の）ものゆかしげなるはいとほしけれど、（作者）（B）「物見て何にかはせむ。（私は）かかる折に詣でむ志をさりとも思しなむ。必ず仏の御験を見む。」と思ひ立ちて、その暁に京を出づるに、二条の大路をしも渡りて行くに、先に御あかし持たせ、供の人々浄衣姿なるを、そこら桟敷どもに移るとて、行き交ふ馬も車も徒歩人も、「あれはなぞ、あれはなぞ。」と安からず言ひ驚き、あざみ笑ひ、嘲る者どももあり。良頼の兵衛の督と申しし人の家の前を過ぐれば、それ桟敷へ渡りたまふなるべし、門広う押し開けて人々立てるが、(a)「あれは物詣で人なめりな。月日しもこそ世に多かれ。」と笑ふなかに、いかなる心ある人にか、(b)「一時が目を肥やして何にかはせむ。いみじく思し立ちて、仏の御徳必ず見たまふべき人にこそあめれ。よしなしかし。物見で、かうこそ思ひ立つべかりけれ。」とまめやかに言ふ人一人ぞある。（更級日記）

（A）と(a)、（B）と(b)それぞれの発話の表現構造を比較してみると、（A）「月日多かり」と(a)「月日しもこそ世に多かれ」、（B）「物見て何にかはせむ」と(b)「一時が目を肥やして何にかはせむ」、（B）「必ず仏の御験を見む」と(b)「仏の御徳必ず見たまふべき」とがそれぞれ同じ表現構造になっている。すなわち、（A）と(a)、（B）

と(b)それぞれ同じ考えを述べた発話であるということになる。作者の初瀬詣でに対して夫が「いかにもいかにも心にこそあらめ（どちらにするにしてもそなたの心のままにしたらよいでしょう）」と言って許してくれたことを「言ふに従ひて出だし立つる心ばへあはれなり」と感謝しているところ、また(b)の発話を「いかなる心ある人」の「まめやかに言ふ」ととらえているところから見て、作者は（A）(a)を提示し、それを否定することによって（B）(b)を際立たせて主張しているととらえることができる。それは、今までの自分であったならば、大嘗会の御禊見物に現を抜かしていたであろうが、そのような過去の生活から脱却して、御禊見物などという一時的な楽しみを捨ててひたすら来世の幸福を願う自分に目覚めたということを語ろうとするために、このような対比構文をとったのである。

⑤　されば、(a)人死を憎まば、生を愛すべし。(b)存命の喜び、日々に楽しまざらんや。(c)愚かなる人、この楽しびを忘れて、いたづがはしく外の楽しびを求め、この財を忘れて、危ふく他の財を貪るには、志満つことなし。(d)生ける間生を楽しまずして、死に臨みて死を恐れば、この理あるべからず。(e)人みな生を楽しまざるは死を恐れざる故なり。(f)死を恐れざるにはあらず。(g)死の近きことを忘るるなり。もしまた、(h)生死の相にあづからずといはば、実の理を得たりと言ふべし。　（徒然草・第九三段）

作者がある人の人生観を引用した段である。(b)の文には、(a)の文と同じ「人死を憎まば」という接続成分が隠れている。したがって、(a)の文の構造と(b)の文の構造は同じであるから、「も」などの標示はないが、表現構造上は同じ論旨の対比構文になっている。(a)の「人」は、「べし」という表現から見て、この論者の理想とする人物のことであるから、(c)の冒頭の「愚かなる人」は、「は」という標示がなくとも、(a)の「人」とは対比される人物ということになる。したがって、(a)(b)全体と(c)の文もまた相反する内容を持った対比構文をなしているということになる。(d)の「この理」とは、(a)(b)の叙述内容のことである。したがって、(a)(b)と(d)とは相反する叙述の形を取ってはいるが、同じ論旨の対比構文になっている。(e)の「人みな生を楽しまざるは」は、「は」という標示によって(a)(b)と対比構文になっている。(f)と(g)もまた同じ趣旨の叙述内容を持った同じ構造の対比構文になっている。さらに(a)と(h)とも同じ順接接続成分が「べし」という文統括成分に係っていくという点において同一の構造をとった対比構文ということになる。このように、対比構文を重ねていくことによって論を深めていくのも、「徒然草」の一つの特色となっている。

第六節　対句対比構文

成分の係り受けの仕方が同じ構造になっている句をいくつも重ねて並立させる構文を「対句対比構文」と呼ぶことにする。このような構文をとることによって、音調を整えたり叙述内容を強調したりする効果をねらっている。

①　やすみしし　わご大君の　朝には　とり撫でたまひ　夕には　い倚り立たしし　御執らしの　梓の弓の　金弭の　音すなり『朝猟に　今立たすらし　暮猟に　今立たすらし　御執らしの　梓の弓の　金弭の　音すなり　　（万葉集・三）

「万葉集」の長歌には、対句表現が多く見られる。この長歌は、「朝にはとり撫でたまひ、夕にはい倚り立たしし、御執らしの梓の弓の金弭の音すなり」と「朝猟に今立たすらし、暮猟に今立たすらし、御執らしの梓の弓の金弭の音すなり」とが成分の係り受け関係において同じ構造になっている。特に同一の文統括成分をとっているという点において、同じ構造の対句になっている。さらに、前者は、「朝にはとり撫でたまひ」と「夕にはい倚り立たしし」とが同じ係り受け関係の構造になっており、後者も、「朝猟に今立たすらし」と「暮猟に今立たすらし」とが同じ係り受けの構造になっており、しかも両者ともに「今立たすらし」という同じ文統括成分になっている。対句それ自体は実質的にはそれほど異なる内容ではないが、同じ内容の事柄を五七調の対句に仕立てることによって、狩猟の馬のいななきや金弭の音があちらからもこちらからも聞こえてくるような雰囲気が創り出されてくる。まさに声に出して謡い、耳に聞いて味わう歌謡にふさわしい音調を創り上げるのに効果のある修辞法である。

② かくて漕ぎ行くまにまに、(a)海のほとりに止まれる人も遠くなりぬ。(b)船の人も見えずなりぬ。(c)岸にも言ふことあるべし。(d)船にも思ふことあれど、かひなし。（土佐日記）

(a)と(b)、(c)と(d)それぞれが同じ係り受け関係の対句構文になっている。見送る人も旅立つ人もそれぞれの思いがあるが、船が岸を離れて行くにつれて、それぞれの思いがますます強くなって行くことを対句構文によって抒情的に描いている。

③ この琴は、まことに跡のままに尋ね取りたる昔の人は、天地を靡かし、鬼神の心を和らげ、万の物の音のうちに従ひて、悲しび深き者も喜びに変はり、賤しく貧しき者も高き世に改まり、宝にあづかり、世に許さるる類ひ多かりけり。（源氏物語・若菜下）

これは、源氏が夕霧に対して、七弦琴について論じている発話である。この文は、「（この琴の）まことに跡のままに尋ね取りたる昔の人は」という提示語が「類ひ多かりけり」という文統括成分に係る「は・用言」構文であるが、「天地を靡かし」と「鬼神の心を和らげ」、「悲しび深き者も喜びに変はり」と「賤しく貧しき者も高き世に改まり、宝にあづかり、世に許さるる」とがそれぞれ同じ係り受け関係の構造をとって対句となっている。このように、対句を内包している文をも「対句対比構文」として扱うことにする。対句の叙述内容自体は、実質的にはそれほど異質な内容ではないが、同じような事柄を対句仕立てにして繰り返すことによって、七弦琴のすばらしさを夕霧に強く印象付けるという効果が生まれてくるのである。

④　玉敷きの都のうちに棟を並べ、甍を争へる、高き賤しき人の住まひは世々を経て尽きせぬものなれど、これを誠かと尋ぬれば、昔ありし家はまれなり。或は去年焼けて今年作れり。或は大家亡びて小家となる。（方丈記）

これをはじめとして「方丈記」全編がほとんど対句対比構文で埋め尽くされている。悲惨にして急激な世の転変を描写するのに、この文体が大きな効果をあげていることは、音読して見ればわかるであろう。

⑤　つれづれわぶる人は、いかなる心ならん。まぎるる方なく、ただ独りあるのみこそよけれ。(a)世に従へば、心、外の塵に奪はれて惑ひやすく、(b)人に交れば、言葉よその聞きに随ひて、さながら心にあらず。(c)人に戯れ、(d)物に争ひ、(e)一度は恨み、(f)一度は喜ぶ。その事定まれることなし。(g)分別みだりに起こりて、(h)得失止む時なし。(i)惑ひの上に酔へり。(j)酔ひの中に夢をなす。(k)走りて急がはしく、(l)ほれて忘れたること、人みなかくの如し。（徒然草・第七五段）

(a)と(b)とは、「世に従へば」「人に交れば」という同じ接続成分を持ち、「心」「言葉」ともにガ格となって「外の塵に奪はれて惑ひやすく」「よその聞きに随ひてさながら心にあらず」という統括成分に係っていく。しかも「外の塵に」「よその聞きに」ともにニ格をとっている。(c)(d)ともにニ格をとり、(e)(f)ともに同じ「は」というニ格を包含した係助詞によって提示されている。(g)(h)ともに「分別ガ」「得失ガ」というガ格をとっている。(i)(j)ともに「惑ひの上に」「酔ひの中に」と同じニ格をとっている。(k)(l)ともに「走りて」「ほれて」と同じ「て」という接続成分になっている。このように対句を重ねて、読者の印象を強めていくことによって、論点をはっきりさせていくのである。

以上、対比構文のいろいろな形について考察してきたが、いずれも作者・話題の人物の心情なり、主張を強く表現する効果を持った構文である。したがって、対比構文をとらえることによって、その主張せんとしていることがなんであるかを明確にとらえることができ、その文章の核心に迫ることができるのである。

第八章　追叙構文

第一節　追叙構文の表現構造

①（源氏）「あやしきことなれど、幼き（姫君の）御後見に思ほすべく、（尼君に）聞こえたまひてむや。思ふ心ありて、ゆきかかづらふかたもはべりながら、世に心の染まぬにやあらむ、独り住みにてのみなむ。（姫君が）まだ似げなきほどと、（私を）常の人に思しなずらへて、はしたなくや。」などのたまへば、……（源氏物語・若紫）

源氏が、紫の姫君の後見人になりたいということを姫君の祖母君に申し上げてくださいと僧都に頼んでいるところの発話である。

「あやしきことなれど」というのは、その後の「幼き御後見に思ほすべく、聞こえたまひてむや」とある発話内容に対して「まだ幼い紫の姫君の後見を申し出るなどということは、非常識なことであるけれども」と言い訳した表現である。すなわち、自分の発話内容に対する弁解のことばである。「幼き御後見に思ほすべく」などという申し出を何の言い訳もせずにそのまま表明したのでは、相手の心証を害うことになりはしないかとの思惑から、聞き手の心理的抵抗を和らげようとする配慮があったものととらえることができる。

「世に心の染まぬにやあらむ」は「……や」を受けて「……む（連体形）」で文統括されるひとつの完結された一文である。「ゆきかかづらふかたもはべりながら」は、「独り住みにてのみなむ」に係る接続成分である。つまり、「ゆきかかづらふかたもはべりながら、独り住みにてのみなむ（ある）」という文の中に「世に心の染まぬにやあらむ」という独立の文がはさみ込まれたという構造になっている。話し手源氏の意識としては、自分が「ゆきかかづらふかたもはべりながら、独り住みにてのみなむ（関わりあっている者もありますけれど、独り暮らしばかりしておりまして）」というのは、誰が聞いても合点の行かないところであろうと思って、その理由を「世に心の染まぬにやあらむ（まるで気が合わないのでしょうか）」と弁明したのである。

このように、前後の叙述に対する聞き手の疑問をあらかじめ予想して、話し手の主観的な立場からその理由を追加説明して、聞き手の不審を解消したり、自分自身の発話に対す言い訳を付け加えたり、あるいは話し手が言い足りなかったと認識した事柄を付け足したりする構文を追加叙述するという意味において、「追叙構文」と呼ぶことにする。

② 昔、男、陸奥の国にすずろに行き至りけり。(a)そこなる女、京の人はめづらかにや覚えけん、せちに思へる心なんありける。さて、かの女、

なかなかに恋に死なずは桑子にぞなるべかりける玉の緒ばかり

歌さへぞひなびたりける。(b)さすがにあはれとや思ひけん、行きて寝にけり。

（伊勢物語・第一四段）

(a)の文では、「そこなる女、せちに思へる心なんありける（切実に恋い慕う心を抱いたのであった）」という客観的な叙述だけでも意味は通ずるのであるが、作者は、読者が、その女はなぜそのような心情になったのだろうかという疑問を抱くであろうと判断して、その理由として、「京の人はめづらかにや覚えけん」という主観的な推測を追加したのである。しかし、それはあくまでも主観的判断の表現であるから、「けん」という推量表現を伴うのである。(b)の文の場合も、「行きて寝にけり」という客観的な叙述だけでも意味は通じるのであるが、男はなぜそういう行為をとったのであろうかという疑問を先取りして、「さすがにあはれとや思ひけん」という主観的

な説明を追加したのである。このように、主観的な立場からの表現であるから、多くは「……や……む」などの疑問推量表現の形をとる。また、「なかなかに」の歌は、「桑子にぞなるべかりける（あの夫婦仲むつまじい蚕になったほうがましだ）」で、文としては一応完結するのであるが、作者はそれだけでは満足せず、言い足りなかったこととして「玉の緒ばかり（ほんの短い命の間だけでも）」という表現を追加したのである。

これら「追叙構文」のうち、特に、①の「世に心の染まぬにやあらむ」、②の「京の人はめづらかにや覚えけん」、「さすがにあはれとや思ひけん」は、それぞれ係助詞と呼応して文統括される形をとった構文である。時には、この文統括成分が接続成分に転換された形をとる場合もある。このように、文統括成分を根幹とする表現が文中あるいは文の最初に置かれた構文を普通「はさみこみ」あるいは「挿入句」と呼んでいるが、本書ではこれらも追叙構文のひとつと考え、特に「はさみこみ追叙構文」と呼ぶことにする。

第二節　はさみこみ追叙構文

「はさみこみ追叙構文」が、一文のどの部分に対する追加叙述なのかによって、次の三つの場合に分類することができる。

Ⅰ　文の叙述全体に対する追叙構文

Ⅱ　文中の一部分に対する追叙構文

(1)　すでに叙述された部分に対する追叙構文

(2)　後に叙述される部分に対する追叙構文

しかし、実際の用例の場合、どの型に属するか、とらえ方がゆれる場合もある。

Ⅰ　文の叙述全体に対する追叙構文

①　天の下　四方の人の　大船の　思ひ憑みて　天つ水　仰ぎて待つに　いかさまに　思ほしめせか　由縁もなき　真弓の丘に　宮柱　太敷きいまし　御殿を　高知りまして　朝ごとに　御言問はさぬ　日月の　数多くなりぬる　そこゆゑに　皇子の宮人　行方知らずも　（万葉集・一六七）

この長歌は、持統天皇の後継者として即位を期待されていた草壁皇子が、二十八歳で薨去されたときの、柿本人麻呂の挽歌の最後の部分である。「思ほしめせか」は、接続助詞「ば」を含んで、「思ほしめせばか」という接続成分と同じ働きをする。「いかさまに思ほしめせか（なんとお思いになられたからであろうか）」という「はさみこみ追叙構文」をとることによって、「（天下の人々が皇子の即位を）仰ぎて待つに、由縁もなき真弓の丘に宮柱太敷きいまし（お亡くなりになった）」という意外な事態に接して、皇子はどういうおつもりで、このように死を急いだのであろうか、皇子のお気持ちがわからないという嘆きを詠んでいるのである。単に皇子が亡くなったという事実を詠むだけよりも、皇子の死に対する深い嘆きが表現されることになる。

②　貞時の皇子の家にて、藤原の清生が近江の介にまかりけるときに、むまのはなむけしける夜詠める

今日別れ明日はあふみと思へども夜や更けぬらむ袖の露けき　（古今集・三六九）

詞書にあるとおり、これは送別の宴での歌であるから、「袖の露けき」と詠んではいるが、実際に涙を流したために袖が濡れたというのではあるまい。別れの挨拶として、そのような悲しみを覚えたというのである。しかも、「今日別れ明日はあふみと思ふ（今日別れても明日は近江に着く、会おうと思えば会える身である）」のであるならば、

別れの悲しみのために涙を流すこともないはずなのに、「袖の露けき」という状態になったのは、別れの涙ではなく、夜更けの露のためであるととぼけてみせることによって、宴席にふさわしい即興的な歌としているのである。そのようにとらえるならば、「夜や更けぬらむ」は「今日別れ明日はあふみと思へども、袖の露けき」という事態になった理由を付け加えたということになる。

③　大門引き出づれば、（兼家が）乗り加はりて、道すがらうちも笑ひぬべきことどもを、ふさにあれど、夢路か、ものぞ言はれぬ。このもろともなりつる人も「暗ければあへなん。」とて、同じ車にあれば、それぞ時々いらへなどする。　（蜻蛉日記・中）

作者が鳴滝の般若寺における参籠から、父や夫の誘いもあって不本意ながら都に帰るときの描写である。同乗した兼家が冗談ばかり言って笑わせるが、作者はいろいろ思い悩んでいるせいもあって夢路をたどるような気持ちで何も応答できないというのである。「うちも笑ひぬべきことどもを、ふさにあれ（たくさんある）」というのであるから、それ相当の応答をするのが礼儀であるのに、作者は「ものぞ言はれぬ」という状態にある。「うちも笑ひぬべきことどもを、ふさにあれど、ものぞ言はれぬ」という夫兼家と作者との心のすれ違いに対する言い訳が「夢路か」という、はさみこみ追叙構文によって表現されている。「夢路か」は、意味構造上「夢路にかあらん」と同じ表現である。このように、文統括成分まで表現されずに、言いさし構文の形になるはさみこみ追叙構文も多く見られる。

④　若やかなる女房などの、髪うるはしうこぼれかかりて、など言ひためるやうにてもののいらへなどしたらんは、今少しをかしう見所ありぬべきに、いとさだ過ぎ古々しき人の、髪などもわがにはあらねばにや、所々わななき散りぼひて、（中宮方の人は）大方色異なる頃なれば、あるかなきかなる薄鈍、あはひも見えぬうは衣などばかりあまたあれど、つゆの映えも見えぬに、（中宮が）おはしまさねば、裳も着ず、袿姿にてゐたるこそも

のぞ損なひにてくちをしけれ。（枕草子・第八三段）

作者が梅壺におったときの様子を描写したところである。「若やかなる女房など」の髪の美しいのに感心していたところ、「いとさだ過ぎ古々しき人の、髪なども所々わななき散りぼひて（あちこちちぢれ、ふわふわと散り乱れて）」あるのを見て、あまりの違いに驚いて、それは「わがにはあらねばにや（自分の髪ではなく、かもじを用いているからであろうか）」という主観的な推察を加えたのである。「わがにはあらねばにや」という接続成分を受ける文統括成分は標示されていないが、「あらん」という文統括成分を余情として含んだ表現である。

⑤ （めでたきもの）六位の蔵人。いみじき君達なれどえしも着たまはぬ綾織物を心に任せて着たる青色姿などめでたきなり。（中略）御娘后にておはします、また、まだしくて姫君などきこゆるに、（帝の）御文の使とて（その邸に）参りたれば、御文取り入るるよりはじめ、褥さし出づる（女房の）袖口など、明け暮れ見しものともおぼえず。下襲の裾引き散らして、衛府なるはいま少しをかしく見ゆ。（姫君の父）御手づから杯などさしたまへば、わが心持にもいかにおぼえん。いみじうかしこまり、土にゐし家の子・君達をも、心ばかりこそ用意し、かしこまりたれ、同じやうに連れ立ちてありくよ。（枕草子・第八八段）

（注）単なる六位の者は、昇殿も許されないが、六位の蔵人ともなると、帝の側近く奉仕して、種々の公事に携わる官職であるから、昇殿も許される。

ここは、「六位の蔵人」を「めでたきもの」として賞賛しているところである。最後の文も、六位の蔵人の「（蔵人になる前までは）いみじうかしこまり、土にゐし家の子・君達をも、（蔵人になった今では）同じやうに連れ立ちてありくよ」という状況になったという点において、六位の蔵人を賞賛している。したがって、「心ばかりこそ用意し、かしこまりたれ（気持ちだけは遠慮しかしこまっているが）」は、「いみじうかしこまり、土にゐし家の子・君達をも、同じやうに連れ立ちてあるくよ」にはさみこまれた文としてとらえなければならない。今まで「いみじうかしこまり、土にゐし（たいそう謹んで一歩下に居た）」蔵人が、まさか心からおごり高ぶって、「家の子・君達」と「同じやうに連れ立ちてありく」という態度に出たのではあるまい、少しは遠慮があるに違いないと、六位の蔵人の心情を推察して、「心ばかりこそ用意し、かしこまりたれ」という断りのことばをはさみこんだのである。

⑥　しばしありて、前駆高う追ふ声すれば、「殿参らせたまふなり。」とて、（女房たちが）散りたる物取りやりなどするに、（私は）いかで下りなむと思へど、さらにえふとも身じろがねば、いま少し奥に引き入りて、さすがにゆかしきなめり、御几帳のほころびよりはつかに見入れたり。（枕草子・第一八四段）

作者が宮仕えに出て間もない頃、関白道隆が中宮様の所においでになったので、作者は、奥のほうに隠れてはみたものの、中の様子に興味があって、几帳の隙間から覗いているのである。「さすがにゆかしきなめり」は、「いま少し奥に引き入りて、御几帳のほころびよりはつかに見入れたり」にはさみこまれた追叙構文である。「いま少し奥に引き入りて」と「御几帳のほころびよりはつかに見入れたり」とは矛盾する行為である。作者自身がそういう矛盾する行為をとった理由を、「めり」という第三者的な視点に立った推量表現によって弁明し、作者の好奇心旺盛なるところを叙述しているのである。

⑦　寅の日の朝、殿上人（土御門邸に）参る。常の如くなれど、月頃に里びにけるにや、若人たちのめづらしと思へるけしきなり。（紫式部日記）

「常の如くなれど」の逆接成分は、「若人たちのめづらしと思へるけしきなり」という文統括成分に係る。したがって、「月頃に里びにけるにや」は、「はさみこみ追叙構文」ということになる。寅の日の朝、殿上人が中宮の御所に参上するのが例年の習わしであるのに、それを若い女房たちは、珍しいことと思っている様子なのは、内裏から離れて四ヶ月もの間土御門邸に暮らしていたので、殿上人に接する機会が少なかったためであろうと推量したのである。

⑧　月朧にさし出でて、若やかなる君達、今様歌うたふも、(a)舟に乗りおほせたるを、若うをかしく聞こゆるに、大蔵卿のおふなおふな交じりて、(b)さすがに声うち添へむもつつましきにや、忍びやかにてゐたる後ろ手のをかしう見ゆれば、御簾のうちの人もみそかに笑ふ。（紫式部日記）

ここは、大蔵卿の後姿を御簾の中の女房たちが眺めているという状況の描写である。(a)の「舟に乗りおほせたるを（舟に全部乗ってしまったが）」の「を」は、前件後件の関係を論理的に結び付けるものではなく、後の叙述内容の前提条件などを描写する程度の接続助詞である。ここでは、「若やかなる君達、今様歌うたふも若うをかしく聞こゆる」というのであるが、どこで歌っているのか、その位置を明らかにするための説明である。(b)の「さすがに声うち添へむもつつましきにや」は、大蔵卿が若い君達と一緒に舟に乗り込んではみたものの、若い君達のすばらしい歌声を聞いては、さすがに若い君達と一緒に今様歌をうたうのを遠慮して、「忍びやかにてゐたる（ひっそりと坐っていた）」のであろうと推測したのである。

⑨　兼時が去年まではいとつきづきしげなりしを、こよなく衰へたる振舞ひぞ、（兼時は）見知るまじき人の上なれど、あはれに、（わが身に）思ひよそへらるること多くはべる。（紫式部日記）

去年までは舞の名手として立派な神楽舞を披露していた兼時が、今年は老衰して元気なく舞うのを見て、別に自分には関係のない人のことではあるけれども、わが身につまされるというのである。「こよなく衰へたる振舞ひぞ」は、「……ぞ……連体形」の係り結びの原則に従って、「あはれに、思ひよそへらるること多くはべる」に係るものとしてとらえることができる。したがって、「見知るまじき人の上なれど」は、「こよなく衰へたる振舞ひぞ、あはれに、思ひよそへらるること多くはべる」を導き出すための追叙構文ということになる。「こよなく衰へたる振舞ひぞあはれに思ひよそへらるること多くはべる」というからには、他人の目から見れば、兼時は作者にとって身近な存在であると思われるだろうが、自分には無関係な他人の身の上なのであると断ったのである。

そのような断りをはさみこむことによって、自分には無関係な他人の身の衰えまでもがふとわが身の行く末になぞらえられるという作者の自己観照の態度がより強く読む者に伝わってくる。このような自己観照の態度に貫かれているのが「紫式部日記」の特色でもある。

⑩　（軒端荻は）白き羅の単襲、二藍の小袿だつ物、ないがしろに着なして、（袴の）紅の腰ひき結へるきはまで、胸あらはにばうぞくなるもてなしなり。いと白うをかしげに、つぶつぶと肥えてそぞろかなる人の、頭つき額つきものあざやかにて、まみ・口つきいと愛敬づき、はなやかなるかたちなり。髪はいとふさやかにて、長くはあらねど、下がりば、肩のほどいと清げに、すべてねぢけたるところなくをかしげなる人と見えたり。「むべこそ親の世になくは思ふらめ」と、（源氏は）をかしく見たまふ。心地ぞ、なほ静かなる気を添へばやとふと見ゆる。かどなきにはあるまじ。碁打ち果てて、けちさすわたり、心とげに見えて、きはぎはしうさうどけば、奥の人はいと静かにのどめて……（空蟬は）たとしへなく口おほひて、（顔を）さやかには見せねど、（源氏が）目をしつとつけたれば、（空蟬は）おのづからそばめに見ゆ。（源氏物語・空蟬）

垣間見している源氏の目を通しての空蟬と軒端荻の描写である。「長くはあらねど」は軒端荻の髪の「いとふさやかにて、下がりば、肩のほどいと清げなる」様に対する追加説明である。女性の場合、髪は長いのがよいとされているが、この軒端荻はそういう点においては少し劣るが、源氏はむしろ、そういう点に、軒端荻の「心とげに見えてきはぎはしうさうどけば（すばしこそうに見られて、てきぱきとしてはしゃいでいる）」若々しく才気煥発な女の魅力を感じているのである。そのような源氏の心情を叙述しているのがこのはさみこみ追叙構文である。「目をしつとつけたれば（じっと目をつけているので）」は、「さやかには見せねど、おのづからそばめに見ゆ（横向きの顔が見られる）」という状態になっている理由を語り手の立場から説明したはさみこみ追叙構文である。そのような説明を追叙することによって、源氏の空蟬に対する興味・関心がいかに強いかを叙述しているのである。

⑪「（源氏と源内侍とは）似つかはしからぬあはひかな。」と、（帝は）いとをかしう思されて、「（源氏には）好き心なしと（女房たちが）常にもて悩むめるを。さはいへど、（源氏は内侍をさえ）過ぐさざりけるは。」とて笑はせたまへば、内侍はなままばゆけれど、憎からぬ人故は、濡れ衣をだに着まほしがる類もあなればにや、いたうもあらがひきこえさせず。

（源氏物語・紅葉賀）

たいそう年をとった女房であるのにしきりに源氏に言い寄る源内侍を源氏は適当にあしらっている。その様子を見ていた帝が、浮気心のないといわれている源氏も内侍に対してはそれ相当に相手にしているとおっしゃった。内侍は、「かわいいお方とならば濡れ衣を着てもかまわない」という思いで、帝のことばをあえて否定しなかった。普通ならば恥ずかしがって「いたうあらがひきこえさす」はずであるのに、予想に反して、内侍が「なままばゆけれど、いたうもあらがひきこえさせず」という態度をとったことに対して読者は不審に思うであろうと察して、その理由を「憎からぬ人故は濡れ衣をだに着まほしがる類もあなればにや」と弁明しているのである。この理由としたことばは、「憎からぬ人の着せけむ濡れ衣は思ひにあへず今乾きなむ（憎くはないあの方が着せたと思われる濡れ衣なのだから、あの方の激しい「思ひ」の「火」に抗しきれずすぐに乾いてしまうだろう）」（後撰集・九五六）を引き歌としている。作者は、内侍もこの歌の作者と同じ思いなのだろうと推量しているのである。

⑫ 夢よりもはかなき世の中を嘆きわびつつ明かし暮らすほどに、四月十余日にもなりぬれば、木の下暗がりもて行く。築地の上の草青やかなるも、人はことに目もとどめぬを、あはれとながむるほどに、近き透垣のもとに人の気配すれば、誰ならんと思ふほどに、故宮に侍ひし小舎人童なりけり。

（和泉式部日記）

故宮（為尊親王）を偲んで嘆き悲しんでいたときに、故宮にお仕えしていた小舎人童が訪ねてきたところである。「築地の上の草青やかなるも」はヲ格として「あはれとながむる」に係る。ここは、故宮を偲んで嘆き悲しんでいる作者であるからこそ「築地の上の草青やかなるもあはれとながむる」のであるということをことさら印象付けるために、普通の人ならば、「築地の上の草青やかなるもことに目もとどめぬを」という対比的な叙述を追加してはさみこんだのである。

⑬　東路の道の果てよりもなほ奥つ方に生ひ出でたる人、いかばかりかはあやしかりけむを、いかに思ひ始めけることにか、世の中に物語といふもののあんなるをいかで見ばやと思ひつつ、つれづれなる昼間、宵ゐなどに、姉・継母などやうの人々の、その物語、かの物語、光る源氏のあるやうなど所々語るを聞くに、いとどゆかしさ増されど、わが思ふままにそらにいかでかおぼえ語らん。（更級日記）

「いかばかりかはあやしかりけむ（どんなにか田舎じみていたであろう）」という状態の自分が物語などに興味を持つはずもないのに、どうして「世の中に物語といふもののあんなるをいかで見ばや」と思うようになったのであろうかと、わが身のことながら、その理由を推量しかねているということを語っているのが、「いかに思ひ始めけることにか」という、はさみこみ追叙構文である。

⑭　この鎌足の大臣の病づきたまへるに、昔この国に仏法広まらず、僧などたはやすく侍らずやありけん、聖徳太子伝へたまふといへども、この頃だに、生まれたる稚児も法華経を読むと申せど、まだ（法華経を）読まぬも侍るぞかし、百済国より渡りたりける尼して維摩経供養したまへりけるに、御心地ひとたびにおこたりてはべりければ、その経をいみじきものにしたまひけるままに、維摩会は侍るなり。（大鏡）

鎌足の大臣の時代には、仏法がまだ十分に広まっておらず、鎌足の大臣の病気平癒の祈祷を頼む僧もたやすく招くことができなかったので、百済国から来朝していた尼に維摩経の読誦供養をしてもらったおかげで病気が快癒したというのである。「昔この国に仏法広まらず、僧などたはやすく侍らずやありけん」は、「百済国より渡りたりける尼して維摩経供養したまへりける」ということの理由を推察した構文で、Ⅱ「文中の一部分に対する追叙構文」の例になる。「生まれたる稚児も法華経を読む」ということは、それだけ仏法が広まっていたということである。「聖徳太子伝へたまふといへども」は「ども」の逆接用法から見て、「まだ読まぬ（人）も侍るぞかし」に係っていくはずである。「この頃だに（その後数百年経ったこの頃でさえ）」は、「だに」の用法から見て、やはり「まだ読まぬも侍るぞかし」に係る。したがって、「生まれたる稚児も法華経を読むと申せど」は、「この頃だにまだ（法華経を）読まぬも侍るぞかし」という文にはさみこまれた追叙構文ということになる。聖徳太子が仏教を伝えたときから数百年も経った現在、生まれたばかりの赤ん坊でも法華経を読むとまで言われるように仏法が広まっているということを叙述することによって、そのような現在でもまだお経を読まない人も沢山いるのだから、ましてや鎌足公の時代には僧侶を招くこともできず、百済の国から来朝していた尼に維摩経の供養を頼んで鎌足の病気を治したのも止むを得なかったということを印象付けようとしているのである。

⑮　世の人の心惑はすこと色欲にはしかず。人の心は愚かなるものかな。匂ひなどは仮のものなるに、しばらく衣裳に薫物すと知りながら、えならぬ匂ひには必ず心どきめきするものなり。久米の仙人の、物洗ふ女の脛の白きを見て通を失ひけんは、誠に手足・肌へなどのきよらに肥え脂づきたらんは、ほかの色ならねば、さもあらんかし。（徒然草・第八段）

「世の人の心惑はす」最たるものは「色欲」である。衣裳にこめられた薫物の「えならぬ匂ひ」などは外から仮についたものであるから、それに心を惑わすのは愚かなことである。それに対して、「手足・肌へなどのきよらに肥え脂づきたらん」女の美しさは仮のものではなく、身体そのものに備わった美しさであるから、それに心を惑わすのは、久米の仙人ならずとももっともなことである。それにしても、そのような「色欲」に「心惑はす」というのは、なんと「人の心は愚かなるものかな」と嘆息しているのである。「久米の仙人の、物洗ふ女の脛の白きを見て通を失ひけんは、さもあらんかし」と肯定し、その根拠を「誠に手足・肌へなどのきよらに肥え脂づきたらんは、ほかの色ならねば」という接続成分によって追加説明しているのである。

Ⅱ　文中の一部分に対する追叙構文

(1)　既に叙述された部分に対する追叙構文

①　（小舎人童）「そのこととさぶらはでは（式部を訪ねることは）馴れ馴れしきさまにやとつつましうさぶらふうちに、日ごろは山寺にまかり歩きてなん。いと頼りなくつれづれに思ひたまふらるれば、（為尊親王の）御代はりにも見たてまつらんとてなん帥の宮に参りてさぶらふ。」と語る。（式部）「いとよきことにこそあなれ。その宮はいとあてにけけしうおはしますなるは。昔のやうにはえしもあらじ。」など言へば……　（和泉式部日記）

作者が亡き為尊親王を偲んで嘆いていたときに、親王と式部との間を取り持っていた小舎人童が訪ねてきての発話である。小舎人童の発話は、式部が「などか久しく見えざりつる」と尋ねたことに対する返事である。小舎人童がこの発話において一番強く訴えたかったことは、為尊親王に対する追慕の念から「（故為尊親王の菩提を弔うために）日ごろは山寺にまかり歩きてなん」「（故為尊親王の）御代はりにも見たてまつらんとてなん帥の宮に参りてさぶらふ」という現況報告であろう。「そのこととさぶらはでは馴れ馴れしきさまにやとつつましうさぶらふうちに（これといった用事でもないのにお伺いしては馴れ馴れしいようでと思いまして、遠慮しておりますうちに）」は、直接には連用成分として「日ごろは山寺にまかり歩きてなん（過ぐしはべりつる）」という言いさし表現の文統括成分に係るものとしてとらえることもできるが、また一方、「いと頼りなくつれづれに思ひたまふらる（ほんとに頼る当てもなく所在なく思われます）」に係るものとしてとらえることもできる。そのようにとらえるならば、「つつましうさぶらふ」という状態にあったのは、実は「日ごろは山寺にまかり歩きてなん」という生活をしておりましたのですということを説明するためにさしはさんだ追叙構文としてとらえることができる。

②

風の音、(a)木の葉の残りあるまじげに吹きたる、常よりものあはれにおぼゆ。ことごとしうかき曇るものから、ただ気色ばかり雨うち降るは、せんかたなくあはれにおぼえて、

秋のうちは朽ち果てぬべしことわりの時雨に誰が袖は借らまし

嘆かしと思へど知る人もなし。(帥の宮様だけではなく)草の色さへ見しにもあらずなり行けば、(b)時雨んほどの久しさもまだきにおぼゆる、風に心苦しげにうちなびきたるには、ただ今も消えぬべき露のわが身ぞ危ふく、草葉につけて悲しきままに、奥へも入らでやがて端に臥したれば、つゆ寝らるべくもあらず。(和泉式部日記)

式部が手習いのように書いていたものを帥の宮に送った、その手紙文である。(a)の部分の「風の音」は連用成分として「常よりものあはれにおぼゆ」という文統括成分に係る。したがって、(a)「木の葉の残りあるまじげに吹きたる」はその「風」の説明としてはさみこまれた追加叙述としてとらえることができる。ここで、なぜわざわざ「木の葉の残りあるまじげに吹きたる」という叙述を追加したのであろうか。この手紙文で帥の宮に訴えたいことは、「ただ今も消えぬべき露のわが身ぞ危ふく、草葉につけて悲しき」心情である。そのような心情にある式部には、「風の音」も「常よりものあはれにおぼゆ」のであるが、木の葉を吹く風を「木の葉の残りあるまじげに吹きたる(木の葉一枚残りそうにもなく激しく吹いた)」ととらえることによって、「常よりものあはれにおぼゆ」心情がより強く認識されることになるのである。(b)の部分の「草の色さへ見しにもあらずなり行けば(草の色までもが以前とは変わってきたので)」という順接確定条件成分は意味構造上から見て「時雨んほどの久しさもまだきにおぼゆる(草木の色を変える時雨になるのはまだ遠い先だと思われる)」に係るとはとらえにくい。むしろ直接には「(今までとは違った色に変わってきた草が)風に心苦しげにうちなびきたる」に係るものとしてとらえたほうがよい。したがって、(b)「時雨んほどの久しさもまだきにおぼゆる」は「草の色さへ見しにもあらずなり行く」ということに対する説明の叙述としてとらえることができる。草の色が変わるのは、時雨のせいであるという常識か

ら見て、時雨になるのはまだ先のことと思っていたのに、もう色が変わるなどということはおかしいという思いを詠みながら、暗に帥の宮の心変わりを非難しているのである。

③（更衣の母君の使）「今日始むべき祈祷ども、さるべき人々承れる、今宵より。」と聞こえ急がせば、（帝は）わりなく思ほしながら、（更衣を）まかでさせたまふ。（源氏物語・桐壺）

意味構造上、「今日始むべき祈祷ども」と「さるべき人々承れる（祈祷）」とは同じ内容を意味し、両者ともにヲ格となって「今宵より（始む）」に係る。したがって、意味構造上は、「今日始むべき祈祷どものさるべき人々承れる」という同格構文と同じになるはずである。しかし、同格構文と同じであるからといって、普通の同格構文のように、「さるべき人々承れる、今日始むべき祈祷ども、今宵より」という構造に転換することはできない。なぜならば、母君としては、更衣を一刻も早く退出させて、加持祈祷させたいのであるから、「今日始むべき祈祷ども今宵より」と急がせるのである。これが母君の一番訴えたいことなのである。そして、その後で、帝の寵愛なさっている更衣の病気を治すための祈祷であるから、帝にも安心していただくために、霊験あらたかな「さるべき人々」にお願いしてありますと念を押したのである。すなわち、「さるべき人々承れる」は、「今日始むべき祈祷ども」を説明するための追叙構文ということになる。

④睦月の朔日ごろ、かんの君の御はらからの大納言、高砂うたひしよ、藤中納言、故大殿の太郎、真木柱の一つ腹など（玉鬘邸に）参りたまへり。（源氏物語・竹河）

「高砂うたひしよ」は「大納言」の説明である。「うたひしよ」の「よ」は、作者が客観的な立場から物語を展開していく地の文としての表現ではなく、玉鬘方の古女房が語り手として詠嘆の気持ちをこめて直接聞き手に語りかけている口調である。「高砂うたひし」の「し」は過去の助動詞である。桐壺帝の崩御、藤壺女御の出家などがあって、源氏は失意の時代を迎え、世は右大臣方の時代となり、右大臣の孫が童殿上として高砂をうたった。それから五十年近く経って、源氏も今はすでに世になく、その童が按察大納言にまで出世している。語り手は、「高砂うたひしよ」という説明を加えることによって、語り手自身も時の流れをしみじみと感じ、また聞き手にも物語の時間的経過を感じさせているのである。

⑤　やがて、后・女御の一つ腹の男君、ただ今の按察大納言公任卿と申す。小野宮の御孫なればにや、和歌の道すぐれたまへり。世にはづかしく心にくき覚えおはす。その御女、ただ今の内大臣の北の方にて、年頃多くの君達生み続けたまへりつる、去年の正月に失せたまひて、大納言よろづを知らず思し嘆くこと限りなし。

（大鏡）

「その御女（公任卿の姫君）」は、ガ格の連用成分として「去年の正月に失せたまひ」という統括成分に係る。したがって、「ただ今の内大臣（藤原教通）の北の方にて、年頃多くの君達生み続けたまへりつる」は「その御女」の説明のためにはさみこまれた追叙表現である。意味構造上は、「ただ今の内大臣の北の方にて、年頃多くの君達生み続けたまへりつる御女、去年の正月に失せたまひて」と同じ叙述内容となる。しかし、ここは、公任卿が御娘をなくして大変悲しんだということを叙述するところに主眼があるのであるから、「ただ今の内大臣の北の方にて、年頃多くの君達生み続けたまへりつる」は、「その御女」の説明として補足的に追叙されたに過ぎないのである。

⑥　多久助が申しけるは、通憲入道、舞の手の中に興あることどもを選びて、磯の禅師といひける女に教へて舞はせけり。白き水干に鞘巻を差させ、烏帽子をひき入れたりければ、男舞とぞいひける。禅師がむすめ、静といひける、この芸を継げり。これ白拍子の根源なり。

（徒然草・第二二五段）

この文章は、白拍子の起源について記述したもので、「禅師がむすめ」が継いだということを記述することが目的であって、その「むすめ」が「静」という名前であるということは、ここでは主たる事項ではない。「静かである。

「といひける」は、「禅師がむすめ」と叙述した後で、その「禅師がむすめ」の説明として追加したに過ぎないのである。

(2) 後に叙述される部分に対する追叙構文

① 春霞たなびく山の櫻花うつろはむとや色変はり行く　（古今集・六九）

「春霞たなびく山の櫻花色変はり行く」という眼前の実景を見て、作者は「(桜花の)色変はり行く」のは、櫻の花が「うつろはむとや(自ら散ろうという気持ちになっているのであろうか)」との理由によるのであろうと推測しているのである。桜の花が色あせてゆくのは残念なことであるが、それは桜の花の意思であるから仕方がないと、作者自らを慰めようとしている表現としてとらえることができる。

② かく上る人々の中に、京より下りし時に、みな人子供なかりき、到れりし国にてぞ子産める者どもありあへる。　（土佐日記）

「かく上る人々の中に」は、意味構造上「到れりし国にてぞ子産める者どもありあへる」に係る。したがって、「京より下りし時に、みな人子供なかりき」は、はさみこみ追叙構文ということになる。ここは、京で生まれた子供を任地に連れて行ったのは作者だけであるのに、現在子供を連れて帰ってきた人たちはみな任地で生んだ子供であるということを強調するために、「到れりし国にて」に「ぞ」を介入させ、さらに、その「到れりし国にてぞ子産める者どもありあへる」の前に、それとは相反する内容を持つ「京より下りし時に、みな人子供なかりき」ということをはさみこんだのである。このような構文をとることによって、京より連れて行った子供を失った作者の悲しみを暗に表現しているのである。

③ さて、池めいて窪まり、水つける所あり。ほとりに松もありき。五年、六年のうちに、千年や過ぎにけん、

片へはなくなりにけり。今生ひたるぞ交じれる。大方のみな荒れにたれば、「あはれ。」とぞ人々言ふ。

（土佐日記）

土佐の国の国司としての任期を終えて帰京した作者が、自邸のあまりの荒れように驚き嘆いているところである。土佐の国に赴任して行くときには、千年の樹齢を持つといわれている松が「片へはなくなりにけり」という状態を見て、「五年、六年のうちに、千年や過ぎにけん」と隣人に対する皮肉の気持ちをこめて驚いているのである。

④　同じ人、同じ親王の御許に、（皇子が）久しくおはしまさざりければ、秋のことなりけり、世に経れど恋もせぬ身夕さればすずろにものの悲しきやなぞ

とありければ、……

（大和物語・第一九段）

「同じ人（二条御息所）」の所に「同じ親王（敦慶親王）」が久しくおいでにならなかったので、二条御息所が敦慶親王の所に歌を贈ったというのである。意味構造上から見て、「久しくおはしまさざりければ」が「秋のことなり」に係るとはとらえられない。「秋のことなりけり」は、二条御息所が「夕さればすずろにものの悲しき」という気持ちになったのは、そのときの季節が秋であったからであるということを説明した、はさみこみ追叙構文なのである。

⑤　はかばかしき後見しなければ、こととある時はなほよりどころなく心細げなり。前の世にも御契りや深かりけむ、世になく清らなる玉の男御子さへ生まれたまひぬ。

（源氏物語・桐壺）

「世になく清らなる玉の男御子さへ生まれたまひぬ」は、語り手が現実の客観的事態をありのまま語っている。それに対して、「前の世にも御契りや深かりけむ」は、語り手自身の主観的判断の表現であり、両者は次元の違う表現である。意味構造上、「こととある時はなほよりどころなく心細げなり」という状況にありながらも、

「世になく清らなる玉の男御子さへ生まれたまひぬ」という事態になった理由の説明として「前の世にも御契りや深かりけむ」をはさみこんだのであるが、表現構造としては、このはさみこみ構文はこの文の冒頭部に置かれたものであるので、ここでは後の叙述に対する追叙構文の例としてとらえておく。このような追叙構文の形をとったのはなぜであろうか。この文を「前の世にも御契りの深かりければ」という接続条件成分が「世になく清らなる玉の男御子さへ生まれたまひぬ」という文統括成分に係っていくという構造にすると、全体的に論理的な説明文になってしまう。ここは「世になく清らなる玉の男御子さへ生まれたまひぬ」ということに対する語り手の生々しい感動の息遣いがあってほしいところであろう。「更衣は心細い宮中生活を送ってきました。しかし、帝との御宿縁が深かったんでしょうね、それで美しい男の御子がお生まれになったんです。（私はそう思いますよ、皆さんはいかがお思いでしょうか）」といった調子ではなかろうか。そのために、「前の世にも御契りや深かりけむ」を追叙構文の形で文頭に持ってきたのである。

⑥　（空蟬と軒端荻二人は）碁打ち果てつるにやあらん、うちそよめく心地して、人々あかるる気配などすなり。

（源氏物語・空蟬）

文統括成分の「すなり」という表現から見て、この文は、源氏が部屋の中の様子を目で見ているのではなく耳で聞いて、「うちそよめく心地して、人々あかるる気配などす」と認識したということを叙述したものである。源氏は、「うちそよめく心地して、人々あかるる気配などす」という事態になったのは、多分「碁打ち果てつるにやあらん」という結果であると推量したのである。そこにあえてそういう事態になった理由をはさみこんだのは、空蟬に逢いたくて、碁が一刻も早く終わってほしいと願っていた源氏の心情を、源氏の立場に立って表現しようとしたからである。源氏は自分の願いが実現して空蟬との逢う瀬が実現することに胸を膨らませているのである。

⑦　（僧都）「（故大納言に）女ただ一人侍りしに、失せてこの十余年にやなりはべりぬらん。故大納言、内裏に奉らんとかしこういつきはべりしを、その本意のごとくもものしはべらで、過ぎはべりにしかば、ただこの尼君一人、（大納言の娘を）もてあつかひはべりしほどに、いかなる人の仕業にか、兵部卿の宮なん（大納言の娘に）忍びて語らひつきたまへりけるを、（兵部卿の）元の北の方（身分が）やむごとなくなどして、（娘にとっては）安からぬこと多くて、明け暮れものを思ひてなむ（娘は）なくなりはべりにし。物思ひに病づくものと（私は）目に近く見たまへし。」など申したまふ。（源氏物語・若紫）

源氏が故大納言の娘（紫の姫君の母）のことについて聞きただしたのに対する僧都の返答である。「いかなる人の仕業にか」は、故大納言の姫君と兵部卿との間を取り持ったのは僧都自身ではなく、姫君付の女房などであろうと推測している表現である。当時にあっては、男女が結ばれるのは誰かの仲立ちがなければ不可能であったのであるから、あえて「いかなる人の仕業にか」というような断りをはさむ必要はなかった。それなのにこのような断りをはさんだ意図はなんであろうか。姫君は父大納言が将来は女御・更衣として入内させようと望みをかけていた娘であったが、それが達成されないうちに大納言は亡くなってしまった。その後、大納言の北の方僧都の妹尼君が一人で姫君を世話していたのであるが、その姫君は誰かの手引きによって兵部卿の宮と結ばれた。しかし、兵部卿の北の方の嫉妬に悩んで病気になり、やがて亡くなってしまった。姫君が入内できなかったとはいえ、兵部卿の宮（先帝の子、藤壺女御の兄）のような高貴な方と結ばれたことは幸運である。しかし、反面北の方の嫉妬に耐え切れずになくなってしまったのは不幸なことである。いずれにしろ、そのような運命になったのは誰かが仲立ちをしたからである。そのような仲立ちをした者に対する僧都の思い、それは「物思ひに病づくもの（心配のあまり病気にかかるものだ）」という発話から見て、むしろ恨みの気持ちかもしれないが、それを聞き手である源氏に訴えようとして、ことさら「いかなる人の仕業にか」という構文をはさみこんだのである。

⑧
（薫が）宮に紅葉奉られたまひければ、男宮おはしますほどなりけり、（取り次ぎの者）「南の宮より。」とて、何心もなく持て参りたるを、女君「例のむつかしきこともこそ」と苦しく思せど、とり隠さむやは。宮「をかしき蔦かな。」とただならずのたまひて、（蔦と文を）召し寄せて見たまふ。御文には、（薫）「日ごろ何事かおはしますらむ。山里にものしはべりて、いとど峰の朝霧にまどひはべりつる。（宇治の）御物語も（参上して）自らなむ。かの宮の寝殿、堂になすべきこと、阿闍梨にものしつけはべりにき。（あなたの）御許しはべりてこそは（建物を）外に移すことももののしはべらめ。弁の尼君にさるべき仰言は遣はせ。」などぞある。（匂宮）「ようもつれなく書きたまへる文かな。まろありとぞ聞きつらむ。」とのたまふも、少しはげにさやありつらむ。

（源氏物語・宿木）

「宮（中の君）に紅葉奉られたまひければ」という順接確定条件の接続成分は、意味構造上「男宮（匂宮）おはしますほどなりけり」に係るとはとらえにくい。むしろ、「『南の宮（薫邸）より』とて、何心もなく持て参りたる」に係っていくものとしてとらえたほうがよい。そうすると、「男宮おはしますほどなりけり」は、取り次ぎの者が中の君に紅葉を持って来たのがちょうど匂宮が中の君のところにいらっしゃっていたときであるということの説明ということになる。なぜこのような追加説明をはさみこんだのであろうか。匂宮は六の君の婿となって、中の君の所には夜離れが続くこともあったが、今日は中の君のところに来ている。中の君は、薫の恋慕に悩み、夫に怪しまれるような文であっては困るので、薫からの文に対して「例のむつかしきこともこそ（いつものように懸想めいたことが書いてあっては困る）」と心配する。前々から中の君に懸想し、何かにつけていろいろ心配りを絶やさなかった薫は、何とか自分の恋慕の情を中の君に訴えたいところであるが、匂宮の「まろありとぞ聞きつらむ」という発話および「少しはげにさやありつらむ（少しは匂宮の仰せの通りであったのだろう）」という語り手のことばから見て、あらかじめ匂宮が中の君のところにいるということを察知して、匂宮に怪しまれないような「ようもつれなく書きたまへる文（うまい具合に懸想の心などないようにお書きになった手紙）」を届けたのである。「男君おはしますほどなりけり」は、そのようなことがきっかけとなって、薫・中の君・匂宮三者の心の葛藤がこの後展開するのであろうと予測させるためにはさみこまれた追加叙述であるということになる。

⑨　夕さり、かの童はものいとよく言ふものにて、事よく語らふ。（童）「大将殿の常にわづらはしく聞こえたまへば、人の御文伝ふることだに大上いみじくのたまふものを。」と。同じ所にて、めでたからんことなどのたまふころ、（光季）ことにせむれば、若き人の思ひやり少なきにや、（童）「よき折あらば、今。」と言ふ。

（堤中納言物語・花桜折る少将）

少将が桜の宿の女主人に懸想して、家司の光季を介して女の家の女の童に手引きを頼むところである。女の童は、一旦は「大将殿の常にわづらはしく聞こえたまへば、人の御文伝ふることだに大上いみじくのたまふものを（おじの大将殿がいつもうるさく注意するので、人のお手紙を伝えることさえ祖母君が口やかましくおっしゃるので手引きなどできません）」と断ったのに、後になって、その姫君が入内することになったのにもかかわらず、「よき折あらば、今（よい機会があったらすぐお知らせしましょう）」と、手引きを引き受けた。童がそのような行為をとった理由として「若き人の思ひやり少なきにや（若い女童は思慮分別が浅いのか）」と推測したのである。

第三節　評価追叙構文

形容詞・形容動詞の連用形が連用成分となる場合には、意味構造上から見て、次のようないろいろな働きをする。

(1)　連用成分を受ける成分の意味する動作・作用の状態などを修飾・限定する。（修飾・限定表現）

いたづらに日を経れば人々海を眺めつつぞある。（土佐日記）

「いたづらに」は、「何もせず無為に」という意味となって「日を経る」状態を説明している。

(2) 心の文となって、「思ふ」などの知覚動詞に係る。（心の文の表現）

いみじく心もとなくゆかしくおぼゆるままに……（更級日記）

「いみじく心もとなくゆかしく」が「おぼゆる」の内容となっている。

(3) 並立関係を作って後の叙述に係っていく。（並立表現）

かくありし時過ぎて、世の中にいとものはかなく、とにもかくにもつかで、世に経る人ありけり。

（蜻蛉日記・上）

「ものはかなく」は、「とにもかくにもつかで」と並立されて、「世に経る」に係る。

これらの働きのほかに、次のような働きもある。

(4) 前後の叙述内容に対する話し手の評価・感想を表現する。（評価追叙表現）

しかし、いずれも意味構造上のとらえ方であるから、とらえ方によっては、いずれの働きであるかはっきりと区別しがたい場合もある。

以下、(4)評価追叙表現の例について考察していく。

① かぐや姫に、（竹取の嫗）「はや、かの御使に対面したまへ。」と言へば、かぐや姫、「よきかたちにもあらず。いかでか見ゆべき。」と言へば、（嫗）「うたてものたまふかな。帝の御使をばいかでおろかにせむ。」と言へば、かぐや姫答ふるやう、「帝の召してのたまはんこと、かしこしとも思はず。」と言ひて、さらに見ゆべくもあらず。産める子のやうにあれど、いと心恥づかしげに、をろそかなるやうに言ひければ、心のままにもえ

責めず。女、内侍のもとに帰り出でて、「くちをしく、この幼きものは強くはべるものにて、対面すまじき。」と申す。（竹取物語）

「うたても」は、副詞「うたて」に係助詞「も」の添えられたもの、「くちをしく」は形容詞「くちをし」の連用形である。

「うたても」「くちをしく」は、「のたまふ」「対面すまじ」に係る連用成分としてとらえることができる。しかし、「うたても」は、「のたまふ」という行為がどのような状態でなされたのかということを説明しているのではなく、「も」という詠嘆性の係助詞と「かな」という終助詞と相まって、「（かぐや姫の）のたまふ」という行為に対する話し手嫗の、「困ったことにも」と評価する心情を表現したものである。また、「くちをしく」も、かぐや姫がどのような状態で「対面す」という行為をとるのかということを説明したのではなく、「対面すまじき」という連体形止めの詠嘆的余情表現と相まって、かぐや姫の「対面すまじき」という行為に対する話し手嫗の「残念なことに」という感想を表現したものである。

このように、主として、形容詞・形容動詞の連用形が後に続く叙述内容に対する話し手の感想や評価を表現する構文を「評価追叙構文」と呼ぶことにする。このような話し手の何らかの心情を追加叙述することによって、評価の対象となっている事態をより印象的に表現しようとする話し手の意志が働いているのである。したがって、評価追叙構文をしっかり解釈することによって、話し手がどのような心情・価値観を持って発話しているかという、話し手の深層心理にまで迫ることができる。

② 宿近く梅の花植ゑじあぢきなく待つ人の香にあやまたれけり（古今集・三四）

どこからともなくよい香りがしてきたので、待っている人が訪れてきたのかと心ときめきしたのに、実はそうではなく、その香は梅の香であったというのである。「あぢきなく」は、「待つ人の香にあやまたれけり」という事態になったことに対する作者の「つまらないことに」という感想・評価をさしはさんだものである。「あぢきなく」という表現を追加しなくとも、作者の「待つ人の香にあやまたれけり。(それ故に)、宿近く梅の花植ゑじ」という心情は理解できる。それなのにあえて、「あぢきなく」という評価を追加叙述したのは、もちろん和歌の制約もあるが、それは別として表現構造上は、「待つ人の香にあやまたれけり」という事態に対する否定的な評価を加えることによって、逆に人待つ心を印象深く表現しようとしているのである。

③　十五日。今日小豆粥煮ず。くちをしく、なほ日の悪しければ、ゐざるほどにぞ今日二十日あまり経ぬる。

(土佐日記)

「くちをしく」は「今日二十日あまり経ぬる」に係る連用成分である。一日も早く京に帰りたいのに旅程がさっぱり進まず、「今日二十日あまり経ぬる」という事態になったことに対する作者の不本意な心情が、「……ぞ……ぬる(連体形)」という強調表現を伴った文統括成分によって強く表現されている。その上、そのような事態になったことに対する「くちをしく(残念なことに)」という評価を追加叙述することによって、作者の不満をより強く訴えようとしているのである。

④　御鏡うち置きて「さは翁丸か。」と言ふに、ひれ伏していみじう鳴く。御前にもいみじうおち笑はせたまふ。右近の内侍召して、(中宮)「かくなん。」と仰せらるれば、笑ひののしるを、上にも聞こし召して渡りおはしましたり。(帝)「あさましう、犬などもかかる心あるものなりけり。」と笑はせたまふ。

(枕草子・第九段)

ここは、一条院の仮内裏に飼われていた翁丸という犬が、帝の怒りに触れて、滝口の武士たちに殺されるほど撲られて逃げ隠れていたのに、最後にはやはり皆の前に近づいてきて、ひれ伏してひどく鳴くのを見て、中宮・帝がお笑いになったというのである。「あさましう」は、同じ「枕草子」の「あさましきもの」の段における使い方から見て、事の予期に反して意外なことに驚く気持ちの表現としてとらえることができる。ここも、「なりけり」と呼応して、「意外なことに、犬などにも、人間と同じ気持ちがあるものなんだなあ」という感嘆の気持ちの表現としてとらえることができる。これは、帝の発話ではあるが、これを取り上げた作者の心情の表現であるとも解釈できよう。この第九段の最後に、「人などこそ人に言はれて泣きなどはすれ（人間などなら、他人から同情されて感涙を催すものだが、犬などにもそのようなことがあるとは思いも寄らないことだ）」という叙述がある。そのようなことから見て、「あさましう」という追叙構文は、作者が翁丸の行動の中に、自分と同じく、同情のことばに感動しやすい普遍性を発見した、作者の人間観のひとつの表れとして解釈することもできるであろう。

⑤　上達部・上人なども、あいなく目をそばめつつ、「いとまばゆき人の御覚えなり。唐土にもかかる事の起こりにこそ世も乱れ悪しかりけれ。」と、やうやう天の下にも、あぢきなう人のもて悩みぐさになりて、楊貴妃の例も引き出でつべうなりゆくに、いとはしたなきこと多かれど、かたじけなき（帝の）御心ばへの、たぐひなきを頼みにて、交らひたまふ。　（源氏物語・桐壺）

「あいなく」は「筋が通らない、むちゃくちゃだ」という意味として、「『あいなし』と目をそばめ」という形と同じ心の文としてとらえることができる。また、「あぢきなう」も「にがにがしいことだ」という意味として、「『あぢきなし』と人のもて悩みぐさになり」という形と同じ心の文としてとらえることもできる。しかし一方、それぞれ「わけもなくむやみに」「にがにがしくも」などの意味として、帝の更衣に対する異常なまでの寵愛を上達部・上人・天下の人々が一方的に非難することに対する作者の批判のことばとしてもとらえることができる。しかし、いずれのとらえ方にしても、後々まで読み進めてきてはじめてどちらの表現であるかということが判断できるのであって、線条的に読み進めていく段階では、いずれかにはっきりと判断することはできない。例文の、この部分までのところで、読者は、帝の更衣に対する異常なまでの溺愛をいろいろな気持ちで読み取ってきている。(a)ある読者は、帝の溺愛に対して眉をひそめて読み進めてきたかもしれない。(b)ある者は、この後の更衣の運命を予想して胸を痛めているかもしれない。あるいはまた、(c)帝を賞賛しているかもしれない。読者の立場立場によって、その受け取り方は異なるであろう。そこで、線条的に読み進めて行くと、「上達部・上人なども」の「も」が、「はじめより我はと思ひ上がりたまへる御方々・同じほどそれより下臈の更衣たち」との類似を表現しているのか、それとも帝との類似を表現しているのかの判断ができないまま、「あいなく」に至る。しかし、そこでも、「あいなく」が修飾・限定か評価的追叙か、それとも心の文なのか確認できない。その後の「目をそばめ」という表現に至って始めて「も」が女御・更衣たちとの類似の表現であるということが判断できるものの、「あいなく」の意味はやはり判然としない。読者(a)ならば、少なくとも評価的追叙表現とは考えないだろうし、読者(b)(c)ならば、評価的追叙表現としてとらえるであろう。このように、読者の価値観によってとらえ方に揺れが生じるということが起こりうる。むしろ、そのような揺れが生じるところに、読みのおもしろさがあるのかもしれない。ただし、実際の読みにおいては、このような細かな線条的読みはせず、ある程度判断をあいまいにしたまま詠み進めて行き、そこで遡及的にいずれかのとらえ方に結論付けることになるのであろう。

⑥　頭中将・左中弁、さらぬ君達も(源氏を)慕ひきこえて、「かうやうの御供は仕うまつりはべらんと思ひたまふるを、あさましく、(私たちを)後らかさせたまへること。」と恨みきこえて、「いといみじき花の陰に、しばしもやすらはず立ち帰りはべらんは、あかぬわざかな。」とのたまふ。(源氏物語・若紫)

源氏が北山から下山する際に、左大臣邸から出迎えに来た頭中将などが、源氏が自分たちに内密に北山に療養に来たことを恨み、かつ一方ではもう少し北山の春を楽しもうと勧める場面である。「あさましく」は、「恨みきこえて」とある通り、「かうやうの御供は仕うまつりはべらんと思ひたまふるを、後らかさせたまへる」という源氏の行為に対して、君達が、「あまりなことにも」という批判・恨みごとを訴えたものである。それは頭中将たちの源氏に対する親愛の情の裏返しの表現であると同時に、多分に父左大臣の、源氏を自分たちの勢力圏の中に取り込んでおきたいという政治的な思惑の一環から出た表現でもある。このように、わずか一語であっても、評価追叙構文には話し手の深い思惑が表現されているのであるから、それを文脈全体の流れの中で十分に吟味してとらえる必要がある。

第四節　留保条件構文

① （源氏）「なやましきに、（酒を）いといたう強ひられてわびにてはべり。かしこけれど、この御前にこそは、陰にも（私を）隠させたまはめ。」とて、妻戸の御簾を引き着たまへば、（女房）「あな煩はし。よからぬ人こそやむごとなきゆかりはかこちはべるなれ。」と言ふ気色を見たまふに、（女房は）重々しうはあらねど、おしなべての若人どもにはあらず、あてにをかしきけはひ著し。（源氏物語・花宴）

この源氏の発話は、右大臣家の藤の花の宴に招かれた源氏が、朧月夜を探し出そうとの魂胆から、酔いに紛れて女房の部屋に入り込んで発したものである。「かしこけれど（恐れ入りますが）」の係り先は見当たらない。ここは、女房が「あな煩はし」と応答しているように、「この御前にこそは、陰にも隠させたまはめ」という要求が女房たちにとっては迷惑なことであろうと、源氏はあらかじめ予想して、詫びを入れておいて、女房の警戒心を幾分なりとも緩和しようとする意図の表現なのである。

このように、「……ど（ども）」という形をとって、直後に続く自分の発話に対する言い訳などの前置きを述べて、聞き手の心理的抵抗を幾分なりとも和らげようとする配慮を追加叙述しておく構文を、こちらの用件をすぐに伝えないで、一時差し控えるという意味において、「留保条件構文」と呼ぶことにする。

②（明石入道）「いと取り申しがたきことなれど、わが君、かうおぼえなき世界に、仮にても移ろひおはしましたるは、もし年頃、老法師の祈りまうしはべる神・仏のあはれびおはしまして、しばしのほど（源氏の）御心をも悩ましたてまつるにやとなむ思うたまふる。……」（源氏物語・明石）

光源氏を明石に迎え入れた明石入道の、自分の娘を源氏に奉ろうと申し出る発話である。「いと取り申しがたきことなれど（たいへん申し上げにくいことではありますが）」は、光源氏がこのように須磨の地においでになったのは、私がなんとかして娘を都の貴い方に差し上げようと常日頃神仏にお祈りをしていた願いがかなったからであろうと申し上げて、暗に娘を源氏に差し上げようとしている魂胆はあまりにも恐れ多いことであると、明石入道は、発話のはじめにあらかじめ弁解しているのである。

③（明石入道）「……心の闇はいとど惑ひぬべくはべれば、（播磨と攝津の）境までだに。」と聞こえて、「好き好きしき様なれど、思し出でさせたまふ折々はべらば。」など、（源氏の）御気色賜はる。（源氏物語・明石）

源氏が明石から帰京する際、明石入道が、「娘を思い出すときがあったならば、娘にぜひお便りを下さい」と懇願している発話である。入道自身が「心の闇（子を思うあまりに思慮分別を失った親心）」と言っているように、子を思う親心から、今までも、娘のために恋文を代筆したり、娘を源氏に逢わせたり、好色めいたことをしてきた自分が、今また「思し出でさせたまふ折々はべらば」と、恋の取り持ちをするようなことを申し上げることはいかにも「好き好きしき様なれど（あだめいたことを申し上げるようですが）」と気が引けるのである。そのような遠慮から、発話のはじめにあらかじめ弁解しておいたのである。

④（六条御息所）「（源氏の志は）いと難きこと。まことにうち頼むべき親などにて、（母亡き後を）見譲る人だに、女親に離れぬるは、いとあはれなることにこそはべるめれ。まして、（父母もない斎宮を源氏が）思ほし人めかさむにつけても、（恨みや嫉みのような）あぢきなき方やうち交じり、人に心もおかれたまはん。うたてある思ひや

りごとなれど、（心を）かけてさやうの世づいたるすぢに（斎宮に）思ひ寄るな。（我が）憂き身をつみはべるにも、女は思ひのほかにて（男により）物思ひを添ふるものになんはべりければ、いかでさる方をもて離れて（斎宮を）見たてまつらんと思うたまふる。」など聞こえたまへば、（源氏は）あいなくものたまふかなと思せど……

（源氏物語・澪標）

六条御息所が源氏に対してわが娘を愛人の一人にしてくれるなと訴えているところである。源氏が「あいなくも（遠慮もなく）のたまふかな」と感じているように、御息所の「うたてある思ひやりごとなれど」の後の発話内容は遠慮のない言い方である。「思し寄るな」の「な」という禁止表現は、「な……そ」に比して、強い言い方である。源氏から受けた女の悲しみを娘の斎宮には味わわせたくないという親心からではあるが、源氏に対して、わが娘に手を出さないでほしいと要求するのはあまりにも不躾な物言いであるということを御息所自身よくわかっているはずである。「（我ながら）うたてある思ひやりごと（いやな取り越し苦労）なれど」は、そのような後ろめたさからあらかじめ自分の発話を弁護しようとした構文である。

⑤　かくて、晦日方にぞ御文ある。日ごろのおぼつかなさなど言ひて、「あやしきことなれど、日ごろ物言ひつる人なん遠く行くなるを、あはれと言ひつべからんことなん一つ言はんと思ふに、それよりのたまふことのみなんさはおぼゆるを、ひとつのたまへ。」とあり。

（和泉式部日記）

「あやしきことなれど」は、帥の宮が、遠方に旅立つ恋人に送る歌の代作を作者に依頼してきた手紙の冒頭部である。いくら別れの歌とはいえ、現在の恋人に対してほかの女に贈る歌を依頼するということは、どんなに親密な宮と式部との恋人同士であっても、やはり気が引けることである。そのような宮の遠慮気味の心情の表現が、この留保条件構文には込められているのである。

第五節　繰り返し構文

同一あるいは類似の表現を重ねたり、繰り返したりして、一種の強調表現にする構文が見られる。

(1)　慣用的繰り返し構文

①　（致仕）大臣も「（夕霧は）とりわきて（柏木と）御仲よくものしたまひしを。」と、（夕霧の顔を）見たまふに、（涙は）ただ降りに降り落ちてえとどめたまはず。（源氏物語・柏木）

この構文は、「ただ」を冠して「降り」という同一の動詞に「に」という助詞をはさんだ形をとって「涙がはらはらと落ちるばかり」という意味の強調表現になる。この構文については、「ただ降りに（ひたすら降るという状態で）」が「降る」という統括成分に係る構造としてとらえるとらえ方もある。次の二例も同じ構文である。

②　我が君に戯奴《わけ》は恋ふらし賜《たば》りたる茅花をはめどいや痩せに痩す（万葉集・一四六二）

③　台盤のうえに布のありしをとりて、ただ食ひに食ひまぎらはししかば、中間にあやしの食ひ物やと、人々見けむかし。（枕草子・第八四段）

④　四尺の屏風に寄りかかりて立てりて言ひける、（平中）「世の中のかく思ひのほかにあること、世界に物したまふとも、忘れで消息したまへ。己もさなむ思ふ。」と言ひける。（大和物語・第六四段）

この例は、一旦、「……言ひける」と表現しておいて、話の文の終わった段階で、改めて「……と言ひける」という同じ表現を追叙する構文である。話の文の前後に同じ「言ふ」という地の文が表現される構文は、古い伝承表現の特色でもある。

⑤　(中将)「『(男が) いかばかりあはれと思ふらん』と、『おぼろけならじ』と(私が) 言ひしかど、(男は) 誰とも言はで、いみじく笑ひまぎらはしてこそ止みにし」。(堤中納言物語・このついで)

中将が、身分ある家の姫君とそこに忍んで通う男との話をしているところである。中将の発話「『いかばかりあはれと思ふらん(どんなにかその女をいとしく思うでしょうか)』と」は、その後の「『おぼろけならじ(いとしさも並一通りではないでしょう)』と」とともに「言ひしか」に係っていく。このように、二つ以上の発話が続く場合、「『……』と、『……』と言ふ」という形で「と」を繰り返す例も見られる。

⑥　(落葉宮は) 心強うもてなしたまへど、(夕霧は) はかなう引き寄せたてまつりて、「(私の) かばかり類なき心ざしを御覧じ知りて、(私を) 心安うもてなしたまへ。御許しあらではさらにさらに。」といとけざやかに聞こえたまふほど明け方近うなりにけり。(源氏物語・夕霧)

「さらにさらに(決して)」は、その後に「押し立ちたることはせじ」などの発話が続く呼応の副詞であるが、「さらに」を繰り返すことによって、自分の強引さに恐れ戦いている落葉宮の気持ちを何とかして和らげようとしている夕霧の生真面目な性格がうかがえる表現である。

⑦　宮は内裏に参らせたまひぬるも知らず、女房の従者どもは、二条の宮にぞおはしますらんとて、それにみな行きて、(女房たちを) 待てども待てども見えぬほどにぞ夜いたう更けぬ。(枕草子・第二七八段)

「待てども」を繰り返すことによって、「待てども見えぬ」ということを強調した表現である。

⑧　山崎のあなたに、水無瀬といふ所に、宮ありけり。(伊勢物語・第八二段)

「山崎のあなたに」と「水無瀬といふ所に」とともに「に」という同等の格機能を持って、「宮ありけり」という文統括成分に係っていく。「山崎のあなたに宮ありけり」とするつもりであったが、「山崎のあなた」を更に具体的に示すために、「水無瀬といふ所に」という説明を追加叙述したものである。
このような一見稚拙な表現も古典の初期段階には数多く見られる。

⑨　竹取の翁、竹を取るに、この子を見つけて後に竹取るに、節を隔てて節ごとに金ある竹を見つくること重なりぬ。（竹取物語）

(2)　類似表現による繰り返し構文

①　これを見て、（翁）「あが仏、何事思ひたまふぞ。思すらんこと何事ぞ。」と言へば……（竹取物語）

かぐや姫が月を見て嘆いているのが心配でならないので、その理由を尋ねている発話である。表現構造は違うけれども、意味構造上は同じことを繰り返すことによって、そのような翁の強い心配の気持ちを表現しているのである。

②　大納言殿の参りたまへるなりけり。御直衣、指貫の紫の色、雪に映えていみじうをかし。柱元に居たまひて、（大納言）「昨日今日物忌みにはべりつれど、雪のいたく降りはべりつれば、おぼつかなさになん。」と申したまふ。（中宮）「道もなしと思ひつるに、いかで。」とぞ御答へある。（大納言）うち笑ひたまひて、「あはれともや御覧ずるとて。」などのたまふ。御有様ども、これより何事かは勝らん。物語にいみじう口に任せて言ひたるに違はざめりと覚ゆ。宮は白き御衣どもに紅の唐綾をぞ上に奉りたる。御髪のかからせたまへるなど絵に描きたるをこそかかることは見しに、現にはまだ知らぬを、夢の心地ぞする。（大納言は）女房と物言ひ、戯れごとなどしたまふ。（女房たちは）御答へをいささか恥づかしとも思ひたらず聞こえ返し、空言などのたまふは、あらがひ論じなど聞こゆるは、目もあやにあさましきまであいなう面ぞ赤むや。（大納言は）御くだもの参りなどとりはやして、御前にも参らせたまふ。（大納言）「御帳の後ろなるはだれぞ。」と問ひたまふなるべし。さか

すにこそはあらめ、（大納言が）立ちておはするを、なほ他へにやと思ふに、（大納言は）いと近う居たまひて、ものなどのたまふ。（私が）まだ参らざりしより聞き置きたまひけることなど、「まことにや、さありし。」などのたまふに、御几帳隔てて、よそに見やりたてまつりつるだに恥づかしかりつるに、いとあさましうさし向かひきこえたる心地、現とも覚えず。（枕草子・第一八四段）

作者が「宮にはじめて参りたる頃」の体験談である。「物語にいみじう口に任せて言ひたるに違はざめりと覚ゆ（物語の中にいろいろと筆に任せて褒めているのに比べても全く劣っていないようだと思われる）」と「現にはまだ知らぬを、夢の心地ぞする」と「現とも覚えず」とは少しずつ表現の仕方は違うけれど、そこにこめられている作者の心情は全く同じである。中宮御所において見るもの聞くもののすべてについて、いかに作者が初参の女房として、華やかな世界に戸惑いながらも夢見るような心地に酔いしれているかが、このような同じ内容の表現を繰り返すことによって強く印象付けられてくるのである。

③ 日たくるほどに、（源氏は）起きたまひて、格子手づから上げたまふ。（庭は）いといたく荒れて、人目もなく遥々と見渡されて、木立いと疎ましく、もの古りたり。け近き草木などは殊に見所なく、皆秋の野良にて、池も水草に埋もれたれば、(a)いとけうとげになりにける所かな。別納の方にぞ、曹司などして人住むべかめれど、こなたは離れたり。（源氏）「(b)けうとくもなりにける所かな。さりとも、鬼なども我をば見許してん。」とのたまふ。（源氏物語・夕顔）

源氏が夕顔を誘って「なにがしの院」で一夜を明かした翌日の描写である。(a)(b)はほとんど同じ内容である。しかも、(a)の文の「かな」という詠嘆の終助詞、その次の文の「めり」という助動詞はいずれも主観性の強い表現であり、「こなた」は源氏の視点に立った表現である。そういう点から見ると、「いとけうとげになりにける所かな。別納の方にぞ、曹司などして人住むべめれど、こなたは離れたり」は源氏の発話ともとらえることができる。そのようなとらえかたが許されるならば、源氏は、(a)(b)二度同じことを繰り返したということになる。源氏自身も、なんとも恐ろしそうな所であると感じているために、思わず二度繰り返してしまったのである。と同時に、それほど恐ろしいところであっても、私のような高貴な身分の者であれば、「鬼なども我をば見許してん（鬼などがいても私を見逃してくれるだろう）」と自覚することによって、自分自身をも夕顔をも安心させようとしているのである。

④　例の、中将の君、こなたにて御遊びなどしたまふに、（帝が若宮を）抱き出でたてまつらせたまひて、（帝）「皇子たちあまたあれど、そこをのみなむかかるほどより明け暮れ見し。されば、（源氏の幼顔が）思ひわたさるるにやあらむ。（若宮は源氏に）いとよくこそ覚えたれ。いと小さきほどはみなかくのみあるわざにやあらむ。」とて、いみじううつくしと思ひきこえさせたまへり。中将の君、面の色変はる心地して、おそろしうも、かたじけなくも、うれしくも、あはれにも、方々移ろふ心地して涙落ちぬべし。（源氏物語・紅葉賀）

源氏が藤壺の方で管弦の遊びをしていたところに、父帝が不義の子であるということも知らずに若宮を抱きかかえておいでになり、若宮をいつくしむことばをおっしゃったことに源氏ははっと胸をつかれたというのである。ここでは、「面の色変はる心地して」「方々移ろふ心地して」と、「心地して」が二度繰り返されている。「面の色変はる心地して」というのは、帝のおことばを聞いてとっさに己の罪の深さに顔色が変わるというのである。「方々移ろふ心地して」というのは、一方では父帝に対する己の罪に恐れ戦き、また若宮をいつくしむ帝のお心に対してもったいないことだと感謝し、さらにはわが子の美しさに対してうれしくもまたしみじみと感動を覚えるというのである。すなわち、物語の展開として、最初に帝の発話を叙述し、次にそれに対する登場人物源氏の「面の色変はる心地して」という反応を叙述しておいて、さらにそれを具体的に叙述したのが「おそろしうも、かたじけなくも、うれしくも、あはれにも、方々移ろふ心地して」なのである。このようなその場の緊迫した状況を先ず描写して、その後でそのときの源氏の心の動きを詳しく叙述するという手法である。

このように、物語・事件が進行・展開していく上で、直接関わりを持つ重要な転換点となる事柄を先ず叙述しておいて、物語がこの後どのように展開していくかを読者に印象付けた上で、その事柄の事情なり、そこにこめられている心情などを後で詳しく描写していく手法がある。

⑤ (源氏は)「……父宮の(紫の姫君を)尋ね出でたまへらむもはしたなうすずろなるべきを」と思し乱るれど、さて(姫君を)とりはづしてむはいと口惜しかるべければ、(源氏は)まだ夜深う出でたまふ。女君、例のしぶしぶに心も解けずものしたまふ。(源氏)「かしこ(二条院)にいと切に見るべきことのはべるを、思ひたまへ出でてなん。立ち返り参り来なん。」とて、出でたまへば、侍ふ人々も知らざりけり。(源氏物語・若紫)

「まだ夜深う出でたまふ」と「出でたまへば」は同じ源氏の行為である。ここは、源氏が紫の姫君を迎えるために左大臣邸を抜け出すということが物語の進行上重要な事態であるので、先ず「まだ夜深う出でたまふ」と叙述し、その後で、「出でたまふ」経過を改めて詳しく叙述するという展開にしているのである。

第六節　漸層構文

① このほど三日うちあげ遊ぶ。よろづの遊びをぞしける。男はうけきらはず呼び集へていとかしこく遊ぶ。(竹取物語)

三つの文ともに「遊ぶ」という意味の成分によって文統括されている。最初は、「三日」という期間を示し、次に「よろづの遊び」という遊びの種類を示し、最後に「男はうけきらはず呼び集へていとかしこく」という遊びの規模を描くというように、盛大な宴会の様子をだんだん追加して詳しく語る構造をとっている。このように、同一語・類似語あるいは同一構文の繰り返しによってひとつの事態をだんだん詳しく叙述して行って、雰囲気を盛り上げていく構文を、追叙表現のうち特に「漸層構文」と呼ぶことにする。

② 昔、男ありけり。その男、身をえうなきものに思ひなして、京にはあらじ、東の方に住むべき国求めにとて行きけり。もとより友とする人一人二人して行きけり。道知れる人もなくてまどひ行きけり。（伊勢物語・第九段）

ここも、三つの文ともに「行きけり」によって文統括されている。旅の目的から、人数、旅の不安感と、旅行く一行の様子をだんだん追加して詳しく叙述していく漸層構文になっている。

③ （侍従の乳母）「(a)出でさせたまふはいづちぞ。このこと人々申すなるは。何のやうごとなき際にもあらず。使はせたまはんと思し召さんかぎりは、召してこそ使はせたまはめ。軽々しき御歩きはいと見苦しきことなり。(b)そが中にも人々あまた来通ふ所なり。便なきことも出でまうで来なん。すべてよくもあらぬことは右近の尉なにがしがし始むることなり。故宮をもこれこそ率てあるきたてまつりしか。夜夜中と歩かせたまひてはよきことやはある。かかる御供に歩かむ人は大殿にも申さん。(c)世の中は今日明日とも知らず変はりぬべかめるを、殿の思し置きつることもあるを、世の中御覧じ果つるまではかかる御歩きなくてこそおはしまさめ。」と聞こえたまへば……（和泉式部日記）

帥の宮が式部の所に度々出かけるのに対して、侍従の乳母が忠告しているところである。(a)(b)(c)の三回、同じように外出を止める発話がある。(a)では、宮ともあろう高貴な身分の方がそれほど高くもない身分の女の所に通うのは、皇族の身分に傷が付くからおよしなさいというのである。いっそのこと女をお屋敷に呼んで召使いなさいとも言っている。身分違いを理由としている。(b)では、男出入りのうわさが多い女の所に、しかも夜中に行くのは、ほかの男の従者との争い、あるいはどんな事故が起こらないとも限らないから行くのはやめなさいというのである。故為尊親王の前例まで持ち出して止めている。しかし、ここはまだ右近の尉の責任として間接的に諫めている。ところが、(c)の段階になると、親王として将来皇太子になるかもしれない御身分に障るからお止めなさいと、親王にとっての個人的な理由を越えた政治上の重大な理由を挙げることによって制止しようとしている。しかも、「……こそ……め」という強い勧誘表現によって「なくてこそおはしまさめ（なさらないのがよいでしょう）」と強く阻止しようとしている。このようにいくつもの理由を重ねることによって、だんだんこちらの主張を相手に納得させようとする漸層構文である。

④　(a)前の年かくのごとくからうじて暮れぬ。(b)明くる年は立ち直るべきかと思ふほどに、あまりさへ疫癘うち添ひて、まささまにあとかたなし。(c)世の人みなけいしぬれば、日を経つつ窮まり行くさま少水の魚のたとへにかなへり。(d)果てには、笠うち着、足引き包み、よろしき姿したる者ひたすらに家ごとに乞ひ歩く。(e)かくわびしれたる者どもの、歩くかと見ればすなはち倒れ伏しぬ。(f)築地のつら、道のほとりに、飢え死ぬる者のたぐひ数も知らず。(g)取り捨つるわざも知らねば、臭き香世界に満ち満ちて、変はり行く形有様目も当てられぬこと多かり。(h)いはむや、河原などには、馬・車の行き交ふ道だになし。(i)あやしき賤山がつも力尽きて、薪さへ乏しくなりゆけば、頼む方なき人は、自らが家をこぼちて、市に出でて売る。(j)一人が持ちて出でたる値、一日が命にだに及ばずとぞ。(k)あやしきことは、薪の中に赤き丹着き、箔など所々に見ゆる木あひ交はりけるを尋ぬれば、すべき方なき者、古寺に至りて仏を盗み、堂の物の具を破り取りて割り砕けるなりけり。(l)濁悪の世にしも生まれあひて、かかる憂きわざをなん見はべりし。(m)また、いとあはれなることもはべりき。(n)さりがたき妻・をとこ持ちたる者は、その思ひまさりて深き者必ず先立ちて死ぬ。(o)その故は、わが身は次にして人をいたはしく思ふあひだに、まれまれ得たる食ひ物をもかれに譲るによりてなり。(p)されば、親子あ

る者は、定まれることにて親ぞ先立ちける。(q)また、母の命尽きたるも知らずして、いとけなき子のなほ乳を吸ひつつ臥せるなどもありけり。(r)仁和寺に隆暁法印といふ人、かくしつつ数も知らず死ぬることを悲しみて、その首の見ゆるごとに、額に阿字を書きて、縁を結ばしむるわざをなんせられける。(s)人数を知らむとて、四・五両月を数へたりければ、京のうち、一条よりは南、九条より北、京極よりは西、朱雀よりは東の、路のほとりなる頭、すべて四万二千三百余りなんありける。(t)いはむや、その前後に死ぬる者多く、また河原・白河・西の京もろもろの辺地などを加へていはば、際限もあるべからず。(u)いかにいはむや、七道諸国をや。

（方丈記）

この文章は、治承四（一一八〇）年の大風と福原遷都、養和元（一一八一）年の飢饉に続き、伝染病まで流行した寿永元（一一八二）年の悲惨な様を叙述したものである。

この文章は、(a)(b)を第一段落として、以下五つの段落に分けて読むことができる。

第二段落（(c)から(h)）　飢饉と伝染病のために生活は困窮し、餓死する者が無数に及ぶという悲惨な状況

第三段落（(i)から(l)）　古寺の仏像や仏具まで盗んで売りに出すという無法な状況

第四段落（(m)から(q)）　どんな極限状況にあっても愛を失わない人間性

第五段落（(r)以下）　死者の数が全国的には際限がない状況

(d)の「笠うち着、足引き包み、よろしき姿したる者」は「よろしき姿（相当な身なり）」とあるから、(c)の「世の人（一般の人）」とは違って生活などには困らない身分の人ということになる。そのような人まで物乞いをするということを叙述することによって、世の中の人すべてがいかに困窮していたかということを描こうとしている。

(h)の文の「いはむや」（(t)(u)の「いはむや」も同じ）は、漢文訓読語で、「Ⓐでさえも Ⓑである」と、まず意味の軽いほうを述べて、「ましてⒸはなおさらだ」と強調する働きがある。「築地のそばや道端で餓死している人はたい

へんな数に上る。ましてや、加茂川の河原などには馬や牛車の行き来する道もないほどに餓死者が無数にいる」という意味構造になる。

(l)の文において、「濁悪の世にしも」の「しも」、「かかる憂きわざをなん」の「なん」という強調表現によって、寺の仏像や仏具までも盗み出して薪として売りに出すような悪事が横行する末法の世に生まれ合わせたことを強く嘆いている。

このように、比較的軽度の状況からより強度の状況に拡大することによって表現内容を強調していって、最後に極限的な状況を描こうとする表現法をとっている。(c)から(d)(e)へ、(f)から(h)へと世の中の悲惨な状況を漸層的に描き、遂には古寺の仏像や仏具まで盗み出して売りに出すというような末世的な様相を(i)(j)(k)において描き出し、(l)においてそのことに対する深い嘆きを語ることによって、(c)から(k)にかけて描いてきた世の中の悲惨な状況の締めくくりにしている。と同時に、そんな無法な世の中にあっても、なお人間を信ずることのできる情景を見出していく第四段落の描写に転換していくきっかけにもしている。

(k)の「あやしきこと」を見るにつけて、人間の末世的な濁悪さを嘆き悲しんだ作者は、(n)から(q)までに語られているような、どんな極限状況にあっても、人間としての愛情を失わない姿を発見して、この嘆かわしい世の中にわずかながらも救いを見出している。

(s)における「一条よりは南……朱雀よりは東」という範囲は京の中心地のことである。その範囲における四・五二ヶ月における死者の数が四万二千三百余りであり、ましてや四・五月前後の死者の数はさらに多くなり、京の中心地以外の「辺地」における死者の数、さらには「七道諸国」における死者の数は「際限もあるべからず」というように、「いはむや」という表現によって期間・地域をだんだんと拡大していって、飢饉と伝染病による悲惨な状況を描こうとしている。ここも漸層構文による描写である。

結局、この文章は、飢饉と伝染病のために極限状況にまで追い詰められていった人々の悲惨な様を描いているのであるが、作者はそれを単に観念的に描いているのではなく、漸層構文をとることによって、迫真的、写実的に描写しているのである。

ところで、(h)の文の「河原などには、馬・車の行き交ふ道だになし」の「だに」は、「なし」という否定表現と呼応して、「河原などには、馬・車の行き交ふ道さえもないのであるから、まして人の通れる隙間もないほど死人でいっぱいだ」ということを意味する。「……だに……まして」の構文は、意味構造上、最初は「だに」によって程度の軽い事態を取り上げて叙述し、その後で「まして」によってより程度の重い事態を取り上げて叙述するという表現法である。軽い程度から重い程度に展開していくという点において、この構文も「漸層構文」ということになる。このように、漸層法の一つの形として「……だに……まして……」の構文も見られる。

⑤　かくありし時過ぎて、世の中にいとものはかなく、とにもかくにもつかで世に経る人ありけり。かたちとても人にも似ず、心魂もあるにもあらで、かうものの要にもあらであるも理と思ひつつ、ただ臥し起き明かし暮らすままに、世の中に多かる古物語の端などを見れば、世に多かるそらごとだにあり、人にもあらぬ身の上まで書き日記して、めづらしきさまにもありなむ、天下の人の品高きやと問はむ例にもせよかしとおぼゆるも、過ぎにし年、月頃のこともおぼつかなかりければ、さてもありぬべきことなん多かりける。（蜻蛉日記・上）

「だに」は「まして」と呼応するのが普通であるが、ここには「まして」が標示されていない。しかし、意味構造上から見れば、「人にもあらぬ」の前に「まして」が想定される。「世の中に多かる古物語」に書かれている「世に多かるそらごと（ありふれた作り事）」さえめずらしいのに、まして「人にもあらぬ身の上（人並みならぬ身の上話）」まで書くこの日記は、「めづらしきさまにもありなむ（風変わりな作品になるでしょうよ）」と述べ、さらに必然的に、せめてこの日記を「天下の人の品高きやと問はむ例にもせよかし（世間の人が家柄の高い人の妻はどんな生活をしているのかと興味を持ったなら、その例にもしてください)」と相手に語りかけることにもなる。「人にもあらぬ身の上まで書き日記して、めづらしきさまにもありなむ」ということをより強く主張するために、その前提として「世の中に多かる古物語の端などを見れば、世に多かるそらごとだにあり」ということを叙述しておいたのである。

⑥　よろづのことよりも、わびしげなる車に装束悪くて物見る人いともどかし。説教などはいとよし、罪失ふことなれば。(a)それだになほあながちなるさまにては見苦しきに、まして祭などは見でありぬべし。下簾なくて、白き単の袖などうち垂れてあめりかし。(b)ただその日の料と思ひて、車の簾も仕立てて、いとくちをしうはあらじと出でたるに、勝る車など見つけては、なにしにとおぼゆるものを、まいていかばかりなる心にてさて見るらん。

(枕草子・第二三七段)

この段は、冒頭文の「よろづのことよりも、わびしげなる車に装束悪くて物見る人いともどかし(気にくわない)」が作者の主張したいところである。(a)は、「……だに……まして」の構文をとることによって、説教など立派な服装をする必要もない行事であっても、やはりある程度見苦しくない服装で参会すべきなのであるから、まして賀茂祭などは立派な車、服装で見物すべきであるということを論じている。(b)の文の場合は、意味構造上「出でたるに」が「出でたるだに」と同じ表現としてとらえることができる。精一杯「装束」を立派にして出かけていっても、自分より立派な「装束」の車などを見つけると、劣等感に襲われるのであるから、まして最初から見劣りする「装束」で見物に行くのは本当に腹が立つと、ここも「……(だに)……まいて」の構文をとることによって、祭見物に出かける人は自分の「装束」に十分意を用いるべきであるということを主張しているのである。

⑦　達人の人を見る眼は少しも誤るところあるべからず。(中略)愚者の中の戯れだに、知りたる人の前にては、このさまざまの得たるところ、ことばにても顔にても、隠れなく知られぬべし。まして、明らかならん人の惑へる我らを見んこと掌の上の物を見んがごとし。

(徒然草・第一九四段)

この段は、冒頭文に明示されているように、「達人」（「明らかならん人」）の人間を見抜く眼力には少しも誤る所がないということを主張している。「達人」「明らかならん人」とは、人間いかに生きるべきかということを悟っている人であり、「惑へる我ら」とは、物の道理に暗く、自分の生き方に迷いを持っている凡人を意味する。「……だに……まして」の構文をとることによって、「愚者の中の戯れ（愚かな人の中で、うそを作り出して人をだますようなこと）」でさえそのうそを「知りたる人」の前ではうそだとばれてしまうという日常的な瑣事を比較の対象として挙げ、それを超えた深遠な人生哲学として、人間の迷いを見抜く達人の眼力を称賛しているのである。

著者　小林　正治（こばやし　まさはる）
1955年　東京教育大学文学部国語国文学科卒業
その後　栃木県立宇都宮高等学校等勤務
［論文・著書］
「古典解釈における発想文法」（明治書院「月刊文法」）
「古文解釈における文法指導の位置づけ」
（東京教育大学大塚国文学会「国文学言語と文芸」）
「発想文法」（自費出版）
「古文指導から古典教育へ」（溪水社）

古典文の表現構造

2007年3月1日　発行

著者　小林　正治

発行所　株式会社　溪水社
広島市中区小町1－4（〒730－0041）
電話（082）246－7909
FAX（082）246－7876
E-mail：info@keisui.co.jp

ISBN978－4－87440－960－2　C3081